JN112177

映画の詩学

触発するシモーヌ・ヴェイユ

今村純子

世界思想社

映画の詩学　目次

凡例

一、拙訳からの引用は原書の頁数を挙げず、訳書の頁数のみを記す。

一、その他の引用は原文からの拙訳により、出典原書の頁数を示し、参考のため邦訳書の頁数を併記する。

一、引用文と付論の文中の〔　〕内は筆者による補足である。

一、引用文中の［…］は中略を示す。

序章　哲学、女、映画、そして……

シモーヌ・ヴェイユ（Simone Weil, 1909-43）は激動の時代にわずか三十四年の生を駆け抜けたフランス系ユダヤ人の女性思想家である。生前書かれたものの大半は草稿段階のものであり、没後、農民哲学者ギュスターヴ・ティボン（Gustave Thibon, 1903-2001）に託され、かれの手によって編纂された彼女の膨大なノートからの抜粋集『重力と恩寵』（*La pesanteur et la grâce*, 1947）、および、ティボンをヴェイユに紹介した人物であり、ヴェイユがただひとり心をひらいたペラン神父（Père Joseph-Marie Perrin, 1905-2002）に宛てた手紙とかれに委ねた論考からなる『神を待ちのぞむ』（*Attente de Dieu*, 1950）が、戦後の渇きを抱く人々の心の琴線に触れ、シモーヌ・ヴェイユの名が世に知られるようになった。ヴェイユの言葉のうちに自らの合わせ鏡を見た、当時ガリマール社の編集者でもあった作家アルベール・カミュ（Albert Camus, 1913-60）の手によって、彼女の草稿が一九五一年から次々に単行本化され、シモーヌ・ヴェイユの著作をわたしたちは手に取ることができるようになった。

わたしはこのシモーヌ・ヴェイユという人の思想を中心に、哲学の分野で研究を続けている。だが、学生時代から今日にいたるまで、同様のスタイルで研究をしている人に出会ったことがない。「何を研究しているのか？」と問われ、シモーヌ・ヴェイユの名を出した途端、相手の顔から興味の色がスーッとあせてゆくという経験を幾度となくしてきた。それにもかかわらず、わたしにとってシモーヌ・ヴェイユの言葉、その思想は、今日現在も尽きせぬ思考の泉である。

このことは、わたしの個性と資質にかかわる事柄でもある。ソクラテス以前の哲学者たちが詩において、そしてプラトン（Platon, B.C.427-B.C.347）が、戯曲とも、神話とも、詩ともつかないかれ独自の形式で思索を深めたのならば、今日、東洋の小さな島国で思考するわたしにとって、言葉以前の直観にひとしい判断力が、どうしようもなく自分をシモーヌ・ヴェイユに結びつけていた。その感受性の深さ、洞察力の鋭さ、そして比喩のイメージの豊かさにおいて、シモーヌ・ヴェイユを超える人はいないようにわたしには思われた。

このような判断力のありようは、哲学をいやおうなく芸術に近づける。そしてこの心性に近い人々を、ジャンニ・ヴァッティモ（Gianni Vattimo, 1936-）が提唱する「弱い思考」に連なる現代イタリア思想界を代表する哲学者たちのうちに見出すことができる[1]。かれらは一様に、哲学のみならず美学や政治学をその専門分野にしている。シモーヌ・ヴェイユの思想において、美はその中核をなすものである。だがそれは、芸術を対象とした美的判断に限定されず、いうなれば「哲学という芸術のかたち」を問うものである。わたしたちが真に自らの「生の創造」をなしているとき、なによりもまず、強烈な美の感情が自身の内側から湧き起こるだろう。そのときわたしたちは、なによりもまず自分自身をもっとも強く感受している。こうした美的判断のありようは、万人が素朴に理解しうるものではない。実のところ、ヴェイユ自身、生前、両親に宛てた手紙のなかで次のように語っている。

お母さん、わたしが何か託してゆくべきものをもっていると思っていらっしゃるのですね。そんなふうにおっしゃるのは適切ではないです。ですが、わたしもまた、自分のうちに渡してゆくべき純金の預かりものが宿っているという心のうちの確信めいたものが膨らんでいます。経験からしても、また、現代を生きる人々を見ていても、この純金の預かりものを受け取ってくれる人がいないのではないか、という想いがますます強くなっています。／この預かりものは、重い塊です。この塊に何か付け加われば、元のものと一緒に塊をつくります。この塊は、大きくなるにしたがっていっそう緻密になってゆきます。わたしはこの塊を小さくわけて配ることができないのです。／この塊を受け取るには、努力しなければならないでしょう。そして努力するとは、なんと骨の折れるものでしょう！(2)

この「緻密で重い純金の預かりもの」の受け取り手として、とりわけ、ジョルジョ・アガンベン（Giorgio Agamben, 1942-）の名を挙げることができよう。美的・芸術的センスに恵まれたアガンベンは、切実な社会的・政治的問題を考察するいっぽう、洗練された詩学をものしている。さらに演劇や映画にも造詣が深いアガンベンは、若き日にパゾリーニの映画『奇跡の丘』（*Il Vangelo secondo Matteo*, 1964）に俳優として出演してもいる。こうした思考のスタイルは、まさしくアガンベン自らが述べる「パロディ」にほかならないであろう。真摯で深い思想に真摯で深い姿勢で挑めば、その思想を受け取り直せるというものではない。真摯で深い思想を、プラトンが述べる、愛（エロース）が宿る「やわらかい心」(3)で受け取り直すことができるかどうかが問題なのだ。そのことにアガンベンはつねに意識的な哲学者である。

1　哲学すること、哲学研究すること

「我々の今後の世界や、社会生活が、いかにあるべきかを直観し、論理化して表現するのが、最も高い意味での批評家であって、此が即、哲学者である」[4]と折口信夫（一八八七―一九五三）は述べている[5]。折口が述べる「批評」とは、カント（Immanuel Kant, 1724-1804）が述べる「批判」にほかならない。このとき、「哲学研究すること」において、その人自身の個性と資質によってしかなしえない「創造作用」が認められるであろう。

「緻密で重い純金の塊」にほかならないシモーヌ・ヴェイユの思想に素朴に近づこうとすれば、すぐさま遠心力で吹き飛ばされてしまうであろう。それゆえわたしはこれまで、ヴェイユの思想を捉えるためにこそ、ヴェイユの思想とはまったく別の光をそこに当ててみるという方法をとってきた。それは、同時代の日本の思想や女性の思索者たちの考えたことをヴェイユの思想にぶつけてみるという比較思想研究[6]、あるいは、現実の生々しい社会問題のなかで彼女の言葉がどれだけの強度と深度をもつのかを見極めようとする試みである[7]。そしてもっとも彼女の思想を受け取り直すことに成功したと言えるのが、映画という具体的な芸術に、彼女の言葉、思想がどう生きられ感じられるのかを見極めようとする営みである[8]。

だが、これらはすべて後づけでもある。わたしがなしたことは、何かに出会ったとき、何かに心底

突き動かされたとき、「シモーヌ・ヴェイユであったら、いま、ここで、どう考えるだろうか？」と思い巡らせていたにすぎない。その結果として、われ知らず、こうした思考のスタイルがわたしのうちに降りてきたのである。そして実のところ、あらゆる創造作用に携わる人間は、考えてから創造するのではなく、創造してから考えるものではなかろうか。というのも、その人においてその人の個人性を超えるものがあらわれ出ないかぎり、他者と共有しうる普遍性を手にすることはできないであろうからである。哲学本来の方法についてヴェイユは次のように述べている。

哲学本来の方法は、解決不可能な問題を解決不可能なままに明晰に把握し、次に、何も付け加えずに、たゆまず、何年ものあいだ、何の希望も抱かずに、待機のうちに、その問題をじっと見つめることにある。この基準に照らすと、哲学者はほとんどいない。ほとんどと言ってもまだ言い過ぎなぐらいである。超越への移行が果たされるのは、知性、意志、愛といった人間の能力が限界に突き当たり、人間がその敷居に留まり、その敷居を一歩も超えられず、引き返さず、自分が何を欲しているのかもわからず、待機のうちに張りつめているときである。これは、極度の屈辱である。屈辱を受け入れられない人には不可能である。天才とは、思考の領野における謙遜という超自然的な徳である。(9)

わたしたち誰しもがこの天才へのか細い道程にひらかれている。とはいえ、身体的にも精神的にも、「屈辱」を受け入れることなど通常はなしえないだろう。だが、このことに同意しうる超自然的な一点が誰しもの心のうちにある。ここには奮い立つような躍動感が見られるだろう。

　哲学が希求する真・善・美が、それら抽象的な言葉に留まるならば、これらの言葉などむしろないほうがましであろう。たとえば、善や正義という言葉を発したとき、どこか居心地の悪さを感じるのは、これらの言葉のうちに、善ではなく「善と認められること」が、正義ではなく「正義と認められること」が内包されているからであろう[10]。それゆえ、これらの言葉が鮮烈なイメージにおいて生きられ感じられるときにはじめて、これらの言葉は胎動し始める。これは、とりわけプラトンが様々な比喩の力動性において開示したことである。

　とはいえ、その人の個性と資質に沿ったその人だけの思考のスタイルを孤高に体得するのは、学問の場が何らかの組織を前提としている以上、きわめて矛盾したありようを呈してしまうことも否めない。そしてそれはまさしくシモーヌ・ヴェイユが不幸について「不幸は滑稽である[11]」と述べたように、ある種の滑稽さをともなうものでもある。すなわち、「いったい、わたしはここで何をしているのか?」というような、標本に生きたまま貼り付けられた虫がバタバタしているようなありようが、どうしようもなくそこには見られる。そしてとりわけ、「最大の危険は、集団が人格を圧迫しようとすることはなく、人格が集団に突進し、そこに紛れ込もうとすることである[12]」とヴェイユが述べるように、集団の呪縛からわたしたちの誰ひとり逃れることができない。このことにわたしたちはつねに最大限の注意を払いつつ思考すべきであろう。

2　女性であること

わたしがシモーヌ・ヴェイユに惹かれる理由のひとつに、彼女が「女性であること」が挙げられる。彼女が女性であるがゆえに経験する衝突や軋轢や矛盾にある程度の共感をもったことは否めない。とはいえそれは、本質主義的に女性であることへの共感ではない。

それでは、ヴェイユが「女性であること」のいったい何が、わたしの心の琴線に直接触れえたのであろうか。それは、「弱さ」や「儚さ」や「脆さ」へのヴェイユの眼差しの深さであり、また、そこから湧き立つイメージが、あたかも芸術作品に接したときのような圧倒的な美の感情をわたしの内側に掻き立てたのである。

貧しさには、他にいかなる等価物もない詩がある。それは、肉体の悲惨さという真実のうちに見られる悲惨な肉体から発せられる詩である。春、桜の花の光景は、もしその儚さがあれほど感じられるのでなければ、これほど胸を打つことはないであろう。概して、極限の美の条件は、距離によるのであれ、弱さによるのであれ、ほとんど不在であるということだ。星々は不変である。だがとても遠くにある。白い花はそこにある。だがすでにほとんど破壊されている。同様に、人間が純粋な愛をもって神を愛しうるのは、この世界の外に、天のうちにいますものとして神を思い描く場合にかぎられる。あるいはまた、この地上で、弱く、辱められ、殺されてしまう人間として、あるいはさらに、いっそう大きな不在である、食べられてしまう宿命にある物質の微小な塊として、神を思い描く場合にかぎられる。[13]

極限の美の条件は、「遠さ」や「小ささ」といった「ほとんど無」のうちにある。消え入りそうな「儚さ」のうちに、わたしたちは極度の美を感受する。そしてヴェイユの美の転回は、これがそのまま社会的次元への移行を果たす。「ほとんど無」とされた人とはどのような人であろうか。それは、「社会的威信」をいっさい剝奪された人である。それは、十二人の弟子すべてに自分とは無関係な人だとみなされ、さらには、「なぜなのか?」と神に問うても、そこにはゾッとするような沈黙が充満する空間に立たされた「十字架上のキリスト」の似姿である。すなわち、悪の奥底に堕ち、「呪い」そのものとなった人の状態である。そしてこの状態において、この状態に同意する一点が見られるならば、そこには、ドストエフスキー（Dostoevskiy, 1821-81）が「キリストの美」と述べた至高の美の条件が見出されるのであった。

こうした考えを獲得する過程でヴェイユ自身がもっとも触発されてきたのは、プラトンのテクストである。プラトンを敷衍解釈する過程でヴェイユの思索は最大限に深まってゆく。[14]とはいえ、プラトンのテクストは美文とは言い難い。だが端的な美が必ずしもわたしたちを触発するとはかぎらないであろう。むしろけっして言葉になりえないものを言葉に映そうとする悪戦苦闘の痕跡が放つ美に、ときにわたしたちは揺り動かされるのではないか。わたしにとってのヴェイユのテクストも同様である。未完成で、矛盾を孕む彼女のテクストはわたしを突き動かす。[15]これほどまでの深さにおいて思索した人が現に存在したという事実に涙が出るほど勇気づけられ、ハッと目の前に世界が切り開かれるような感覚をおぼえる。そしてヴェイユのテクストは、いっさいの「力」から解き放たれた「ほとんど無」が「女性的なるもの」と結びついたイメージとして開花するときに、最大の強さを発揮する。

> はじめて身籠ったひとりの幸福な若い女性が、産着を縫いながら、しかるべくそれを縫うことを考えている。だが、彼女は片時も胎内の子どものことを忘れることはない。同じ瞬間、牢獄内の作業所で、ひとりの女囚がこれまたしかるべく縫おうと考えながら縫っている。なぜなら、彼女は罰せられることを恐れているからである。このふたりの女性は、同じ瞬間に同じ仕事をしていて、同じ技術的困難に注意を奪われていると想像することができる。しかし、母親になる女性と女囚との間には差異の深淵が広がっている。あらゆる社会問題は、女囚の状況から母親になる女性の状況へと労働者を移行させることである。なされなければならないことは、この世界ともうひとつの世界が、その二重の美において、ちょうど産衣にくるまって生まれてくる赤ん坊のように、労働の行為にあらわれ結び合わされることである(16)。

「産着を縫う」ふたりの女性が、いっぽうは身体に宿ったわが子の誕生を想い、「やわらかい心」で縫っている。だが他方は、罰せられないために、さらに敷衍すれば、殺されないために、恐怖のもと「かたくなな心」で縫っている。行為の内実ではなく、行為がどのような心でなされているかが問題なのだ。さらにこの比喩をカントの動機説に照らせば、同一の行為の動機がこのふたりの女性ではまったく異なることが、温かいイメージにおいて表現されている。大切なのは、行為の動機の絶対的差異がわたしたちの心に鮮やかかに映し出され、それがわたしたち自身の「生の創造」を触発するか否かということである。

それでは、わたしが思考する日本において、女性の知性の開花はどのような展開を見せているであろうか。一九五八年に谷川雁（一九二三―一九九五）らが福岡県・筑豊で立ち上げた炭坑労働者の共同体「サークル村」では、石牟礼道子（一九二七―二〇一八）、森崎和江（一九二七―）、河野信子（一九二七―）といった類まれな知性を開花させてきた女性たちがいる。[17] 銘記すべきは、彼女たちが当時の男性のような高等教育をいっさい受けていないということである。彼女たちの思考空間とは、不条理と矛盾に満ちている、そしてそうであるからこそ「真の人生との接触」[18] がある炭鉱という、死の危険と隣あわせの苛酷な労働現場である。それはまさしくフリッツ・ラングが『メトロポリス』（Fritz Lang, *Metropolis*, 1926）で描いたように、人がモノとして扱われ、そうされた人がモノになっていってしまう世界である。[19] そして石牟礼道子は、さらなる不条理と矛盾に満ちた、水俣病という、国策企業による犯罪によって身体が侵されるという経験を、あたかも自らの経験のように追体験して身体に染み込ませていった。そしてその経験を、歌として、歌いたいと思わせる躍動をもって描き出したのが、戦後日本を代表する文学『苦海浄土』（一九六九）である。[20]

哲学の抽象的な世界は、具体的な世界に衝突したときにはじめてその色彩を放つ。だがその具体的な経験とは、それまで自我が寄って立ってきたものすべてが完全に破壊されるといったところまで深められねばならない。まさしく、「言葉を失う」という「解決不可能性」を前に立ちすくむときに、わたしたちは「関係性の橋を渡す」という意味における「ロゴス＝言葉」を獲得しうるであろう。ここで銘記すべきは、身体性が認識に不可欠だということである。とはいえ、「サークル村」の女性たちとは対照的に、医師という裕福な特権階級に属する家庭に生まれ育ったシモーヌ・ヴェイユは、表立ってはユダヤ人差別を受けることもなく、当時の女性としては例外的に高等教育を受ける機会に恵まれている。高等学校ではアラン（Alain, 1868-1951）の薫陶を受け、高等師範学校卒業後、高等学校の哲学教授として赴任する。ここまでは多くのフランスの知識人がたどるオーソドックスな道程となんら変わらない。ヴェイユの独自性が発揮されるのはここからである。ヴェイユは教職の傍ら、労働運動に身を投じ、教授資格者が受給していた特別手当を失業者にわけ与え、彼女自身、失業者手当と同額で生活することを己れに課している。さらには、「研究休暇」と称した一年間の研究とは、一九三四―三五年という年代にあって、一女工としてルノーその他の工場で働く「工場生活の経験」をすることであった[21]。一見したところ奇異なこれらの行動は、彼女自身にとっては必要不可欠な営みであったにちがいない。出生と同時にいやおうなく自らに張り付いている様々な属性、それらに付帯する「社会的威信」をあらんかぎりの力でかなぐり捨てようとする過程において、彼女は彼女自身を捉えようとしたのではなかったか。宮沢賢治『春と修羅』の序に倣えば、「わたくしといふ現象」を離れ、「ひかり」となろうとしたのではなかったか。そして「工場生活の経験」は、彼女の想像をはるかに超える自我の破砕を彼女自身にもたらすことになった。そしてこのときに、何にも寄らず、たったひとりで世界に向き合い、たったひとりで思考する、哲学者シモーヌ・ヴェイユが誕生したのである。ナチスが政権を取った一九三三年という象徴的な年に学位論文「デカルトにおける科学と知覚」をあらわし、カルテジエンヌ（デカルト学徒）として哲学的な出発をはたしたシモーヌ・ヴェイユは、一九四一―四三年というもっとも暗い時代にあって、「われ考える、ゆえにわれあり」から「われイメージする、ゆえにわれあり」へと転回することになる。

3　映画という芸術のかたち

先述のように、わたしがもっともシモーヌ・ヴェイユの思想を捉え直したと確信しうるのは、広く知られた映画を論じることにおいてである。シモーヌ・ヴェイユからはむしろ離れ、映画という具体的な芸術に沈潜していったときに、ヴェイユの名をいっさい出さず、ヴェイユの思想をいっさい語ることなく、彼女の思想がわたし自身の言葉としてあらわれ出てきたのだ。自らの意図に沿って思考しているかぎり、それはその人よりも高くも低くもない。自らにおいて自らを超える思考があらわれ出たときにはじめて、他者とつながってゆける普遍性の光が見える。この点に関して、「実在の神」と「想像上の神」との絶対的差異について述べたヴェイユの次の言葉を重ねることができよう。

殉教者たちは神と離れているとは感じなかったが、かれらが念頭においたのは別の神であった。それにおそらく殉教者にならなかったほうがよかったのである。責め苦や死のなかに見出したかれらの神は、ローマ帝国が公式に採用し、そして、皆殺しという手段によって押し付けた神となんら変わらない[22]。

この章句を敷衍すれば、想像上で思考するならば、思考しないほうがましだということである。これは哲学という学問がその抽象性のために孕む想像力の欠如のありように鑑みるに、深く重い洞察であろう。

この世にはじめて誕生した映画、リュミエール兄弟の『工場の出口』(frères Lumière, *La Sortie de l'usine Lumière à Lyon*, 1895)では、仕事を終えて工場から出てくる人々が、着飾った装いでパラソルを差している人もおり、あたかも映画館を出てきた人々の表情のように朗らかな笑みをたたえている。だが、これだけでは『工場の出口』は映画たりえない。まさにこの瞬間、撮影とは無関係に犬が通る。この犬の存在があってはじめて『工場の出口』は映画たりうる。状況そのものが作品の決め手の一点を転ずる。「映画の神様が降りてくる」という表現が頻繁に囁かれる所以でもある。

舌を切り取られた真理と正義は、それ自体以外にいかなる救いも期待しえない。美もまた言語をもたない。美は語らない。美は何も言わない。だが、美には呼びかける声がある。美は呼びかける。そして声なき正義と真理をあらわし出すのである。それは、雪のなかで息も絶え絶えに倒れている主人の傍らに人々を呼び寄せるべく犬が吠えるようなものである。(23)

真理と正義は往々にして隠されている。さらに、虚偽や不正義は名指すことができず、虚偽や不正義はわたしたちの心をじわじわと浸食してくる。ここで力をもつのは、かぎりない弱さのうちにある美だけである。美だけが真理と正義を映し出す。そして、学問も芸術も、ここで言われている「行き倒れになっている主人のまわりに人を呼び寄せるべく吠える犬」の役割にまで透徹されなければならないであろう。人々の心を覚醒させ、真理と正義のほうへ一八〇度転回させる力をもたねばならないであろう。というのも、「知性はおそらく、わたしたちの能力のうちにあって、歓びが欠かせない唯一の能力であろう。歓びがなければ、知性は窒息してしまう」からである。[24]

サミュエル・ベケット（Samuel Beckett, 1906-89）が『ゴドーを待ちながら』（*En attendant Godot,* 1952）をあらわすおよそ十年前、同世代のシモーヌ・ヴェイユは、『神を待ちのぞむ』（*Attente de Dieu,* 1950）に後に収録される手紙や論考をあらわしている。[25] 不在の他者、あるいは神を「待つこと」、そのイメージのうちに他者と神は生きられている――そのことを両者は表現しようとしていた。とはいえ、ヴェイユの言葉には、ベケットのような文学的な高さはない。それにもかかわらず、『神を待ちのぞむ』には『ゴドーを待ちながら』に匹敵する、わたしたちの心を震撼させ、覚醒させる力がある。その美のありようは、文学性とは別の、いわば実在の眼差しの深さによる「哲学という芸術のかたち」が、わたしたちの内側から喚起するものである。ヴェイユの文体は文学そのものよりもむしろ脚本に近い。それゆえ、ヴェイユの思想は映画のうちに結実される方向性をもってもいる。

わたしの研究がたえず多岐に分化してゆくのは、ある意味では、いつでも目指したその先が「ずれている」からである。その無限の「ずれ」の運動のなかに、わたしの思考がある。この無限の「ずれ」の運動のうちに、うっすらと、かすかに、「認識」が垣間見える。もとより、誰ひとりとしてその研究対象の哲学者その人ではない。対象の哲学者の言葉と思想にそれらが自らの血肉となるまで沈潜する。そして対象からあらんかぎり遠くに離れ、いったんすべてを捨象し尽くしたときに、自らの言葉と思想が紡ぎ出されるのであろう。この運動の過程においてのみ、ある思想を真に受け取り直したと言えるのではなかろうか。

哲学には、たった一粒の種がやがて大樹となり森となるような妙味がある。本を閉じ、立ち上がり、ある方向に向かって走り出したくなるような心の震えを感受したならば、それを自らのうちで育て、他者をも触発するまでの言葉を陶冶する義務がわたしたちひとりひとりにある。

＊

以上述べてきたことを背景に本書は構成されている。全九章、三つの部からなる本書は、アニメーション映画、実験映画、ドキュメンタリー映画、劇映画すべてのジャンルを取り入れている。いずれも、己れに降りかかる必然性から目を背けず、その必然性に同意する存在の強さが放つ美の閃光に焦点が当てられている。

第Ⅰ部「大地と詩」では、なにより、「根こぎにされたものは他を根こぎにする。根をもつ人は他を根こぎにすることはない(26)」というヴェイユの言葉を念頭に置き、それでは根こぎにされたものは、どのようにしてふたたび根をもちうるのかという視座に立っている。取り上げる映画は、宮崎駿『となりのトトロ』、ジョナス・メカス『リトアニアへの旅の追憶』、佐藤真『阿賀に生きる』である。第Ⅱ部「叙事詩の閃光」は、深刻な様々な社会・政治問題をどのようにして自らの問題として、自らを覚醒させるものとして捉え直すことができるのかという視座に立っている。扱う映画は、ジャン＝

リュック・ゴダール『アワーミュージック』、スティーヴン・ダルドリー『愛を読むひと』、想田和弘『Peace』である。第Ⅲ部「円環の詩学」は、親しい他者を亡くすという経験、すなわち、どうにも取り返しがつかないもの、二度とは戻らないもの、どうにも手が届かないものという経験は、わたしたちの「生の創造」をどのように促しうるのかという視座に立っている。論じる映画は、小津安二郎『東京物語』、キム・ギドク『春夏秋冬そして春』、ジュゼッペ・トルナトーレ『ニュー・シネマ・パラダイス』である。

シモーヌ・ヴェイユが映画について主題的に論じることはない。それにもかかわらず、映画という表現は、ヴェイユの思想と深い親和性を見せる。それはなにより、工場労働に身を投じたことに端的に見て取れるように、機械という硬質な物質へのヴェイユの深い眼差しによる。さらに映画には、表現に先立って、創作の過程におけるスタッフ間の軋轢・亀裂・衝突があり、それらを経て、それらを超えたところにあらわれ出る、誰のものでもない「創造のかたち」が、ヴェイユが捉えた「神の世界創造」と類比関係を保っているからである。

〈創造〉は、神の側の自己拡大の行為ではなく、退去であり、放棄である。神と被造物すべてを合わせたものは、神だけに及ばない。神は自らが縮小することを引き受けた。神は自らから存在の一部を剝ぎ取った。神は自らの神性による創造の行為においてすでに無となっている。［…］わたしたちが神に向けて自らを否定しうることをわたしたちに示すために、神は自らを否定した。この応答、この照応を拒絶するのはわたしたち次第である。そしてこの応答、この照応

だけが、創造の行為という愛の狂気を正当化しうる。(27)

第Ⅰ部　大地と詩

人間の魂は根をもつことをおそらく必要としている。根をもつことは、もっとも大切であるのに、見過ごされている。根をもつことを定義するのは難しい。現に存在しているある集団に、実際に、活き活きと、自然に属することで人は根をもつ。過去から受け継いだ宝物と未来への確かな予感を保持している集団に属することで根をもつのである。自然に属するとは、場所、出生、職業、環境から自ずと導かれるということである。人はそれぞれ、複数の根をもつことを必要としている。自らが自然にその部分である場所を介して、精神的、知性的、霊性的な自らの生ほぼすべてを人は受け取るのを必要としている（シモーヌ・ヴェイユ『根をもつこと』[1]）。

第1章　ファンタジーとは何か——宮崎駿『となりのトトロ』

一秒間に二十四コマのアニメーション制作は、あたかもシモーヌ・ヴェイユが一女工として工場で働いた日々を書き留めた「工場日記」の記述におけるような、途轍もない労力と際限のない時間を感受するのを余儀なくされるであろう。だがそれにもかかわらず、アニメーターをはじめ、美術や音楽といった制作にかかわるすべての人の労働とは、まさしくヴェイユが「奴隷的でない労働の第一条件」で述べた、「労働者に必要なのは、美であり、詩である[1]」という、虚無から美への展開を少なからず体現しているのではないだろうか。

二〇一三年七月の公開をもって引退宣言をした宮崎駿監督の作品『風立ちぬ』の冒頭から、作品の内容そのものに先立って、作者のアニメーションへの並々ならぬ眼差しが、原画の緻密さ、構成、動きすべてから感受され、これほどまでにひとつの作品にエネルギーを傾ける人が現にいるというその事実によって、映画を観る者の心を震撼させるに充分であった事実に鑑みるならば、アニメーションにおける美の創出には、劇映画やドキュメンタリーとはまったく別次元における、あたかも交響曲を奏でるような重層的な働きのうちに、作り手を超えた光が射すといった美の創出の過程があると言えよう。[2]

本章では、『風立ちぬ』にいたるまで、監督が繰り返し自己パロディとしてその片鱗を細部に鏤(ちりば)めている映画『となりのトトロ』（一九八八）を取り上げ、シモーヌ・ヴェイユ思想の核でもある「必然性への同意」が美の感情を通して「至高の歓び」に転換するダイナミズムが[3]、わたしたちの日常生活ではどのようにして可能となるのか、あるいは不可能であるのかを、その危うい境界線を模索しつつ提示してみたい。

1　奇跡とは何か——いつトトロに出会うのか

『風の谷のナウシカ』（一九八四）、『天空の城ラピュタ』（一九八六）と、戦争や産業社会といったテーマ性の高い作品をファンタジーにおいて結晶化させてきた宮崎駿アニメーションにあって、一転して『となりのトトロ』は、あらゆるテーマ性から離れ、「生きること」が醸し出す襞を丁寧に織りなしている。そしてその襞は、老若男女を問わず、映画を観る者それぞれの生と触れ合い、それぞれの大地に種を蒔き、やがて大樹を育てうるであろう。戦争や産業社会の残虐さを表立って訴えることなく、それらはひとまず不問に付され、人間性の介在しない、大樹や草花や小さな生き物といった圧倒的な自然の偉大さと、畑や田といった自然を相手に仕事をする人々の姿を丁寧に映し出し、そのような環境のなかで、主人公のふたりの幼い子どもサツキとメイが、自分たちに襲ってきた必然性とどう向き合い、その必然性をどのように受け入れるのか、あるいはまた、受け入れられないのかを映し出している。[4]

映画は、田園風景の広がる田舎の一軒家への引っ越しシーンから始められる。門から庭にかけて木立がトンネルを作り、庭から空を見上げると森の大きなクスノキが見える。十歳のサツキがしみじみと「大きいねえ」と述べるように、クスノキは子どもの目には空全体を覆うがごとくの巨大さに思われる。[5]そして子どもの心に映ったクスノキの巨大さとは、そのままひとりの人間の一生をはるかに超えて、何千年も前から、太陽が降り注ぐ日も嵐が吹き荒れる日も、じっとその場に佇んでいたという存在の途轍もない壮大さと類比的な関係にある。ふたりの娘とクスノキの目の前に立つ父親はこう述べる。

立派な樹だなあ。きっと、ズーッとズーッと昔からここに立っていたんだね。昔々は、樹と人は仲良しだったんだよ。お父さんはこの樹を見てあの家がとっても気に入ったんだ。お母さんも、きっと好きになると思ってね。

この科白に暗示されているように、サツキとメイにとっての苛酷な必然性とは、精神的にも物理的にも母親の支えが必要な年頃にあって、母親が不在である不自由を堪え忍ぶというだけではなく、病気で入院中であり、家と病院とに引き離された母親との「距離」が、生者と死者とのあいだの「無限の距離」にまで引き延ばされかねない不安とつねに隣り合わせだということである。一家はそれぞれに病気の母／妻を想い、ふたたび母／妻と暮らせる日を夢見て、明るく、元気に、それぞれにしっかりと大地に根を下ろして生きようとしている。その希望は、あたかも家を支えている柱が崩れ、倒壊しかねないような、打ち砕かれる可能性とつねに隣り合わせである[6]。だがそれにもかかわらず、ひとりの人間の一生をはるかに超えた樹木の存在というもうひとつの揺るがぬ必然性が、この一家のそれぞれの生を支える力となっている。

とはいえ、男手ひとつで娘ふたりを育てる労苦を絶えず意識的に「遊び」に変えていこうとする父親の眼差しに見守られ、愛が息づくサツキとメイの「やわらかい心」は同時に、ふとしたことで崩れ去る「もろい心」でもある。そしてまさしく、このふたりの姉妹がそれぞれに、どうにも埋めようのない虚無に直面し、しかもこの虚無から目をそらさず、その虚無をじっと見つめるそのときに、トトロが、姉妹それぞれに別様の仕方であらわれる。トトロはまずはじめに妹のメイの前にあらわれる。

姉のサツキが小学校に行き、父親が書斎で仕事をしているさなか、メイはひとりで遊んでいなければならない。庭に出た途端、「お弁当まだあ?」と戻ってきてしまうように、四歳の子どもにとってわずか数分が果てしない時間の長さにも感じられるであろう。父や姉の言葉や行為を模倣し、反復することで生を享受していたメイにとって、橋を渡ることも、水中の生き物を発見することも、姉が一緒であってはじめて歓びとなっていたであろう。父や姉の不在という虚無の直中でメイは、草むらやオタマジャクシが自分とは無関係にそこに存在しているという必然性にわれ知らず支えられ、自分を身体的にも精神的にも大きく温かく包み込んでくれるトトロに出会う。だが、その訪れを父や姉といった親しい他者に示しえない。というのも、親しい他者とともにあるとき、その人はすでに虚無のなかにはいないからである。

メイ　ほんとだもん！　ほんとにトトロいたんだもん！　ウソじゃないもん！

父　メイ……？

メイ　ウソじゃないもん。

父　うん、お父さんもサツキもメイがウソつきだなんて思っていないよ。メイはきっと、この森の主(ぬし)に会ったんだ。それはとても運がいいことなんだよ。でも、いつも会えるとはかぎらない。

図1

図2

ここで着目すべきは、父親が「運がいい」と述べているその言葉である。それは裏を返せば、必然性を孤高に堪え忍ぶことなど自然的にはなしえないということでもある。池の水面は小さな生き物の訪れによってはじめて水紋を創り出し［図1］、カタツムリがゆっくりと茎をよじ登ることによってはじめてヒマワリが華やぐように［図2］、意識とは無関係に支えられる相互関係によって奏でられる「世界の美」の輝きのなかにあって、その「世界の秩序」にわれ知らず参与するまさにそのときに、「われ」そのものが「世界の秩序」のひとかけらとなって輝き出す(7)。その世界の自然的な仕組みにおいて自然を超える働きが、この映画では「トトロとの出会い」となってあらわれ出ている。

他方で、十歳のサツキが直面する必然性は、メイに比べ、いっそう苛酷なものとなる。自分の孤独に妹の孤独が重なり、その重荷が、定刻になっても到着しない父をじっとバス停で待つ孤独のなかで、人気のない暗がりの雨のなか眠り込んだ妹を背負う物理的な重さと相まって、身体的にも精神的にも崩れそうになる。その瓦解と紙一重のきわどい境界線上で堪え忍ぶさなか、トトロがそっとサツキの隣に佇んでいる。

　お母さん。まだ胸がドキドキしているぐらいです。とても不思議で不気味で楽しい一日でした。それにトトロがくれたお礼も素敵だったの。笹の葉でくるんで、竜のひげで縛ってある包でした。家に帰ってから開けてみました。そしたらなかから木の実が……。お家の庭が森になったら素敵なので、木の実は庭に蒔くことにしました。でもなかなか芽が出ません。メイは毎日、毎日、まだ出ない、まだ出ないと言います。まるでサルカニ合戦のカニになったみたい。もうすぐ夏休みです。はやく元気になってください。

お母さんさま　サツキ

トトロに出会った感動は、病気の母を想う気持ちに重ね合わされ、手紙の言葉に載せられる。手紙を書く際、注意を傾けているのは目の前の紙と鉛筆という「物質」に対してである［図3］。だがサツキの心は、家と病院との距離に隔てられた、そこに不在の母へ向けられている。その想いは、手紙を受け取る母の心のうちでサツキの言葉を通して反芻され、サツキと母、両者に共通の親しい他者であるメイへの愛の眼差しが交差し合うことによって、隔てられた距離における調和（ハーモニー）が奏でられる。それは、生者と死者とに隔たれた「無限の距離」における壮大な交響へと拡大投影される予感を孕むものであろう。[8]

それを裏付けるのは、トトロとの出会いをサツキが「とても不思議で不気味で楽しい一日でした」と、不思議さと不気味さという端的には相容れないふたつの感情の一致のうちに捉えているということである。闇における光、苦における美を、サツキとメイはトトロとの出会いにおいて感受している。[9]

図3

2　空を舞うこと——祈りの働きについて

『風の谷のナウシカ』、『天空の城ラピュタ』の主旋律を奏でていた「空を飛ぶこと」あるいは「空を舞うこと」は、『となりのトトロ』ではどのようにあらわされているのだろうか。前二作とは対照的にそれは、科学技術の力をいっさい介することなく、トトロのおなかに乗って空を飛んでいるサツキが「わたしたち風になっている」と述べるように、対象と一体化するほどまでの心底からの「願い」によってであり、「祈り」によってである。

「お庭が森になってほしい」というサツキとメイの願いは、サツキとメイの夢のなかで実現する。夢のなかでトトロと中トトロと小トトロは、サツキとメイが木の実を植えた場所で奇妙な祈りの儀式をしている。それにサツキとメイも加わると、木の実は芽を出し、木となり、トトロたちと幼い子どもたちがおこなうおかしな儀式に合わせて、木はぐんぐんと伸び、森のクスノキに匹敵する大樹が庭に誕生する。そしてその大樹の天辺で、サツキとメイはトトロたちと一緒にオカリナを吹いている。それは確かに夢のなかの出来事である。だが、朝、目覚めて双葉が出ているのを目の当たりにし、トトロたちの儀式を反復しつつ、「夢だけど」、「夢じゃなかった」とサツキとメイが交互に繰り返すように、必然性に同意し、苛酷な必然性の裏面の美を享受する人は、いうなれば「夢見る権利」があるのだ(10)。

他方で、映画後半、迷子になったメイを必死に捜索するためにサツキが疾走してゆく背景を彩る、次第に暮れゆく空には、日々、人々の労働によって丁寧に織りなされた田園風景にまったく馴染まない、鉄塔と細く長く続く送電線が特徴的に描かれている。そして、「メイを捜し出してほしい」というサツキの心底からの願いがトトロのいる森の場所にサツキを導き、さらにメイ捜索のためにトトロが呼び出してくれたネコバスは、鉄塔と送電線という「異物」を踏み台にするかのように、鉄塔を垂直方向によじ登り、細い送電線上を難なく疾走し、空に舞い上がる。ここで、子どもの純粋な夢や願いとは対照的に、経済効果のためには自然破壊や大事故の可能性を平然と「なかったこと」にしうる、高度成長期の陰で盲目的に促進されてきた、危険な原子力発電の陳腐さがあぶり出されている(11)。それはまた、父親が書斎で仕事をしているさなか、風が木々を揺らす音や鈴虫やカエルの声に耳を澄ましつつ、人知を超えた何ものかの「気配」を感じ取り、足元を団扇(うちわ)で扇ぐ姿との対照によっていっそう強められている。

3　植物的生命──媒介の働きについて

サツキ　おいしい！
ばあちゃん　そうかい？　お天道(てんと)さまいっぱい浴びてっから身体にもいいんだ。
サツキ　お母さんの病気にも？
ばあちゃん　もちろんさ。ばあちゃんの畑のもんを食べりゃ、すぐ元気になっちゃうよ。

映画後半、サツキとメイは、トマトやキュウリやトウモロコシといった植物の生きざまと直接的に触れ合う。それは、大家のばあちゃんに手伝ってもらって畑の野菜を収穫する場面である。ところで、植物と動物との絶対的な差異とは何であろうか。植物は動物のようにその場を動くことができない。だがそれにもかかわらず、小さな双葉から大樹のクスノキにいたるまで、葉緑素が太陽エネルギーを感受するならば、植物は内側からエネルギーを出し、根からの水は樹液となって、重力に抗して垂直方向に上昇してゆく⑫。この垂直の方向性は、人間にあっては子どもの成長にのみ見られるであろう。だが大人になった人間は、植物のようにその栄養分である水を根から上昇させることはできず、人間になしうることはせいぜいその場で飛び跳ねることだけであり、ただの一歩も垂直方向に歩むことはできない⑬。とはいえ、植物の稔りを収穫するとは、とりもなおさず、植物を殺生することでもある。

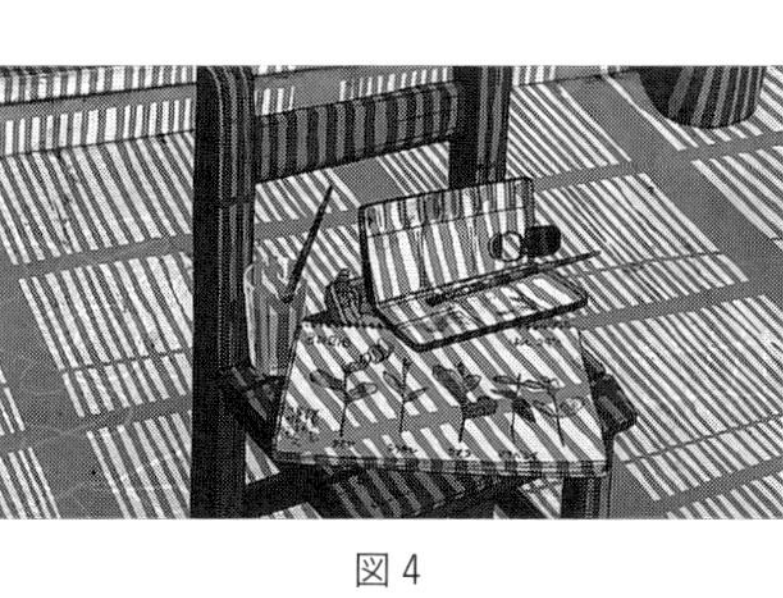

図４

それは、サツキの級友のカンタが学校に行く前に、家の養鶏の卵を取りにいく手伝いをする姿にもあらわれている。自然を相手に仕事をするとは、わたしたちが他を殺して己れを生かしていることを、日々の生業のなかで絶えず感受することでもあろう。

そして、まさしくこの植物的生命を享受しているさなかに、物語は転調する。サツキとメイに、母親が入院している病院からの電報が届く。不在の家人に電報を届けるべく立てかけた乗り手のない自転車の車輪だけが回るように、テラスに描きかけた水彩絵の具がそのまま放置されているように［図４］、サツキとメイの生の創造が即座に停止してしまいかねない、「お母さんが死んじゃうかもしれない」という不吉な予感がサツキとメイの「やわらかな心」を一瞬にして「かたくなな心」にしてしまう。それは、その場を水平方向に一歩も動けず、しかも太陽の光がまったく届かない場所に置かれた植物のように、必然性がけっして美に転換することがない、真っ暗闇に置かれたようなものである。

妹をいたわり、つねに寛大であろうとしてきたサツキも、とうとう自分自身すら支えきれず、かたくなになった心は、ダダをこねるメイに向けて「じゃあお母さんが死んじゃってもいいの!? もう知らない！」と言い放ち、メイとのあいだに亀裂を生じさせてしまう。親しい者たちのあいだにある悲劇が起こるとき、せめて互いに悲劇を共有できる唯一の他者である親しい者同士で助け合い、支え合うことができれば、どれほど素晴らしいであろうか。だが、わたしたちの現実はそうなってはいない。とりわけ、親しい他者の死や死の可能性といった、どうにも解決不可能な現実に直面するとき、わたしたちのかたくなになった心はどうにもほぐしようがなく、まさしく、その苦しみ、その痛みを共有する唯一の他者に、鋭い矢を放ってしまう。それゆえ、不幸は不幸の連鎖を生み、不幸には自然的には救いがない。

落ち込んだふたりの手伝いに来てくれたばあちゃんの慰めも力にならず、「お母さんが死んじゃうかもしれない」という予感を払拭できないサツキは、とうとう号泣してしまう。その姿を目の当たりにしたメイは、はじめて事態の深刻さを把握する。そして、ばあちゃんに手伝ってもらって自分がとったトウモロコシを食べれば母の病気は治るに違いないという切ない願いに突き動かされ、誰にも告げずにひとり病院の方向へ走り出してしまう[14]。だがメイは迷子になり、サツキがあたりを疾走し、必死で捜しても見つからず、はたまた池で溺れたのではないかという疑念まで持ち上がる。ひとまず溺死ではないということがわかり、絶体絶命の窮地を逃れて一瞬安堵するサツキの心には、すぐさま自分がなすべきたったひとつの方向が映し出されてくる。それは、この事態を打開してくれるのはトトロしかいない、という直観である。こうして一目散に森へと疾走してゆく。このサツキの心底からの願いであり、祈りであるものは、彼女をトトロの居場所まで導き、トトロはメイの居場所を見つけるためにネコバスを呼び寄せる[15]。こうして、暗闇のなかの植物の受動性に倣うサツキの生きざまは、トトロとネコバスの媒介によって、光を受け止めエネルギーを出す能動性へと転換し、サツキは無事メイを見つけ出し、さらにネコバスはサツキとメイを病院へと連れてゆき、父と談笑する元気な母の様子を樹の上から垣間見させる。

　トトロとネコバスの到来のシークエンスが単なる子ども向けのファンタジーに留まらない強さと広がりを有しているのは、大家のばあちゃんの孫であり、サツキの同級生であるカンタの存在を照らし出すからである。休日も農家の仕事を手伝うカンタにとって、都会からやってきたサツキとその一家は、いわば自らの日常生活に突如亀裂をもたらす「異質なもの」である。それは、あたかもサツキの家が、日本家屋と洋館が折衷しているありようのようなものである。だがそのいっぽうで、一日会ったその日からカンタは、明るく聡明なサツキに淡い恋心を抱いている。その背反するふたつの感情をカンタは自分のうちでうまくコントロールできない。それゆえカンタは、「やーい、お前の家、おっ化け屋敷ー」というように、悪態をつく。だが母の不在という寂寥と妹の世話という重荷をたったひとりで必死に乗り越えようとするサツキの姿に打たれ、カンタの心に美の感情が湧き起こり、「異質なもの」を排除しようとする「かたくなな心」は、次第に「やわらかな心」へと変容してゆく。寂しさに耐えかね、授業中のサツキのもとにばあちゃんに連れられてやってきてしまったメイと一緒に下校途中、大雨に降られ行き場を失ったサツキに、カンタは自分の傘を差し出し、自分はずぶ濡れになって帰る。そして自分の行為がサツキの役に立ったことを知って、カンタは密かに喜ぶのであった。

　こうしたカンタの行為の光源は、実のところ、サツキの存在の強さ、存在の輝きのうちにある。そしてそのことは、サツキには知られていない。このように、わたしたちの日常における「恩寵」とは、われ知らず、われを通して「媒介者」を出現させ、その媒介者なくしては、われの生が成り立たない、というあらわれ方をする。サツキの日常はつねにカンタの温かい眼差しに見守られている。だがそれは、サツキには知られていない。それは、あたかも虫の訪れによって水紋ができ、カタツムリの訪れによってヒマワリが華やぐことが、水面にもヒマワリにも知られていないようなものである。このように、わたしたちがわれ知らず、媒介者を介して、「主体的受動性」というべき植物的生命に与っているとき、わたしたちは自分自身を真に生きる。

＊

『となりのトトロ』のみならず、その十三年後に公開され、空前のヒット作となった『千と千尋の神隠し』（二〇〇一）も、引っ越しのシーンからその物語が始められる。ともに家族三人での場所の移動である。だが、荷物とともに、そして母あるいは妻の不在を胸に抱えて小型トラックでの引っ越しである『となりのトトロ』とは対照的に、『千と千尋の神隠し』では、家族それぞれがバラバラで、自己中心的であり、荷物は引っ越し業者に任せて自家用車での引っ越しである。この両者の差異は、両作品を跨ぐわずか十数年あまりのあいだに起こったバブル経済の興隆とその崩壊を経た後の物質的な豊かさが、どれほどまでに人々の心を蝕んでいったのか、その爪痕を物語ってもいるだろう。それゆえ、「働くということ」が物語のうちに自ずから織りなされている『となりのトトロ』の詩情に近づくために、『千と千尋の神隠し』で主人公・千尋は、いっさいの詩がない苛酷な労働を他者への愛という媒介ゆえに堪え忍ぶことが必要不可欠であった。[16] だが、そもそもわたしたちの生には、未来への期待に溢れ、家族三人で自転車に乗る晴天の日もあれば、孤独と責任に苛まれ、雨でずぶ濡れになる嵐の日もある。光も闇も同様に存在し、また光は闇からしかやってこない。さらに、闇から光への転換の契機は、わたしたちには知られていない。知られていないものにこそ、わたしたちはもっとも強く支えられている。

他方で、『となりのトトロ』の一年前に公開された前作『天空の城ラピュタ』では、大地に根をもたず、人工の結晶体「飛行石」によって空中に浮遊する城ラピュタは、どれほど豊穣であろうとも、滅びる運命にあった。大地に根を張ったときにのみ、樹木は重力に抗して水と樹液を上昇させる。それはわたしたちとて同様ではないか、と『となりのトトロ』は囁きかける。ここにおいて、「低くなる者は、高められる」[17]という聖書の言葉は、「大地に根をもつ者は、空を舞う」と言い換えられるであろう。

第2章　映像という詩のかたち——ジョナス・メカス『リトアニアへの旅の追憶』

ニューヨークで活躍してきた映像作家ジョナス・メカス（Jonas Mekas, 1922-2019）は、その本性からして詩人である。[1] だが、亡命を余儀なくされ、母語を奪われた詩人は、声のないカナリアに等しい。「かれがかれである」ための表現として編み出した、劇映画でもドキュメンタリー映画でもない、ホームビデオで撮影された実験映画というスタイルは、映像と音楽と外国語の発語との共振のうちに、いうなれば、「映像という詩のかたち」を誕生させている。そしてこの「詩」は、実のところ、言葉による詩以上にメカスを詩人たらしめることになった。というのも、シモーヌ・ヴェイユは、どこにも救いのない苛酷な労働条件を余儀なくされている労働者に必要なものは、美であり、詩であり、その詩とは、「その人の日常生活の実体それ自体が詩であるということだ[2]」と述べており、ヴェイユが提示するこの詩が、メカスの実験映画という具体的な表現において、生きられ、感じられているからである。

ひとたび歴史を振り返れば、「ありえないこと」が「ありうること」に、生が死に、いとも容易すく取って代わる現実の危うい基盤の上にわたしたちは生きていることが知られよう。そしてもっとも恐ろしいことは、この現実が反転する「非日常」をわたしたちがいつしか当たり前のことだと捉えてしまうということである。だが、自らに降りかかる非日常を直視しつつ、自らの日常をつねにたゆまず創造するならば、非日常そのものを解消しうる。そのとき、自らが直面する苛酷な必然性のその裏面は、わたしたちを活かす美となる。[3] このことは、「魂の闇夜」のうちに待ち続け、やがて洞窟を出て、太陽の映しである月を見た――善の映しである美に触れた――メカスとヴェイユに共通する世界への眼差しである。[4] このようにして誕生した詩は、今度はわたしたちから詩を奪うものをありありと照らし出す。

本章では、ジョナス・メカス監督映画『リトアニアへの旅の追憶』（*Reminiscences of a Journey to Lithuania*, 1972）を取り上げ、記憶、イメージ、現象の交差のうちに、シモーヌ・ヴェイユの眼差しがどう生きられ感じられるのかを考察してみたい。[5] そうすることで、本来けっして言葉になりえない[6]、「映像という詩のかたち」をわずかなりとも浮き彫りにできるのではないだろうか。

1　沈黙とイメージ

『リトアニアへの旅の追憶』は全三部からなっている。「一九七一年八月のリトアニアの一〇〇の瞬間（100 GLIMPSES OF LITHUANIA AUGUST 1971）」と題された一九七一年のリトアニアへのメカスの帰郷を描いた第二部を頂点とし、それを両側から支えるように、一九五〇年代のニューヨークでの生活を描いた第一部と、戦争の記憶が渦巻くハンブルクと戦時に到着できなかったウィーンを描く第三部が裾野をなしている。こうして、つねにたゆまずメカスの生を動かす源泉となっている故郷の人々や風景や事物が映し出される第二部が、観る者の心に息づくことになる。そして銘記すべきは、第二部で描かれる美は、実のところ、第一部で描かれる苦しみや痛みから到来するものであり、そしてふたたび、美と苦しみや痛みが絡み合う第三部へと引き継がれるということである。観る者の心に抱かれる鮮烈なイメージは、この美と苦の弁証法によって誕生する。このことをヴェイユは次のように譬えている。「たとえば、子どもが病気なので学校に行かないと言ったのに、幼い友達と遊ぶ元気が突然出るとき、怒った親は子どもが嘘をついたのだと考え、「遊ぶ元気があったのだから、勉強する元気もあったでしょう」と子どもに言う。ところが、子どもはまったく誠実でありうるのだ。子どもはまったく衰弱していたのである。だが、幼い友だちを見て、遊びたいという気持ちがその衰弱を吹き飛ばしてしまったのである[7]」。非日常そのものに取り込まれ、そこから脱出する気力すらも失わせる悪は、圧倒的な美の閃光に照らされることによって解消し、そこから善が誕生しうる。

わずか十分あまりの第一部は、メカスが実際に生活していた一九五〇年代のニューヨークを舞台としている。そして、メカス自身がキャスキル山脈を散策するシーン、メカスが実際に住んでいたブルックリン通りのシーン、移民たちが佇むアトランティック通りのシーンという三つの場面が柱となっている。ここで一貫して問われているのは、自らの生のリアリティの喪失である。一九五〇年代のニューヨークは、景観としてはすでに戦争の爪痕は消失している。それゆえ、直接的な生々しい残酷な映像はいっさい映し出されない。だが、そうであっても、否そうであるからこそ、けっして消えない深い心の傷が、観る者の胸を突くように心象のなかに映し出されてくる。

その初秋のある日、木々のあいだを歩いていたとき、アメリカでわたしははじめてひとりではないと感じた。(8)

図1

メカスと弟アドルファス、さらにかつてのかれらを想わせるふたりの子どもが、落ち葉を踏みしめながら山のなかを歩いている。一九五七年か五八年の秋、すなわち戦争が終わって十二、三年、アメリカにやってきて八、九年目の初秋のことである。そのときはじめてメカスは「ひとりではない」と感じたという。自然の直中で世界の秩序と自らが一致し、「世界の美」のひとかけらとなる瞬間である。(9) そのとき、自らを呪縛していた戦時と戦後のおぞましい記憶から解き放たれる。そこには、自殺を暗示する、木から吊り下がったロープのショットが挟まれている［図1］。

それはわたしの……故郷を忘れる瞬間だった。これはわたしの新しい故郷の始まりであった。「やあ、時間の縄からふたたび自由になったよ」とわたしは言った。

場面は一九五〇年のブルックリンへと転じる。子どもたちが戯れ、老人たちは静かな時間を過ごしている。そこに、「ヘンリー・ミラーはここで育った」というスポークン・タイトルが挟まれる。この地で生まれ育った作家ヘンリー・ミラー（Henry Miller, 1891-1980）にとって、この通りはかけがえのない場所である。そこにはヘンリー・ミラーの過去・現在・未来が活き活きとしたイメージの翼に載せられ息づいている。そうしたヘンリー・ミラーのような人は大勢いるであろう［図2］。だが、そのまったく同じ通りが、メカスにはきわめて残酷なものとなる。

わたしはブルックリン通りを歩いた。だが、わたしがそのとき思い出していた記憶や匂いや音は、ブルックリンからのものではなかった。

「わたし」の身体はいま確かにブルックリン通りを歩いている。だが、「わたし」の心に去来するすべてはブルックリン通りではない場所からやってくる。この身心の分離が、堪え難い生のリアリティの喪失を生む。

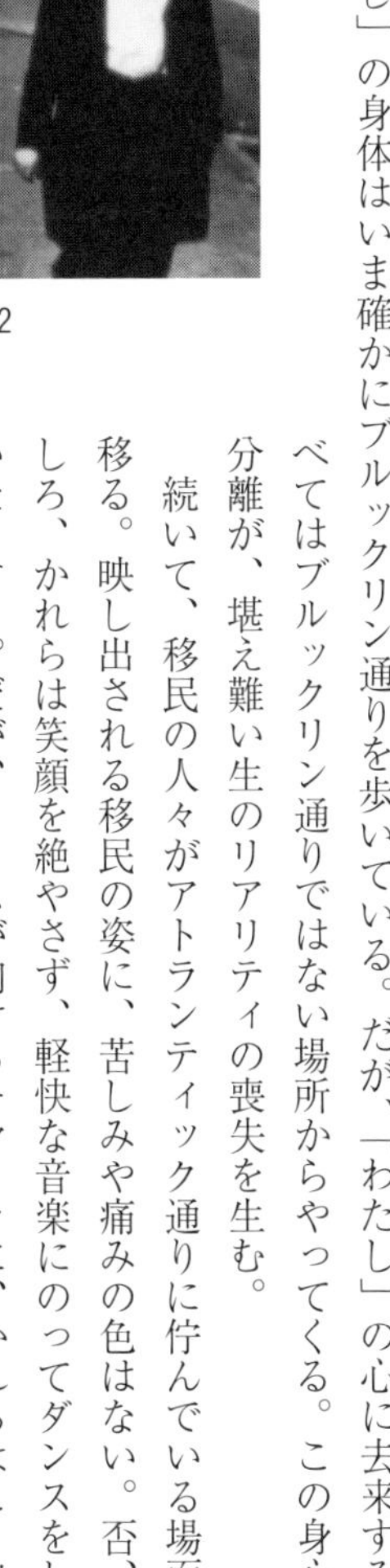

図2

続いて、移民の人々がアトランティック通りに佇んでいる場面に移る。映し出される移民の姿に、苦しみや痛みの色はない。否、むしろ、かれらは笑顔を絶やさず、軽快な音楽にのってダンスをしていたりする。だが、メカスが向けるキャメラに、かれらはこう映る。

かれらはどこか悲しげな、死にゆく動物のような目をしてわたしを見つめていた。かれらがいる場所はかれらとは何の関係もない、よく知らない場所であった。かれらはここ、アトラン

図3

ティック通りにいたにはいたが、かれらはどこかまったく別の場所にいた［図3］。

映像作家ジョナス・メカスの誕生の契機は、ここにこそある。平時には、戦時のような剝き出しの悪はあらわれえない。悪を被った人はそれを吐露する術（すべ）を知らず、往々にして深い屈辱がそれを差し止め、むしろけっして悪を被ってはいないように装う(10)。他方で、振りかざされる悪意は加害の当事者にも意識されず、しばしば優しい満面の笑顔といった善意の相貌をもってあらわれる(11)。

> わたしは戦争に抵抗して映画を撮りたいと思った。わたしは叫びたかった。戦争があったのだ、と。なぜなら、街を歩いていても誰ひとり戦争があったことを知ろうとしなかったからである。世界には、一晩中、兵士と警官のブーツで家のドアを蹴られ続け、眠れぬ夜を過ごしている家があることを誰も知ろうとしなかった。わたしはそういう場所からここにやってきた。だが、この街の人は誰もそのことを知ろうとはしなかった。

メカスによるボイス・オーバーの後半部分は、「括弧（PARENTHESIS）」と「括弧閉じる（PARENTHESIS CLOSED）」のスポークン・タイトルで括（くく）られている。これは、メカスのきわめて個人的かつ切実な経験である。こうした恐怖のもとに眠れぬ夜を過ごしている人が、今日も世界のどこかにいるということをイメージしうること、それが戦争を知るということである。というのも、「人間における不幸の条件のひとつひとつが沈黙のゾーンを作ってしまい、あたかも島のなかにいるように、人間はそこに閉じ込められてしまう。島を出る人は振り返らない[12]」とヴェイユが述べるように、ひとたび過ぎ去った苛酷な経験は、容易に「ないこと」に、「なかったこと」にされてしまうからである。

わたしたちはいまなお難民であり、世界は難民で溢れている。どの大陸も難民でいっぱいだ。

ここで語られる難民とは物理的に難民状態に置かれている人々のみを指すのではなかろう。実際に難民状態にある人、そして難民状態の人がいることを知らないし知ろうとしない人、さらには、戦争がこうした人々を生み出したことをイメージしえない人、そうした人たちすべてが、自らのリアリティを喪失しているがゆえに難民なのではないか、と映画は問いかける。

タイムズ・スクエアに立って、突然、すぐ近くに樺の木の新鮮で強烈な匂いを感じたことがありますか?

樺の木は、リトアニアの象徴的な木である。故郷では樺の木の匂いに包まれ、われを忘れてしまうような瞬間がメカスには幾度もあったにちがいない。突如挿入されるこのボイス・オーバーは、わたしたちの逆説的な生のありようを問いかける。われを忘れるほど何かに包まれるとき、そのときわたしたちは確かに自らの「生の創造」をなしている。それが、自由を標榜する、異郷の大国のよそよそしい都会の雑踏のなかでなしうるのか、と。

弟は、平和主義者なので、戦争に反対すると言った。すると弟は軍隊にぶち込まれ、戦争の記憶が渦巻くヨーロッパに連れ戻された。木の葉をとって食べ始めたので、弟は頭がおかしくなったのだと思われ、船で合衆国に送り返された。

ここで、弟アドルファスが本当に精神に異常をきたしたかどうかはさして重要ではない。銘記すべきは、本当に正気を失うか、狂気を詐病する狡猾さを持ち合わせていなければ、帰還しえなかったということである。善は悪の直中で見出され、美は醜の直中で見出される。そのことが、このような個人史において映し出されることで、第二部への転調となっている。

2　大地性と霊性

第二部「一九七一年八月のリトアニアの一〇〇の瞬間」において、稲刈りが終わった耕地や、風に揺れる花々や、卵や、車道や、恥ずかしがる少女や老女など、第二部を先取りする数々のジャンプ・

ショットに続いてあらわれるのは、メカスの母親である［図4、右］。

そして、そこにいるのはママであった。彼女は待っていた。彼女は二十五年間待っていた。

「ママ（一八八七年生まれ）」というスポークン・タイトルに続く映像と言葉である。これらの映像と言葉は、メカスが恋人のように慕う故郷の核には、日々、年々、片時も忘れることのない、メカスに向けられた母の愛情が漲っていることを色濃く映し出している。二十五年という年月は、子の帰りを待つ親にとっては永遠とも思われる時間であろう。だが観る者に与えるその持続性は、突如、伯父のショットによって遮断される。

わたしたちの伯父さんだ。伯父さんはわたしたちに、西に行くように言った。「子どもたちよ、西に行きなさい、世界を見てきなさい」、と言ったのだ。それでわたしたちは行った。いまも行き続けている。イチゴ、変わらないイチゴ。ウオゴスのイチゴだ［図5］。

図4

メカスの姉や兄や従兄の映像が、つねにたゆまず、観る者に温かさや軽やかさを促すのとは対照的に、伯父の映像だけは、故郷のこ

図５

の地になじまない、ある種のよそよそしさを感じさせる。だが、メカスが戦争を生き延びることができたのは、伯父のこの助言あってのことである。もしもドイツ占領下のリトアニアの村に留まっていたとしたら、他の多くの旧友と同様に命を落としていたであろう。さらに、メカスが苛酷な現実を凌駕する想像力、それを作品に移す表現力をもちえたのも、この知的な伯父の存在によるところが大きかったであろう。だがこの伯父の存在は同時に、近代西洋文明、わけても、経済効果のためとあれば何ら痛みをともなわずに盲目的に伝統文化を破壊しうる、近代の科学技術の象徴ともなっている。だからこそ、故郷の大地に根を張り、何が起こってもけっしてその場を動かず、毎年、たゆまず実となるイチゴの尊さが対照されるのだ(13)。

そして徐々になじみ深い場所に近づいてくると、突如目の前に森があらわれた。わたしはこの場所がどこだかわからなかった。故郷を離れるとき、木々はなかった。わたしたちはいたるところに小さな苗を植えた。そう、いま小さな苗は生長して、大きな森になったのだ。

メカスたちを乗せた車はまっすぐ道を進んでゆく。すると突然、目の前に知らない森があらわれる[図６]。幼い頃、芽が出て、木となり、やがて森になることを夢見て植えた苗が生長して、いま目の前に森となってあらわれている。だがメカスはその「過程」を知らない。突然あらわれた森は、「セメニュシュケイ（世界の中心）[SEMENISKIAI（CENTER OF THE WORLD）]」というスポークン・タイトルが挟まれることによって、なおいっそう空白の時間を思わせる。

二十五年ぶりに家に戻った人は、何をするだろう？　もちろんわたしたちは井戸に行って水を飲んだ。どんな水でも味わえない。ここだけの水。おお、セメニュシュケイの冷たい水！　どんなワインもこの水には適わない。

図６

二十五年ぶりに戻った我が家。すべてが変わっても変わらないもの、それはこの地の水を格別においしいと感じる自らの心である。井戸から水を引き上げる音は、時計が時を刻むチクタクという音と重なり、木になる色とりどりの果実や、戯れる飼い猫や家畜の鶏の姿を背景に、食事の準備や果実の収穫や種の選別など、絶え間なくせわしく働き続ける母親の姿に連なってゆく[14]。それは、わたしたち人間が大地に根をもつとは、とりもなおさず、働くということであることを示している。子の帰りを待つ二十五年間の刻一刻は、このような労働の労苦によって刻まれている。そのことがこの母親の存在を比類なく美しいものにしている。そう感じられるのは、「見習い修業をしている人が怪我をすると、仕事が身体のうちに入ったのだ、と言われる。このことを理解するならば、同様に、あらゆる苦しみについても、美の本体が身体のうちに入ったのだ、と考えることができよう[15]」とヴェイユが述べる「見習い修業」を彼女自身がなしているからにほかならない。

とはいえ、一九七二年のリトアニアは、ソヴィエト連邦政府の統制下にあり、かれらの労働はもとより、この撮影そのものも、その監視下でおこなわれている。映画は、憲兵の姿を一瞬映し出すことも厭わない。そうであっても、観る者に抑圧を感じさせないのは、被写体となったメカスの母親や兄弟・姉妹が、どのような状況下にあっても、けっしてかれら自身の生のリアリティを手放すことがないからである。嬉しいことを嬉しいと、悲しいことを悲しいと、そのまま素直に感じられる感受性をつねにもち続けているからである。

そしてここでは、コンバインの高いところに、ヨナス・リュプレナスが座っている。わたしとヨナスは一緒に学校に通っていて、ヨナスはいつも牧草地で牛や羊の世話をしていた。いまコンバインの高いところに座っているヨナスはとても大きい。コンバインはとても大きい。畑はとても広い。兄コスタスは集団農場の労働歌を歌い、わたしたちも一緒に歌う［図7］。

メカスの兄コスタスが集団農場を案内してくれる。そこには旧友のヨナスがいる。メカスの目にヨナスがとても大きく、畑がとても広く感じられるのは、「根こぎ」にされ、世界をさまよう自分と旧友とが対照されるからである。旧友がコンバインで作業する映像には、メカスの兄弟・姉妹が歌う歌

図７

が重ねられている。この歌には、あたかも歌わなければ生きられないとでもいわんばかりの、絶叫のような力強さがある。プラトンはこう述べている。「愛（エロース）は、他の者を詩人にするほど詩に造詣が深いのです。というのも、愛（エロース）に触れられた人は誰しも、たとえそれ以前にはまったくムーサ〔文芸を司る女神たち〕に与っていなくとも、詩人となるからです。この詩人という一語で、愛（エロース）が音楽とかかわるあらゆる芸術創造に関する優れた芸術家であることがわかります」[16]。ここには、この意味における詩人の姿が見られる。太陽と雨の恵みへの畏敬がなければ、木々に実がなることも、麦穂が稔ることもない。畏敬は賛美となり、そこに歌と詩が生まれる。そしてそうでなければ、わたしたちは食べることも排泄することもできない[17]。映画は、「わたしたちのトイレはそのままだ（OUR OLD TOILET IS STILL THERE）」というスポークン・タイトルと一瞬のトイレの映像を挿し挟むことを忘れない。

> わたしは祖国を追われた人間です。帰郷の途上で、故郷を探し、過去の断片をたどり、はっきりとした過去の痕跡を探しています。セメニュシュケイでの時間は、この帰郷まで、ずっと宙吊りにされたままでした。いま、その時間がゆっくりと、ふたたび動き始めようとしています。

童心に戻り、大の大人たちが子どものように、背比べをしたり、

図8

バイクの二人乗りをしたり、合唱したり、フォークダンスをしたりしている［図8］。そしてそれが、太陽の光、木々、草花、家屋、そして母親の眼差しによって見守られている。同じダンス、同じ歌が、第一部の「見知らぬ場所」と第二部の「故郷リトアニア」とでは、まったく異なる響きをもつことが対照されている。「根こぎにされた者」と「根をもつ者」が、「詩のない者」と「詩をもつ者」となって映し出されている。だが突如、観る者のほとんどが聞き取ることができない、リトアニア語でまくしたてる母親の言葉が挿入され、メカスの英語への翻訳を介して、戦後の一年間は、憲兵がずっと家の背後でメカスの帰りを待ち伏せしている恐怖の一年であったと彼女が訴えていることが明かされる。

でもわたしは若くて、世間知らずで、愛国心が強かった。そしてわたしはナチズム、ナチス・ドイツを糾弾する地下新聞を編集していた。わたしは、家の傍の、戸外に山積みされた薪のなかに、そのタイプライターを隠していた。だがある晩、泥棒が入り、タイプライターを見つけて盗んだ。ドイツ人がこの泥棒を捕まえるのは時間の問題だった。わたしが逃げるためにはわずかな時間しかなかった。まさしくこのために、賢い伯父はわたしたちに、「子どもたちよ、西に行きなさい。世界を見てきなさい。そして帰ってきなさい」と言ったのだ。ウィーン大学に入学するための偽造文書が作成され、わたしたちはウィーンに向かった。だが、わたしたちはついぞウィーンには行けなかった。ドイツ人はわたしたちが乗っている列車をハンブルクに向かわせ、行きついた先はナチス・ドイツの強制収容所だった。

メカスの個人的な経験であるこのボイス・オーバーにも、「括弧」、「括弧閉じる」のスポークン・タイトルが挟まれ、家のまわりを映し出すキャメラは遠くの教会の鐘楼を画面におさめ、そしてゾッとするような二十秒間の黒味となる。そこに、西洋近代文明の明暗が垣間見える。「正義であること」と「正義と認められること」との絶対的な差異についてプラトンは次のように述べている。「何ひとつ不正義を犯していないのに、不正義であるという最大の悪評を受けさせるのです。というのも、そうすることがその人の正義の試金石となるからです。［…］こうして正義の人が正義の極に、不正義の人が不正義の極に至るならば、両者のいずれがよりいっそう幸福であるかがはっきりとわかるでしょう。［…］このような魂の状態にあって、正義の人は鞭打たれ、拷問され、縛られ、目を焼かれ、ついには、ありとあらゆる辛酸をなめた末に磔にされるでしょう。そうして、正義であることではなく、正義と認められることを望むべきだと思い知らされるでしょう[18]」。「正義と認められること」ではなく「正義であること」を戦時に望むならば、それはまさしく、不正義であるとの最大の汚名を着せられ、捕えられ、鞭打たれ、殺されてしまう運命を意味する。そしてこの運命から逃れるためには、故郷で唯一リアリティが薄く、また西洋近代文明を体現している伯父の助けを借りる必要があった。わたしたちの善への欲望はこのように、われ知らずいつしか悪と混じり合っている。とりわけ生命か真実かの選択を迫られるときはそうである。

家のまわりを歩いていてわたしたちは以前仕事に使っていた様々な耕具を見つけた。もちろんそれらはいまはもう畑で使われていなかった。だが、そのひとつを使って家のまわりの草を刈ろうとすると、記憶がよみがえってきた。記憶のなかでそれは充分なリアリティがあった。

自分は根こぎにされても、自分に代わって親しい人々がその地に根をもち続けるならば、記憶はふたたび息を吹き返し、現在において生きられ感じられる。耕地の直中で夢中になって身体が憶えている耕具を使う仕草をするとき、瞬間的にせよ、自らの誇り、自らの軽やかさを取り戻しうる。

わたしたちは昔の校舎を見にゆくことにした。わたしたちはみな同じ学校に通っていた。毎年訪れる、寒さの厳しい長い冬に、野原を抜け、凍った川を抜け、森を抜け、学校へ歩いて通った。鼻は凍てつき、冷たい風と雪で顔がひりひりしていた。でも、ああ、それは美しい日々であった！　わたしは学校時代の冬を忘れることができないだろう。幼少時代の友人たちよ、あなたたちはいまどこにいるのですか？　あなたたちのうちの何人が生きているのですか？　墓地や拷問部屋や監獄や西洋文明の強制収容所のその先で、あなたたちはどこに行ってしまったのですか？　でもわたしにはあなたたちの顔が見える。かつてそうであったままの顔が。わたしの記憶のなかでかれらはひとつも変わらない。かれらは若いままだ。わたしだけが歳をとってゆく。

メカスたちはかつて通った小学校を訪れ、童心に戻ってかけっこをしている。この地に根を下ろす兄たちの人生が、そうであったかもしれないメカスの人生だとするならば、拷問され、投獄され、処刑された友人たちの人生もまた、メカスが担うかもしれなかった人生である。不在の他者、すなわち死者であるかれらは、幼い笑顔のままいつまでもメカスの記憶に息づいている。それは、生命を保つことはできたが、魂の純粋さを失ってしまったメカスの反照でもある。

それでは、夫や父や息子がむごい目に遭わされた、あるいは遭わされるかもしれない恐怖に打ち震えていた女性たちはどうであろうか。苦心しつつやっと火を起こし、丁寧に食事の準備をする母の姿やそれを手伝うメカスの姿に続いて、母と姉をはじめとして、墓の傍に佇む女性たちが映し出される。

子どもの頃から知っているわたしの村の女性たちはみな、いつもわたしに、悲しい、秋の鳥たちを思い出させる。鳥たちは、野原の上空を悲しく鳴きながら飛んでゆく。わたしの幼少時代の女性たちは、苛酷で悲しい人生を送ってきた。

大地に根を下ろすとは、こうした悲痛を引き受けることでもある。さらに第二部の主人公であるメカスの母親がその存在の強さと美しさを発揮するのは、故郷の村セメニュシュケイにおいてだけである。この女性は、この地を養分としてしか生息できない。ひとたびリトアニアの都会に出れば、たちまちきわめて影の薄い存在となってしまう。ヴェイユはこう述べている。「貧しさには、他にいかなる等価物もない詩がある。それは、肉体の悲惨さという真実のうちに見られる悲惨な肉体から発せら

図9

れる詩である。春、桜の花の光景は、もしその儚さがあれほど感じられるのでなければ、これほど胸を打つことはないであろう。概して、極限の美の条件は、距離によるのであれ、弱さによるのであれ、ほとんど不在であるということだ。星々は不変である。だがとても遠くにある。白い花はそこにある。だがすでにほとんど破壊されている。同様に、人間が純粋な愛をもって神を愛しうるのは、この世界の外に、天のうちにいますものとして神を思い描く場合にかぎられる。あるいはまた、この地上で、弱く、辱められ、殺されてしまう人間として、あるいはさらに、いっそう大きな不在である、食べられてしまう宿命にある物質の微小な塊として、神を思い描く場合にかぎられる」[19]。この言葉を、メカスの母親をはじめ、メカスの兄弟・姉妹たちは生きているといえよう。そしてそれを遠くから見つめるメカスがいる。いよいよ旅立たねばならない日がやってくる。

わたしが故郷を離れる日は雨が降っていた。空港は湿っていて悲しかった。だが、おかしくもあった。わたしは〈スチュワーデスの〉脚を見続けていたのだ。「男の人が女の人の脚を見つめているあいだは、結婚できないのよ」と旧友のナルビュタスがそう言ったことを思い出した。それで、わたしは当分結婚しないだろうと思った［図9］。

とても悲しいときに、わたしたちはとてもおかしなことを思い浮かべる。それは、その悲しみに愛が渦巻いているときにかぎられる。そのとき、たとえば針がどれほどわたしたちの身体を傷つけるものであったとしても、「恋人がいまは亡き愛する女性の使っていた針を優しさをもって見つめる[20]」とヴェイユが述べるように、自らに痛みを与える必然性は美へと転回してゆく。

3　「聖なるもの」のゆくえ

第三部の舞台は、第二部のリトアニアの村セメニュシュケイとは異なり、西洋近代文明が隅々まで浸透した都市ハンブルクとウィーンである。ハンブルクでは、きわめて私的な経験を語ることから始められる。それは、もっとも向き合いたくない過去の記憶であり、けっして吐露しえない、ナチスの強制収容所で働かされた経験である。それゆえ、ここでも映像は「括弧」、「括弧閉じる」のスポークン・タイトルで括られることになる。

エルムショーンの、まさに強制収容所のわたしたちのベッドがあったその場所にアドルファスは寝ころんでいる。わたしたちがまわりの人々に尋ねても、誰もここに強制収容所があったことを憶えていない。草花だけがそれを憶えている［図10］。

第二部で、弟アドルファスはしばしば地べたに寝転がっていた。だがその癖がこの場で再現されるとき、得も言われぬ恐怖が、まさしく草花の美しさのあいだから漂ってくる。かつて働いていた工場を訪れ構内を見て回るアドルファスの映像に、次の言葉が重ねられる。

一九四五年三月、わたしたちは脱走して、デンマークへと走った。だが、デンマークの国境近くで捕えられ、船で送り返されるさなか、わたしたちはふたたび脱走した。そして終戦までの三ヶ月間、シュレスヴィッヒ＝ホルシュタイン州の農場に隠れていた。

図10

もしもこの命がけの脱走がなかったならば、メカスと弟アドルファスは存命できたかどうか危うい。だがこの恐怖の経験は、かれらの生のリアリティを奪うのに充分であった。

外に出て弟があたりを感慨深げに見つめ、物思いにふけっていると、子どもたちがまわりに集まってきた。風変わりな人たちがやってきて、感慨深げに見回していることにおかしさを感じたのだ。ガ、イ、ジ、ン。ああ本当に、走れ、子どもたちよ、走れ。わたしもかつてここから走ったことがあった。だが、わたしは自分の生命のために走った。きみたちが、けっして自分の命のために走らなくていいようにと願う。走れ、子どもたちよ、走れ［図11］。

「宇宙が何のために運行するかはまったく超越的で、想像しえない」[21]とヴェイユが述べるように、芸術家の芸術創造と同じく、神の創造であるこの宇宙にも目的がない。そうであるならば、「わたし」がその担い手であるわたしの「生の創造」にも目的がない。ましてや、生命維持そのものが目的などにはなりえない。走るという行為が、目的なく無心でなされるとき、やがてわたしたちの生は、星々の運行のように、世界の秩序と重なり合い、世界の秩序のひとかけらとなる。そのとき、否、そのときにのみ、わたしたちの生は、美としてきらめく。

場面は一九七一年八月のウィーンへと移る。ここでは、宗教音楽が一貫して流れており、登場するメカスの三人の友人の名前を記したスポークン・タイトルには、かれらが聖職者ではないにもかかわらず、「聖なる（St.）」が付けられている。

図11

> わたしはペーターを見つめていて、ペーターを羨んでいる自分自身に気づいた。平和で、平穏で、自分のまわりの物事を自分のものとしているペーターのことを。自分の家にいるように、時間と空間のうちに、心のうちに、文化のうちに、その物事を自分のものとしているペーターのことを。

故郷セメニュシュケイに生きる人々とは異なり、「聖ペーター」は、人の手が介在した事物に囲まれ、自分の家の庭ではなく、レス

図12

トランの庭で料理人が作った料理を食べている。城跡を劇場にしようという大胆な発想をもつ二人目の友人「聖ニッチェ」に続いて、三人目の友人「聖アネット」が紹介される。

アネットは、ニューヨークとウィーンとを、同じ自信と同じ勇気をもって歩く。わたしはアネットを讃える。わたしはアネットが自分の根のうちに、自分の生命のうちに、文化を創造していることを讃える［図12］。

アネットが「聖なる人」と呼ばれるのは、実際に生活するニューヨークの街においても、まったく異郷のウィーンの街においても、同じく彼女自身であるからである。それは、どのような場所にあっても絶えず、たゆまず、彼女が彼女自身を創造しているからである。クレストミュンスターの修道院へと場所は移り、宗教音楽の音量はさらに高まる。修道院の中庭で友人たちが昼食をとるシーンに次の言葉が重ねられ、一瞬ドキリとする、オブジェのように並べられた二本の拳銃の静止画が挿入されている［図13］。

わたしは当時どうしてもウィーンにたどり着けなかった。だが、奇妙なめぐり合わせによって、ずっと後になってウィーンに引き戻された。わたしはいまウィーンにいる。ペーターと話をしな

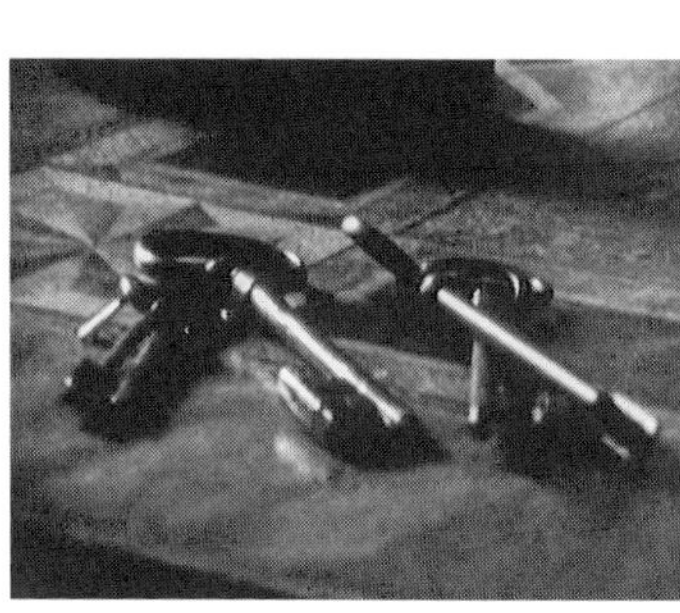

図13

がら、画廊や修道院やデメル菓子店を廻り、ワイン貯蔵庫や葡萄畑を見て歩くうちに、わたしはふたたび信じ始めていた。わたしたち人間の精神のうちには、ある一定の質と水準において、破壊されえぬものがあることを。人間は何千年もの年月を経てそれらを創り、そしてわたしたちがいなくなった後も、それらはここにあるだろう。

メカスが自らのうちにも自分自身がしっかりと宿っているのを見出すのは、聖なる場所とされているこの修道院そのものよりも、その場所に佇む親しい人々の存在の強さによってである。修道院の庭の木にも林檎はなり、聖なる水は水道から引いてこられ、魚は人工的な池に生息している。そしてメカスと友人たちは、築千二百年の修道院の屋上で夕暮れを迎え、メカスの心のざわめきは次第に収まってゆくかのように思われる。だが、ウィーンからの帰路、火事を目にする。

ウィーンへ戻る途中で、遠くに火事が見えた。ウィーンが燃えていた。果物市場は火に包まれていた。残念だと、ペーターは言った。それはペーターの市場だった。それは、ウィーンで一番美しい市場だとペーターは言った。街はおそらく、市場を取り除くために火を放ったのだと、ペーターは言った。かれらはいま現代的な市場を望んでいるのだ、と［図14］。

図14

ここにはいまなお連綿と続く、文明化という名の優しい笑顔の暴力が映し出されている。そしてまた、否応なくここに向かってしまうわたしたち自身の欲望が描かれている。そして映画は何も語らず、この笑顔の暴力に抗するものは何か、少なくとも西洋合理主義の理性ではない何かであることを暗示して、幕を閉じるのであった。

＊

映画『リトアニアへの旅の追憶』を言葉であらわそうとするのは困難である。だがそれにもかかわらず、この映画はわたしたちにわたしたち自身の表現を促す「触発する映画」である。リトアニアの小さな村セメニュシュケイの記憶の断片をかき集め、再構成してゆくことは、なによりもまずメカスの魂の糧である。誰にも模倣しえない無数のジャンプ・ショットの組み合わせは、ジョナス・メカスというひとりの人間の個性と資質による記憶の紡ぎ方のかたちである。そしてそこにあらわされている美は、美そのものとしてあるのではなく、最愛の人、最愛の事物から切り離され、心が切り裂かれ、ずたずたになった魂が渇望することによってのみ叶えられたものである。ここにおいて、「自らを根こぎにしなければならない。木を切って、それで十字架を作ること、そしてそれを毎日身につけること[22]」と、「根こぎにされたものは、他者をも根こぎにする。根をもつものは、他者を根こぎにすることはない[23]」というシモーヌ・

ヴェイユのふたつの章句は重なり合う。そしておそらく普遍性とは、このように自我の破壊を経た後に見られる純粋さを通してのみあらわれ出るものであろう。そのとき、ひとりの人間の渇望が、映画を観る人それぞれの渇望となる。

メカスとメカスに親しい人々が被った苛酷な運命に象徴されるように[24]、わたしたちは自らに襲いかかる様々な必然性から逃れることができない。それにもかかわらず、西洋文明の根幹にはつねに理性による必然性の克服が説かれてきた。これは矛盾する事柄であろう。そしてさらに、必然性はわたしたちを単に息をしているだけのモノに変える。必然性はつねにわたしたちを隷属状態に貶める剣を振るうのである。そして必然性から逃れる手立ては、ただひとつ、自らのうちに「詩をもつこと」である。本作品は、まさしく自らのうちに詩をもつ人々の生きざまによって、わたしたちに光を与えている。

第3章　叙事詩としての映画――佐藤真『阿賀に生きる』

佐藤真監督映画『阿賀に生きる』（一九九二）のモチーフは何かと問われれば、それは紛れもなく新潟水俣病である。だが、本作で新潟水俣病がダイレクトに表現されるのはわずかなショットにおいてのみである。それに代わってスクリーンいっぱいに登場するのは、八十歳前後の三組の老夫婦を主人公として、阿賀野川とともに生きる人々が日常を紡ぎ出すその姿である。かれらはいずれも、水俣病に罹患しているにもかかわらず水俣病だと認定されない「未認定患者」である。だがかれらの「患者像」は、かれらの日々の暮らしを映し出してゆくこの映画のごく一部でしかない。というのも、「人は社会問題やテーマのために生きているのではない。いかに社会的テーマをかかえていようと、人の日常は平凡でありきたりなもの[1]」だからである。そこにいるのは、「その人」だけである。だが「その人」の日常に肉薄し、それを「表現」に結実させるのは至難の業である。それゆえこの映画は、「阿賀野川というどこにでもある一本の川を通して見え隠れする歴史と時間の叙事詩でもある[2]」というように、「叙事詩としての映画」である必然性があった。というのも、ある作品に社会的テーマが十全にあらわれていることと、その社会的テーマが、「表現」を介して、人の心を揺り動かすか否かはまったく別の事柄だからである。新潟水俣病をめぐる様々な問題は、映画を受け取る人の心において、自己自身の問題として映し出されなければならない――その佐藤真監督の強い一念がある(3)。

さらに、阿賀野川中・上流域で生活する「未認定患者」に焦点を当てた本作品では、なぜかれらが「未認定」であるのか、端的には言語化しえない何層にも絡まり合った糸があり、それは「詩的に」しか表現されえない。つまり、日常生活にハッと覚醒させるような亀裂が入れられ、それが映画を観る人の心に映し出されなければならない。なぜなら、それを説明する「言葉がない」からであり、そしてまたその「言葉にない」ということに対しても、幾重にも重ねられた実に様々な襞があるからである。本作品では、この「言葉がない」という「沈黙の言葉」が、被写体になった人の鋭い眼差しや吐息、あるいは心情とは正反対の言葉において十全に映し出されている。

そして、映画で映し出される阿賀野川とともに生きる人々の日常に、新潟水俣病を暗示させるショットが突如挿入される。それこそが、「水銀を流した昭和電工は、はるか遠くの、全く異質な存在として映るであろう(4)」ものにほかならない。まさしく、「川仕事に人生を賭けてきた人々が、道路やダムによって生き方そのものまでも大きく変えられながらも、ここにいる。そこには、当たり前の生活者の、川の暮らしを通した戦後史がある。その当たり前の戦後史の、生活の最も大切な部分に昭和電工は水銀を流してきたのだ(5)』。そのことに、映画『阿賀に生きる』は「表現」として切り込んでゆく。

1　詩が生まれる場所

本作品の主人公たる三組の夫婦は、夫婦ふたりで阿賀野川上流の川辺に散らばった三反六畝(さんたんろくせ)の田んぼを耕す長谷川芳男さん・ミヤエさん夫婦、当代の舟大工であったが五年前にやめてしまった遠藤武さんとその妻ミキさん、「頼まれ餅」をついている餅屋の加藤作二さんとその妻キソさんである。映画スタッフ七人は、阿賀野川中流域に民家を借り、三年間撮影を続けてきている。撮影当時、従来の仕事が日常的にできているのは、長谷川芳男さん・ミヤエさん夫婦だけであり、映画は長谷川さんの田んぼから始まり、四季がめぐるように長谷川さんの田んぼで終わる。

キャメラがもっとも丁寧に、もっとも繊細に追ってゆくのは、それぞれの夫婦が、かれらの日常生活のなかで何をもっとも大切にしているのか、というその生活の息遣いである。遠藤武さんが来客に丁寧にお茶を入れる様子、農作業を終えた長谷川さん夫婦が飲食しながら歌に興じる様子、あるいはまた、囲炉裏を囲む団欒のさなか加藤さん夫婦が突発的に始める他愛もない夫婦喧嘩——これらのシーンが、昨日今日では身につかない、これまでに何百回も繰り返されてきたであろう日常であることが感受される。[6] このいわば日常を彩る「往復運動」があるからこそ、かれらの働く姿があたかも星辰の動きのような「円環運動」の様相を呈してくる。そこに、かれら、だ、け、に、し、か、もちえない生の輝きが美として映し出されている。

映画前半、農作業を終えた長谷川芳男さんが茶の間で飲食しつつ陽気に歌を歌っていると、長女の

図1

敏子さんから電話がかかってくる［図1］。「もう歳なんだから、身体もきかないし、田んぼやめたら」という娘さんに対して、長谷川さんはこう応える。

　やめーれって、おらの田んぼなんだ！　誰も作る人なんかいねぇ、こんな山ん中の田んぼなの……。おれやってから……、またな、おれ、それが楽しみなんだわ。

突然、酔いが醒めたかのように眼光鋭く語気荒くなり、それから柔和な表情と語気に戻るこのシーンには、この地に新潟水俣病が発生しようがしまいが、また、かれらが罹患しようとしまいとにかかわらず、何百年も先祖代々受け継がれてきたかれらの職業が、かれらの代で確実に最後になるという現実が映し出されている。その職業に従事しているかれらは、老体に鞭打ちながら、あたかも消えゆく蠟燭の焰のように、身を削りつつ消えゆくその一瞬まで大地に根を下ろしていたいと望んでいるということである。まさしく、「幼い頃から川とともにあり、川仕事に人生を賭けてきた人々が、道路やダムによって生き方そのものまでも大きく変えられながらも、ここにいる」[7]。その姿につねに映画『阿賀に生きる』のキャメラのフォーカスは定められている。

続くシークエンスが、このことをいっそう際立たせる。昭和電工の企業城下町であった上流の鹿瀬町に夏祭がやってくる。ここで神輿(みこし)を担ぐのは、三十代、四十代の若者である。長谷川さん夫婦よりもずっと若いかれらの存在が、長谷川さん夫婦よりもはるかに見劣りしてしまう。祭の神輿担ぎといういわば「儀式」に参与しているのだから没個性になることは避けられないとしても、かれらの眼差し、吐息、表情が、長谷川さん夫婦に比べてはるかにリアリティが薄いのである。この対照は、若者たちがこの地に根ざした職業についていない、あるいは、ついていてもそれを誇りには思っていないことを暗示している。植物は地中に根を張り、確固として動かないことで、光を享受し、稔りをつける。そして、その稔りの収穫を生業とする百姓は、自ずから植物の生に倣っている。このとき、水平方向にしか動けないはずのわたしたちは、垂直方向へと向かっているのではなかろうか。

舟大工だった遠藤武さんは、五年前に仕事をやめてしまっている。遠藤さんが当代一の舟大工であったその「痕跡」を示すのは、室内の壁いっぱいに貼られた二百艘の舟に対する祝儀袋と、雨戸が閉められた仕事部屋のなかですっかり埃を被ってしまっている大工道具だけである。道具の撮影を見に来た遠藤さんが、手放したはずの道具を手にとる。すると、途端に職人魂に火がついたかのように、遠藤さんの表情が職人の表情にガラリと変わる。

働く人の姿が美しいのは、その働くということに先立って道具を手にしたとき、その人自身が道具に倣う透明人間のようになるからである。自らに代わって道具に生気が吹き込まれる瞬間、それを見つめる者は息を飲む。ひとりの人間が突如、「舟大工」となる瞬間である［図２］。

二百……ぐらいは造ったはね、ハッ、それからは……ハァ、全然……舟はこしらえねんだ。こ

図2

図3

れはアイバ鋸でね、みんなコレ、錆びてしもうて、ホイ、いまでもナニ、体さえ手足さえよいば、なんとかできっともね、駄目だわ、手こんげになってしもうて、力、入らねぇんだ、おれが手……とってもオ前サン、満足に歩がねもしねぇしね、舟やめでしもうた。まああれだね、仕事なんかあったかって、とってもできねスケ、やめたほうがよかったね。

このシーンには、遠藤さんの言葉にならない様々な想いが込められている。少し前のシークエンスでは、罹ったら三人に一人は死ぬという恐ろしい風土病であるツツガムシ病のお祓いのお祈りをする町の人々のシーンが流されていた［図3］。もしもツツガムシに刺されたら、それは天災として受け入れるしかない。だから刺されないように祈ることしかできない。それが、自然を相手に大地に根ざして生きる人々の生きざまである。それと同じように、遠藤さんは水俣病に罹患したことを受け入れている。あたかも天災のように、この人災を受け入れているのである。あるいは、そうせざるをえない、昭和電工を悪く言うことができない地域のつながりがある。そして、「やめたほうがよかったね」という言葉と、その後二十秒にわたる眼差しだけを追ったキャメラの長回しの沈黙のシーンには、「死ぬまで続けたかった」という遠藤さんの深い想いが映し出されている。

遠藤さんの自宅には、割れた窓ガラスからアサガオが室内に突き出し、花を咲かせている。それゆえ、遠藤さんは割れた窓ガラスを修繕しようとはしない。その植物の生きざまに倣うように、変形させられ、角度を変えられても、うちに職人魂を燃やしている。そうであるのに、職人仕事ができなくされてしまった人が、いま、ここにいる。

シークエンスが切り替わり、加藤作二さんの餅つきのシーンとなる。そして休憩時の囲炉裏を囲むシーンをキャメラは長回しで追っている。もっとも症状が重く、寝たり起きたりの生活のキソさんが囲炉裏の傍に座ると、自然発生的に加藤さん夫婦の他愛もない夫婦喧嘩が起こり、その場にいる人々は笑いを堪えることができない【図4】。そして、この永遠に続くように思われる温かい時間の流れのなかに、突如、キソさんの震える手がクローズアップされる。この映画を観る者の心にドキリと突き刺さるこの瞬間こそが、「その当たり前の戦後史の、生活の最も大切な部分に昭和電工は水銀を流してきたのだ[8]」ということの中核に「叙事詩として映画」が据えるものにほかならない。そして映画ではわずかに触れられるに留まるが、かれらはみな戦争経験者である。すなわち、戦争によってだけでも大きく生き方を変えられているということである。

図4

2　権利と義務――水平方向と垂直方向

本作品ふたつ目のシークエンスでは、かつて川船頭であった帆苅周弥（ほかりしゅうや）さんが川辺に立って「風の話」をしている。風の荒いこの地で風向きを摑むことは、物資の輸送に不可欠なことであった。続くシークエンスでは突如「安田未認定患者の会」の模様が映し出される。帆苅さんはこの会の会長を務めている。だが、ナレーションの助けを借りなければ、両者が同一人物であるとはまずわからないであろう。職人の相貌と、奪われた権利を回復するための場で見せる相貌とはまったく別のものである。さらに、「団結頑張ろう、国をつりあげろー」と唱和しつつ、記念写真に映り込むかれらの姿は、血眼になって奪われた権利を回復しようとする姿からはほど遠い。それはあたかも学芸会の記念撮影のようである。先のツツガムシ病のお祓いのシークエンスはこの後に続いている。

この虫地蔵がある四つ角は、「義務を果たすこと」と「権利を要求すること」とが交差する四つ角でもある。それは、恐ろしい風土病に対して自らのなしうるすべてである祈りの場所であるのと同時に、第二次訴訟を起こした原告側の未認定患者が月一回新潟地裁へと向かう、奪われた権利の回復を要求する行為へと向かうその待ち合わせ場所でもある。映画に映し出される樹々、稲、焔といった空へと向かうものには何かしら「聖なるもの」が孕まれている。他方で雪は、深々と下方に向かって降り積もる。昭和電工と微妙な位置関係にある阿賀野川中流域の安田町では、誰が原告に加わっているのか周知であっても、表立って話されることはない。それゆえ、ちらほらと小雪が舞うように、どこからともなく人が集まってくる。バスや自家用車に分乗してたどり着いた新潟地裁前では、権利要求を直截に表明するアジテーションが響きわたっている。それは確かに正義の言葉であるかもしれない。だがこの語調は、人の心に宿りえない響きを孕んでいる。

続くシークエンスでは、昭和電工元社員であり、定年後、昭和電工の裏山で地すべり調査をしている江花豊榮（えばなとよえ）さんの姿が映し出されている。江花さんは、新潟水俣病裁判史上はじめて労働者側から昭和電工の阿賀野川への有機水銀の垂れ流しを証言した人である。雪化粧をした壮大な山々を背景に、雪をかき分けかき分けたったひとりで作業する江花さんの姿は、幾重にも重ねられたかれの孤独を思わせる。それをよりいっそう際立たせるのは、雪山からズームインしてそれに続く江花さんが主催するカラオケ大会のシークエンスである［図5］。狭い場所に寄り合い、よもやま話に華を咲かせる雪深い地方の人と人とのつながりはまた、「世話になった昭電を売るのか」という、病を背負った人をさらに苦しみの底へと落とし込む、正義の相貌をもった、あるいは善意の相貌をもった、個人を抑圧する集団の悪意である。このことを雪山とカラオケ大会の対照は暗示している。

図5

だが、事実関係を明らかにし、正当な権利を要求することが、なぜ「世話になった昭電を売るのか」という陰口につながるのであろうか。ここには、実に根深い問題が横たわっている。過疎率がもっとも高かったこの地域に昭和電工が誘致されてから、政治・経済の

図６

みならず文化が飛躍的に興隆したという背景がある。昭和電工が地域にもたらした権威・栄誉・金銭といった「力」が、人々の暮らしを物質的にのみならず精神的に豊かにしたという事実がある。その企業が公害企業であったことが、すなわち、鹿瀬町の人々が享受した豊かさは虚構であったことが明らかになっても、昭和電工とともに歩んできた自らの過去を否定することはできない。なぜならわたしたちは、過去の記憶を思い出し、物語り、過去のイメージを豊かに育んでゆくことでしか、自らの生を創造してゆくことができないからである。

続くシークエンスでは、小雨が降るなか、弁護団長の説明によって、裁判長や昭和電工顧問や原告側の人々が立ち会い、現地検証がおこなわれている。サングラスをかけて変装したつもりの長谷川さんや江花さんも参加している。そして等間隔に、無表情に現地検証する人々がコンクリートの道路の上を歩くシーンは、地面を打つ雨の音の不確かさと相まって、野辺の送りを思わせる。ここで、映画前半、「昭和電工撤退後、鹿瀬町は新潟県で一番過疎率が高くなった」というナレーションのかかった、夏祭りの若者たちがやはり一列になり、単線の線路に平行して歩いていたシーンが思い起こされる［図６］。水平方向の移動は、わたしたちよりけっして高くも低くもない。それに対照されるのが、夏祭りのシーンに続く幻想的なシークエンスである。ここでは、長谷川さんが真夜中に藁を燃やし、焔が暗闇を煌々と照らしている。このときわたしたちは、夜の原初の光は焔であったことに立ち返らざるをえない。焔は、藁が燃え尽きるまで、延々と闇夜へと向かっている。そこにミヤエさんの歌う「土方坑夫の歌」が重ねられる。この歌は、ミヤエさんがかつてダム建設場で土方をしていたときによく歌っていた歌である。このダムの発電によって昭和電工の前身となる工場が創業している。まさしくこの地域における近代化の象徴のひとつが、この「光の変化」にある。わたしたちの夜の室内をくまなく一様に照らす電気の光と藁が燃え尽きるまで燃える焔との対比は、強さと弱さとの対比でもあり、それはまた、死と生との対比でもある。というのも、詩が宿るのは高みへと向かう焔のみだからである。

3　人と自然

映画後半では、頑なに拒んでいた遠藤さんが家大工の関塚喜平さんに舟造りを教え始め、長谷川さんは長年やめていた鮭の鉤(かぎ)流しに挑戦する。だがこれらのシークエンスが、舟造りや鉤流し漁の再開や再生を意味するものではないことは誰の目にも明らかである。多少冗長に流れる感の否めないこの映画後半において、否、その冗長さゆえにこそ、映画を観る者は、里山特有の、人と自然が奏でる音や、自然の一部になっているかのような人の姿に惹きつけられずにはいられない。

忘れられてはならないのは、自然が相手の仕事を生業とするということは、日々生き物の殺生に関わるということでもある。物資の輸送はトラックにとって代わられた撮影当時、川舟は川漁だけのものである。さらに、長谷川さんがかつて名人であった鮭の鉤流しとは、棹の先に吊るした鉤で鮭の腹を掻き切る残酷な漁法でもある。村の寄り合い場所である加藤さん宅の囲炉裏はつねに、川漁師であった加藤さんの弟さんの三次さんが獲ってきた川魚で賑わっていた。川と生活が密接していればいるほど、それだけいっそう水俣病に罹患する可能性は高まる。そしてまた、温かい談笑の場は、残酷に串刺しされた川魚を焼く囲炉裏を囲む場であることも事実である。その明暗をキャメラは正確に捉えている。

図7

このひとつ前のシークエンスでは、大雨の後、阿賀野川の様子を見に土手まで歩いてくる加藤さんの姿が映し出されている。もう何十年も阿賀野川の堤防が切れたことはない。だがもし堤防が破れて洪水となれば、土地の人はそれを受け入れるしかない。川辺に住む人はただそっと川を見守ることしかできない。その川辺の人々の眼差しに見守られて、画面いっぱいに広がる大河・阿賀野川は悠然と流れてゆく。そして川辺に住む人々もまたこの川の流れに倣い、日常を紡いでゆく［図7］。

遠藤武さんが舟造りを教える先のシークエンスでは、玄翁(げんのう)で木材に杭を打ち込んでゆく音、あるいは鉋(かんな)や鋸(のこぎり)で木材を削ってゆく音が鳴り響いている。そのどちらも、自らが道具に倣うことに徹する、没個性的な、等間隔の「往復運動」が奏でる音である。それはまた、遠くから聞こえる電車が走りゆく音とも共振している。長谷川さんの耕運機が鳴らす音もまた同様である。道具や機械が出す音は人為によるものでありながらも、その人の個人性が透明に消えゆくとき、音は、あたかも自然界の鳥のさえずりと協調するような響きをもつ。それはまた、自己無化の過程において、自然破壊を償ってゆくかのごとくでもある。そして遠藤さん指導のもとに完成した舟が川の水と触れ合う音、遠藤さんの舟に乗り続けてきた井上兵一さんの舟が響かせるモーター音すらも、それらが人工物であるにもかかわらず、あたかもそれらの音は自然界に溶け込み、川は舟を静かに受け入れているかのように思われる。

舟と棹を巧みに操る川漁師たちは、日が暮れるまで漁をする。太陽に焼かれた空を背景にして川面に散らばって佇む舟々は、あたかも水面に留まる鴨たちのようである。このように、かれらの生業とは、阿賀野川に生息する魚の殺生であるにもかかわらず、それがその人の個人性を脱して川漁師そのものになりきるとき、あたかも自然はその残虐性をも受け入れているかのように思われる［図8］。

図8

他方で、「おらの田んぼなんだ！」と述べた先のシークエンスと同一のアングル、同一のシチュエーションにおける後半のシークエンスでは、長谷川さんの鮭漁の話が出てくる。これが鮭の鉤流し再挑戦の契機となる。ここで長谷川さんは疲れと酔いで夢現（ゆめうつつ）状態であり、「人間も罪つくりだぜアレは――なんぼ魚（サケ）とはいえどもああやって、気分良く子どもを産卵するに、それを目当てにしてみんな、獲っちまうんだからな、カギで［…］女というものは、母性愛というものは――人間であろうとも魚であろうとも、みんな同じなんだわ」と、いつの間にか人間と鮭を同一視しつつ、人間の営みの残酷さについて語っている。それはまた、殺生にかかわることを生業にしている人にしか経験できない桃源郷でもあろう。

作品が終わりに近づいていることを暗示しつつ、老人たちの余生が短いであろうこととも相まって、映画はにわかに死の様相を呈してくる。生死の境界は死の側にあるのだから、けっして経験しえないはずの死の片鱗について語られるようになるのである。遠藤さんの親友でもあった加藤さんの弟の三次さんは三年前に急逝しており、死者を偲ぶことから、互いの手足を見せ合い、水俣病の症状について語りつつ、死までの距離を漠然と慮（おもんぱか）っている。他方で、線香を上げたあと三次さんの写真を手にする遠藤ミキさんは思わず「そっくりだねぇ」と述べる。その言葉には、いまもここに三次さんがいるような気がする、という想いが重ねられているだろう。さらに、写真をめぐるミキさんのこの言葉は、次に続くシークエンスで加藤キソさんが発する、「写真ばっか撮ってっと、影薄うなって早よ死ぬと」という言葉と照応してゆく。この言葉は、天井いっぱいに吊られた干し柿のシーンに重ねられている。キャメラが天井から眼下にパンして囲炉裏を囲む加藤さん夫婦を映し出すと、「早よ死ぬ？明日でもいいがね」と加藤さんは応答する。ここには、友人・知人の多くが鬼籍に入っている老人特有の哀愁が漂っている。そしてキャメラは、かつてない静寂を捉えてはなさない。老いと病気は当然ながら若さと健康よりもはるかにいっそう死を思い起こさせる。さらにわたしたちはあるとき突然、死者と生者という「無限の距離」に隔たれてしまう。そしてこの死をめぐる他愛もない対話の直中で、「明日死ねば、みんなが来てくれるよ。山の衆（撮影スタッフ）みんな来てくれるよ。たいしたもんだねぇ。佐藤さん、先なって皆で来てくれるよ。明日死ぬように申し込むか……」というように、本作ではじめて被写体となった人から撮影スタッフの存在が語られる。至近距離にいながら透明な空気感となっていた映画スタッフの存在感があらわになる瞬間でもある。もっとも近くにいながらもっとも遠い存在、それは、生者と死者との関係そのものでもありえよう［図９］。

ところで、流れゆく時間のなかで、唯一、止まった時間を映し出すのが、長谷川さん宅の居間の壁の存在である。ふたたび春が巡ってきて農作業が始まる。だが、昨春とは異なる変化がある。それは、ミヤエさんはもう田んぼには出られないということである。キャメラは、天皇・皇后の御成婚写真、先祖の写真、孫のお習字の半紙、掛時計など、遠近の時間が凝縮している居間の壁から、手伝いに来てくれた近所の人々への振る舞いに上から下へとパンする。このパンは二回繰り返され、居間の時間の変化に対して壁は動かないことをあらわしている。キャメラは時間を超越した神の視点に置かれている。永遠とは、変化を受け入れるその姿勢でもある［図10］。

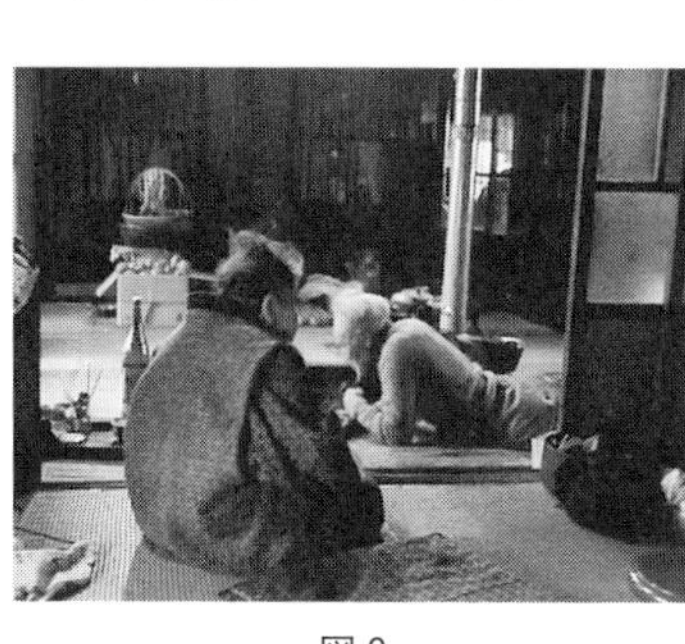

図９

映画のラストシーンには、動画内において記念写真を撮るというシーンが使われている。スタッフが述べる「ご苦労さまでした」の掛け声は農作業に対してであり、ミヤエさんと手伝いの女性が述べる「どうもありがとうございました」はあきらかに撮影に対してである。そして、そのどちらをも断ち切るようにして長谷川さんは、「餅でもついて、アレだから、都合のいいとき、電話やって、都合聞いて、そんときに来てください。［…］今頃の餅はでかさねぇども、あんまりけっこうでねぇども、寒いときだば餅、いいドモね……」と誘いつつ餅の話を続けている。続いていながら終わる。それは、生きとし生けるものすべての生きざまでもある。背後から鶏の鳴き声が聞こえる。鶏もまた殺生の対象でもある。

図10

＊

佐藤真監督は、優れた映画監督であるのみならず、優れた書き手でもある。その最初の著書『日常という名の鏡』では、『阿賀に生きる』誕生の契機となった監督と旗野秀人との出会いについて語られている[9]。本作品で旗野がスクリーンに表立って登場するのは二度だけである。だが映画をよく見ていると、完全に佇まいを消した、老人たちと同じように成熟してしまっている――透明な被写体になりえている旗野秀人の存在に気づく。旗野は家業の大工を継ぎながら、地元の問題である新潟水俣病の抱える様々な機微に地元の人間としてたったひとりで携わってきた人物である。着目すべきは、「しかし、旗野にとっては、ただでさえ保守的な新潟県の中でもことさら保守的な安田町ゆえ、逆に運動の僻地だったことが幸いしていた。／思えば、運動にとって力のある表現は、いつも運動の中枢でなく辺境から生まれてきた[10]」と、旗野の支援活動のことを佐藤が「表現」と捉えているということである。さらに、「旗野秀人は、新潟水俣病の病像よりも、阿賀野川の川とともにある暮らしをそっくり残そうとしてきた。暮らしの思想とそれを体現する人々をそのまま撮れれば、立派な映画になる。旗野は何度となく私をそう挑発した。私はその時、はじめて本格的に映画をやってみたいと思った[11]」と続けている。本作品はこの瞬間に生まれている。「はじめて本格的に映画をやってみたいと思った」と佐藤の心を旗野が触発した瞬間である。芸術も、行為も、あたかも水のような透明性をもったときに、わたしたちを超えたものが胎動し始める。そのとき、生者と死者ほどに隔たれた距離においても、否、無限に隔たれているからこそ、つながれるつながりがある。

「水俣病問題も、川の暮らしもどうでもいい。この囲炉裏(いろり)や茶の間の出来事をそっくりそのまま撮ってもらえば、立派な映画になるんだ」／旗野はこの時、くり返しこう語って、私の浮ついた心を挑発し続けた[12]。

第Ⅱ部　叙事詩の閃光

ここから、『イーリアス』がただひとつの作品であることがわかる。それは、優しさからやってきて、そして太陽の明るさのように、ひとしくあらゆる人間に広がってゆく苦渋によるものである。語調が苦渋にまみれてしまうことはけっしてなく、そしてまた嘆きに堕してしまうこともけっしてない。どこまでも不正義である暴力に満ちた『イーリアス』の描写において、愛と正義はどこにもその居場所をもたないが、『イーリアス』は愛と正義の光で満たされている。だがもしその語調がなかったならば、愛と正義の光を感受することはできない（シモーヌ・ヴェイユ「『イーリアス』、あるいは力の詩篇」）[1]。

第4章　夜と音楽――ジャン＝リュック・ゴダール『アワーミュージック』

シモーヌ・ヴェイユは音楽のうちに、「無限の距離」に隔たれた神と人とのあいだに調和をもたらす役割を、あるいはまた「不在」というあらわれしかもちえない神の「沈黙における声」を映し出す役割を見出している。だからこそ歌は神を賛美するのに適うのである、と。[1] ジャン＝リュック・ゴダール（Jean-Luc Godard, 1930–）の映画制作にはヴェイユの思想が色濃く映し出されている。それがもっとも鮮烈にあらわれている映画『女と男のいる舗道』（*Vivre sa vie*, 1962）から約四十年の歳月を経て、ゴダールの作品においてシモーヌ・ヴェイユはどのように息づいているのであろうか。[2] 世紀の変わり目に制作された『愛の世紀』（*Éloge de l'amour*, 2001）ではヴェイユの姿がはじめてスクリーンに登場する。だが一転して『アワーミュージック』（*Notre musique*, 2004）では、ヴェイユの姿や名前は見えず、彼女の言葉が織りなすイメージだけが紡ぎ出されている。

ところで、個々人の考えがいったいいつ思想になるのかと問うならば、それは言葉が誰かの心に舞い降り、その人を震わせ、その人の何かを変えたときであろう。それを映画という表象形態において捉え直すならば、言葉と映像、あるいは言葉と音楽が共振することによって何かが生まれるということでもある。そのとき作品は、完全に作者の手を離れ、純粋に作品そのものとなっている。『アワーミュージック』では、自らの役を演じるゴダールが「映像とテクスト」と題した講義をする。そして映画は、「わたしたちの夜、わたしたちの音楽（notre nuit, notre musique）」という講義最後のゴダールの科白へと収斂してゆく。

本章では、ダンテの『神曲』の構成を模した「地獄篇」（十分）、「煉獄篇」（六十分）、「天国篇」（十分）からなる映画『アワーミュージック』において、ゴダールが「わたしたちの音楽」として表現しようとしたものとは何かを、シモーヌ・ヴェイユとの照応関係に注目しつつあきらかにしてみたい。

1　イメージの紛い物

映画冒頭の「地獄篇」では、戦時における様々な残虐シーン――劇映画、ドキュメンタリー、ニュース報道、等――のコラージュのなかに、「女性キリスト教徒たちによる宗教的儀礼」、「自転車を片手に整列しナチス式敬礼をする女子学生たち」、「そり遊びをする子どもたち」といったショットが挿入されている。(3) その意味するところは何であろうか。それは身体性の原理であろう。戦争のみならず、宗教や政治やスポーツにも身体がかかわる。(4) そしてやっかいなことに、身体は感情と密着しているため、スローガンやイデオロギーは、思考が宙吊りにされたまま身体を通していとも容易く内面化され、それぞれの心のうちに、イメージに代わって「イメージの紛い物」を生み出してしまう。(5) そしてこの「イメージの紛い物」は、あたかも確かな実在性をもつような錯覚をわたしたちに与える。

後の時代から考えれば、なぜこうした戯画的な現実を人々は生きえたのか、わたしたちはしばしば理解に苦しむ。だが、それもこの観点から考察するならば、充分理解できよう。「地獄篇」におけるコラージュには主人公オルガの姿はあらわれず、音楽の合間に彼女のモノローグの声だけが聞こえてくる。その最後は次のようなものである。

死にはふたつの考え方がある。死とは、「ありうることが起こらないこと」ではなく、むしろ、「ありえないことが起こること」である。とはいえ、わたしは一個の他者である（Je est un autre [sic.]）。

わたしたちの大半は「ありうることが起こらないこと」という「死への態度」を日常的にとっている。すなわち、生きとし生けるものはすべて、いつかは死を迎える。だがそのことはあたかも「起こらないこと」であるかのように自らの生を紡いでゆく。それに対して「ありえないことが起こること」という死への態度は、戦時に大半の人がもちうるものである。戦時にはなぜ「ありえないこと」が現実に起こりうるのであろうか。それは、ヴェイユが的確に指摘するように、本来「高い動機」を必要とするはずの行為が「低い動機」によってなされるからである。すなわち、低い動機にはいかなる「注意力」も必要ではなく、疲労によって注意力が麻痺しても行為自体がエネルギーに富んでいるからである。(6) こうして映画冒頭のコラージュのように、武器をもった人間のありようはサルのありようと何ら変わらないものとして映し出されることになる［図Ⅰ-a、図Ⅰ-b］。この映像には次のオル

図 I-a

図 I-b

ガのモノローグが重ねられている。

人間たちは互いを夢中で殺し合う。生存者がいるだけでも驚きだ。

わたしたちの思考に不可欠な「注意力」は容易に捨象され、注意の働きが停止したまま「イメージの紛い物」に占拠された精神は、何ら罪悪感を抱くことなく、否むしろ、善と正義の名のもとに、「人を殺す」という行為をなしうる。

それでは、どのようにしてわたしたちは真の「イメージ」を取り戻し、自らの生の担い手となりうるのであろうか。

2　ハンナ・アーレントとシモーヌ・ヴェイユ

「地獄篇」に続いて、映画全体の八割をなしている「煉獄篇」の舞台は、紛争の爪痕が街中いたるところに残る二〇〇三年当時のサラエヴォである。サラエヴォの街を特徴づける路面電車や市内を流れる川に隔てられた両岸は、無限に交差することのない平行線を象徴している［図2］。そしてこの映画では、容姿や年齢が酷似している——観る者はしばしばどちらがどちらであるかわからなくなる——ふたりの女性が、互いに一度も出会うことなく、同じ時間、同じ場所で、それぞれに思考し、行動している。そのひとりがフランス系ユダヤ人のジャーナリスト、ジュジェットであり、もうひとりは同じくフランス系ユダヤ人の学生、オルガである。「煉獄篇」前半では主体的に発言し行動するジュジェットの姿が前面に押し出され、そこに日中、大きな赤いバッグを肩から提げ、サラエヴォの街をひたすら無言で駆け抜けてゆくオルガの姿が挿入されている［図3］。

図2

図3

ここで、ゴダールがしばしば作品のなかで言及するふたりの女性思想家のうちのひとりハンナ・アーレント（Hannah Arendt, 1906-75）をジュジェットに、もうひとりシモーヌ・ヴェイユをオルガに重ね合わせてみよう。[7]『アワーミュージック』ではヴェイユへの言及はいっさいなく、アーレントへの言及のみが見られる。すなわち、『愛の世紀』ではアーレントとヴェイユが並列して描写されているのに対して、『アワーミュージック』ではアーレントは「有」あるいは

「存在」として、ヴェイユは「無」あるいは「不在」として描かれている。だが逆説的にも、まさしくそのゆえにこそ、アーレントのイメージは後景に退き、ヴェイユのイメージだけが際立っている。ここに映画のもつイメージの力動性が躍如としているだろう。すなわち、この映画には、ジュジェットとオルガというふたりの女性が登場し、ジュジェットの映像が前面に出されるにもかかわらず、観る者は、無言でサラエヴォの街を走り抜け――しばしばその姿すらぼやけている――音声だけが聞こえるオルガのほうに惹きつけられる。だがそうでありながらも映画は、ジュジェットの生きざまはもちろんのこと、オルガの生きざまをも手放しで肯定的に描いてはいない。ジュジェットの生きざまもオルガの生きざまも、それだけではどちらも不充分ではないか、と映画は問いかける。すなわち、真理とは、「目を開けること」と「目を閉じること」の往還に、「現実を直視すること」と「イメージすること」の往還に、つまり、それらのあいだにこそ見え隠れするものなのではないか、と。

「煉獄篇」冒頭、ジュジェットはタクシーの窓からいまだ紛争の傷跡が癒えないサラエヴォの街を眺めつつ、「人道的な人間はどうして革命を起こさないのですか?」と素朴に問いかける。それに対して映画のなかのゴダールは、「革命が人道的ではないからさ。かれらがつくるのは、図書館と……」と応え、それを受けて『リベラシオン』紙のジャーナリスト、マイアールは「墓地だ」と応答する。さらにジュジェットは目に涙を浮かべつつ、サラエヴォの街に向けてひたすらデジタルカメラのシャッターを切っている。タクシーの行き先であるサラエヴォ大使館でのレセプションで、ジュジェットはかつて彼女の祖父母を匿った高校生であったフランス大使に対談を申し込む［図4］。ジュジェットとフランス大使のあいだには次の対話が見られる。

図４

ジュジェット　一九四三年、学生だったあなたは若いカップルを秘密警察（ゲシュタポ）の手から匿いました。一九四五年、ふたりはわたしの母をあなたの屋根裏部屋で生んでから亡命しました。後になってあなたは、勲章の授与を断りましたね。高等師範学校の入学直前のあなたは言いました。〝当たり前のことをしただけだ〟と。

フランス大使　そうかもしれない。

ジュジェット　わたしたちの集会に来てください。大使としてではなく、自由な人間として。昔と同じように。正しい会話ではなく、しかるべき会話です。軍事や政治は話題にしません。基本的なことを語りたいのです。人間の心理や倫理について。［…］あなたのフランス語だって、やがて消えてゆく。あなたが集会に出れば記事になります。

フランス大使　新聞に？

ジュジェット　新聞はダメ。わたしはフリーだけど、社内記者が書いても掲載されない。パレスチナ寄りだから。時代は変わる！　でも、祖父の裕福な友人が何百万部も刷ってくれる。わたしたちふたりだけのしかるべき話し合い。でも、誰もやったことのない対話になるわ。心はひとつだから……。

フランス大使　一九四三年に、カトリックの若いドイツ女性が言った。個人の夢はふたりのもの。国家の夢はひとりのもの。彼女は処刑されたよ。

このシーンで着目すべきは、いまでは無名の高校生ではなく、地位も名誉もあるフランス大使にジュジェットは、「大使として」ではなく「人間として」の対話を求めているということである。かつその対談を、祖父の「財力」や「人脈」に拠って書物にして発行しようとしているということである。ここに、正義をどこまでも「力」――権威、権力、名誉といった――によって体現しようとし、そこに何の矛盾も感じないひとりの人間の姿を見ることができる。このことはそのまま第二次世界大戦中のユダヤ人迫害と現在のパレスチナ問題との関係に拡大投影されよう。すなわち、どれほどの「不幸」に陥れられようとも、ひとたび力を得て、不幸から回復した人間にとって、不幸をイメージすることも、不幸に同意することも至極困難である。さらには、不幸な人をいっそう「見えない存在」へと押しやる行為を、まさしく不幸の経験をもつその人自身が果たしてしまうということである(8)。

いっぽう、黙して語らず、ひたすら光のなかを駆け抜けてゆくオルガは、一見したところ、いっさいの「力」から解き放たれているように思われる。オルガの行く先はゴダールの講義である。彼女はゴダールの講義に一学生として出席し、カール・Th・ドライヤー監督の映画『裁かる、ジャンヌ』(Carl Theodor Dreyer, *La Passion de Jeanne d'Arc*, 1928) における修道士とジャンヌ・ダルクのやりとり――「救いとは?」、「勝利とは?」、「それはわたしの殉教です」、「わたしは天国にまいります」――のみが書かれた厚紙を一枚一枚めくり、思いつめたような表情を浮かべている(9)［図5-a、図5-b］。その姿に、オルガがジャンヌ・ダルクその人を、いわば「闇夜のなかで」、すなわち「真空のうちに」イメージしていると見て取ることができよう。

このように「煉獄篇」では、実際に起こったことの痕跡を「記録する」ジュジェットと、実際に起

図5-a

図5-b

こったことを「イメージする」オルガが対置されている。この対置がそのまま、権利を前面に押し出すアーレントと義務を前面に押し出すヴェイユとの対置へと連なってゆくと見立てることができる。そして「事実とイメージ」、「権利と義務」という対比は、そのままジャーナリズムと映像芸術との対比へと重なってゆく。『アワーミュージック』において「わたしたちの音楽（ノートル・ミュジーク）」という言葉が聴かれるのはただ一度、ゴダールの講義のなかであり、この言葉をもって講義は閉じられている。

　想像的なものの確実さ。現実的なものの不確実さ。映画の原理とは——光に向かい、その光で照らすこと。わたしたちの夜、わたしたちの音楽（notre nuit, notre musique）。

　ここにおいて音楽とは闇から闇へ、沈黙から沈黙へ向かうその一瞬の光彩であり媒介であることが知られよう。そして映画とは、観る人それぞれの心に音楽を奏でる芸術なのではないか、と『アワーミュージック』は問いかける。すなわち、映画こそが、神と人とのあいだの無限に隔たれた距離に調和（ハーモニー）をもたらすのではないか、と。

3　映像とテクスト

努めて物事を見ること。努めて物事を想像すること。前者は〝目を開けて見よ〞、後者は〝目を閉じよ〞ということだ。

この科白は、講義の冒頭でゴダールによって語られる。ここでは、「目を見開くこと」と「目を閉じること」とが天秤にかけられている。それはそのまま先のジュジェットとオルガ、アーレントとヴェイユの対比でもある。一枚の廃墟の写真は、ヒロシマともサラエヴォともワルシャワとも判別がつかない。あるいはまた、さして興味を引かない一枚の城の写真が、その城に住むハムレットを想像するだけでまったく違う趣きをもってわたしたちの心に迫ってくる。さらには、男と女、夢の土地エルサレムを目指すイスラエル人と土地を追われ溺死するパレスチナ人、瀕死のユダヤ人と回教徒の写真が互いに見分けがつかないように、映像それ自体はきわめて不確実なものである。それゆえ、わたしたちが経験する現象(あらわれ)をどうイメージしうるかが問われることになる(10)。映画のなかのゴダールはこう述べる。

イメージは幸福だが、イメージの傍らには無（néant）がある。無がなければイメージの力は表現されない。

この言葉に触発されるように、オルガは自爆テロを決意しているようである。だが、「無に同意すること」と「無に自ら飛び込むこと」は似て絶対的に異なる事柄である。すなわち、処刑を告げにきた修道士との対話のなかでジャンヌ・ダルクは、神とは無にほかならないことをはっきりとイメージし、そうであるからこそ、その神が差し出す死を受け入れることに同意するのに対して、オルガは自らの意志で、自らが想像する無であり、自らが想像する死を選択する。それゆえ、その無も死もオルガ自身が作り出したものであり、オルガよりも高くも低くもない。したがって、目を閉じ、闇夜において穿たれた「真空」というべき心のうちに湧き起こる鮮烈なイメージが、オルガをジャンヌ・ダルクに近づけることはない。ジャンヌの死と同様、オルガの死も――オルガの叔父がスイスに戻ったゴダールに電話で伝えるところでは、自爆テロを呼びかけるものの誰も賛同してくれず、バッグから本を取り出そうとして射殺されてしまったという――ともにばかばかしく無意味なものである。だが、ジャンヌの死が外的に被るものであるのに対して、すなわち、ジャンヌの死への同意は、「なぜなのか！／何のために！（pourquoi!）」と叫ぶその問いの先に見出される「神への愛」に貫かれているのに対して、オルガの死は自らその死の淵へと飛び込むものであり、そこには愛による媒介の働きが見られない。喜んで死に赴く殉教者を批判してヴェイユはこう述べている。「殉教者たちは神と離れているとは感じなかったが、かれらが念頭に置いていたのは別の神であった。それにおそらくかれらは殉教者にならなかったほうがよかったのである」(11)。同様に、オルガの心に抱かれているのは、「想像上の実在」にほかならない。それゆえオルガの死後の世界、すなわち、「もうひとつの世界」である「天国篇」においても、彼女は自分自身を見出すことができない。海の遠くを見つめるオルガの姿に次の彼女自身のモノローグが重ねられ、映画は静かに幕を下ろす。

よく晴れた日だった。遠くまで見える。だが、オルガのいるところまでは見えない。

4　音楽と詩

「煉獄篇」では、実在の三人の作家――ピエール・ベルグニウ（Pierre Bergounioux, 1949-、フランス）、ファン・ゴイティソーロ（Juan Goytisolo, 1931-2017、スペイン）、マフムード・ダルウィーシュ（Mahmoud Darwish, 1941-2008、パレスチナ）――が登場し、三者それぞれが、目を覆いたくなるような醜悪な現実を凌駕する「詩」の役割について語っている。まずフランス大使と会話するベルグニウによって、次に廃墟と化したサラエヴォ図書館のなかを闊歩するゴイティソーロによって、最後にジュジェットのインタヴューを受けるダルウィーシュによって。それぞれの個性が語る「詩」は微妙な差異と変容を見せてゆく。そうして「詩とは何か」が浮き彫りになってくる。

ベルグニウは、実在を言葉によって映し出すことがいかに困難であるかをこう述べる。「行動する人間は自分の行動を適切な言葉で語れない。逆に物語を語り、詩を詠む者は実態を知らない」、と。行動する人もイメージを抱く人も、ともに実在を映し出すには不充分である、とベルグニウは指摘する。さらに、サラエヴォ図書館内のゴイティソーロはこう言い放つ。「巨大な破壊力を前にいまこそ革命が必要である。破壊に匹敵する創造力の革命だ。記憶を補強し、夢を明確にし、イメージを実体化する」。だが「創造力の革命」とはいかなるものか、具体的には述べられていない。ベルグニウとゴイティソーロの言葉は、次のジュジェットとダルウィーシュの対話のうちにハイライトされ、反復されることになる。

ジュジェット　ダルウィーシュさん、〝自分の物語を書けばその土地の相続人だ〟とお書きになりました。イスラエル人と領土問題の矮小化では？〝もはやホメーロスの居場所はない〟とか。「自分はトロイアの詩人になる」、「敗者を愛する」、と。ユダヤ人のような口調ですね。

ダルウィーシュ　そのとおりです。いまだからこそ、すべてが見える。真実にはつねにふたつの相貌があります。イスラエル人と領土問題の矮小化では？ トロイア戦争もギリシア側の見方がありますし、ギリシアのエウリピデスによる、トロイアの敗者の声もある。わたしはトロイアの詩人を探しています。トロイア側からは何も語られなかった。だが、偉大な詩人がいるからといって、詩人のいない国を負かす権利があるのか、敗北は詩人の不在ゆえなのか。詩とは未来への命題なのか。あるいは権力が使うひとつの道具なのか。自らの詩をもたない民族は強くなることができるだろうか。わたしは公認されなかった民族の子どもだからこそ、不在の名において語りたかったのだ。トロイアの詩人として。勝利より敗北のなかにこそ、より多くの示唆と人間性が存在する。

ジュジェット　本当ですか？

ダルウィーシュ　喪失のなかにこそ偉大な詩は生まれる。もしわたしが勝者の側にいたら、敗者への連帯を表明しただろう。なぜわたしたちパレスチナ人は有名なのか。あなたたちユダヤ人の敵だからだ。パレスチナ問題への関心とは、ユダヤ人問題への関心から芽生えるものだからだ。人々はわたしではなくあなたに興味をもつ。だから、イスラエルを敵としたわたしたちは不運なのだ。世界中のどこにでもかれらの同調者がたくさんいるのだから……。だが、イスラエルを敵としたことで幸運でもある。世界中で権力を握るユダヤ人たちのおかげだ。わたしたちに敗北と同時に名声を与えたのだから……。

ジュジェット　あなたがたの宣伝省ですね。

ダルウィーシュ　そう、まさに宣伝省だ。世界の関心はわたしたちにではなく、あなたたちに向く。これはわたしの思い違いなどではない。

ジュジェット　『隠喩としてのパレスチナ』のなかに、〝もしわたしたちが詩で負ければ、すべてが終わる〟とあります。

ダルウィーシュ　民族や詩に終わりが訪れることはないと思う。その引用も不的確だ。そこにはほかの意味もある。勝利も敗北も軍事用語では測れない、ということだ。

ジュジェット　トルコの首相は、寺院の尖塔と銃剣を比較しました。

ダルウィーシュ　わたしの言葉は雲のように素直だ。わたしの言葉は雲のように素直だ。詩をもたない民族は打ち負かされた民族だ。

この対話では、端的には言葉にしえない「弱さの強さ」という逆説的真理がかすかに映し出されている。「自らの詩をもたない民族は、強くなることができるだろうか」、「喪失のなかにこそ偉大な詩は生まれる」、「詩をもたない民族は打ち負かされた民族だ」というダルウィーシュが述べる「詩」という言葉には、文学としての詩ではなく、わたしたちの生に不可欠な、もうひとつ別の詩が暗示されている。そしてこの詩こそが「語られなかった歴史」を浮き彫りにする、と。ここにおいて、「大衆は、パンのように詩を必要としている。言葉のなかに閉じ込められた詩ではない。そうしたものは、それ自体、大衆の何の役にも立たない。大衆が必要としているのは、その人の日常生活の実体それ自体が詩であるということだ」[12]とヴェイユが述べる意味における「詩（ポエジー）」が重なり合う。

歴史はつねに勝者によって書かれる。それではいったいどのようにして敗者によって、すなわち沈黙において、闇夜のなかで語られる歴史が可能となるのだろうか。それは沈黙が沈黙として、闇夜が闇夜として際立つことによってである。すなわち、沈黙と闇夜が「詩」となることによってである。そしてそれを可能にするのが「音楽」である、と映画はまさしく沈黙のうちに語りかける。というのも、音楽とは、沈黙から始まって沈黙に還帰するものだからである[13]。男と女、勝者と敗者、加害者と被害者、ユダヤ人とパレスチナ人のあいだには断絶があり、それらは「無限の距離」に隔てられている。だが、その闇夜にこそ光が灯り、音楽が奏でられる。それはサラエヴォの街を流れる河の両岸をつなぐ橋でもある。

＊

二〇〇一年九月十一日のアメリカ同時多発テロ事件から一年半を経た二〇〇三年三月二十日、根拠のない大義名分によってイラク戦争が勃発する。そのさなか、齢七十五となったゴダールは、それまでの作品とは一線を画する、むしろ一九六〇年前後の初期作品を彷彿とさせる瑞々しい作品『アワーミュージュック』を作り上げる。それは、「強者の論理」が席巻し、弱者は不条理と不正義に翻弄されざるをえない世界を目の当たりにした老練の映画監督が、かれ自身の個性と資質をもってその事態にどう抵抗しうるのかを、静かに表現したものである。その作品は「音楽」というものを、はるか古代のギリシアへと、詩と音楽が同義であった時代へと遡らせる。[14] 世界がどれほど不条理で不正義な「力」に席巻されていようとも、自らの音楽を、自らの詩を奏でる者の心には、どんな力もけっして及びえない。というのも、詩と音楽が絶え間なく奏でられている心とは愛(エロース)がみなぎっている心にほかならず、また愛(エロース)が宿るのは「やわらかい心」のみだからである。力に蹂躙された「かたい心」に愛はけっして宿らない。別の角度から捉えるならば、愛(エロース)が宿る「やわらかい心」でなければ、「わたしたちの音楽」がわたしたち自身によって奏でられることはけっしてない、ということである。そして映画という芸術は、その媒介の役割を果たしうるということを、『アワーミュージック』は八十分の時間の流れのなかで、いつしか観る者の心のうちに奏でられている音楽をもって証ししようとしている。

第5章　追憶の詩学――スティーヴン・ダルドリー『愛を読むひと』

スティーヴン・ダルドリー（Stephen Daldry, 1961-）監督『愛を読むひと』（*The Reader*, 2008）は、ベストセラーとなったベルンハルト・シュリンク（Bernhard Schlink, 1944-）の小説[1]を映画化した作品である。この小説の主題が、言葉ではなく、映像と音響によって、どれほどヴィヴィッドに、どれほどリアルに、観る者の心に映し出せるのかに映画の焦点は定められている。

着目すべきは、『めぐりあう時間たち』（*The Hours*, 2002）で映画を「時間の芸術」として屹立せしめた舞台出身のダルドリー監督が、過去、現在、未来を、映像と音響を介して〈記憶〉、〈期待〉として華麗に映し出し、端的にはけっして見えないわたしたちの「心の世界」、とりわけ「動機の世界」を、見事にイメージ化しえているということである。そして、『愛を読むひと』が観る者の五感を通して訴えかける倫理性とは、ホロコーストの恐怖が、わたしたちの日常生活において、ともすると見過ごされてしまうきわめて些細な出来事のうちにどのように息づいているのか、そのメカニズムを「芸術の美」をもって映し出している、ということである。それは、どれほどまでに映画がわたしたちの「類比的思考[2]」を促しうるのか、という問いへの応答ともなっている。わたしたちが自らのうちから溢れ出る美の感情を通してイメージするものは、どうにもゆるがぬ実在性（リアリティ）として、わたしたちひとりひとりの〈いま、ここ〉を震撼させ、覚醒させずにはおかない。そしてまたホロコーストは、過去の出来事でも異常な出来事でもなく、〈いま、ここ〉でどのような相貌をもって生きられ感じられているのかを捉え直さなければ、ホロコーストの恐怖は、ふたたびごく自然の当り前の顔をして、ともすれば「善意に満ちた優しい笑顔」をもってして、わたしたちの前に立ちあらわれ、わたしたちを侵食し尽くすであろう。

本章では、映画『愛を読むひと』を取り上げ、歴史と個人との類比的思考の可能性を、「追憶の詩学」という視点から考察してみたい。

1　「社会的威信の獲得」と「実在性（リアリティ）の喪失」

本作は、一九九五年を基点として、五十代男性主人公マイケル・バーグ（レイフ・ファインズ）が「過去を追憶する」というかたちで物語が進んでゆく。一九五八年に十五歳の少年マイケル（ダフィット・クロス）が二十一歳年上の女性ハンナ・シュミッツ（ケイト・ウィンスレット）と一夏のあいだ恋人関係になるものの、ある日ハンナが突然に姿を消すまでが前半の約一時間で描かれる。その八年後、ハイデルベルク大学法科の学生となったマイケルが、授業の一環で傍聴したフランクフルト・アウシュヴィッツ裁判（一九六三―六五）に続くナチスの戦争犯罪をめぐる裁判で、被告人となっているハンナと偶然再会することに焦点を当てているのがほぼ同じ尺の後半である。この前半と後半とが類比的な関係を保つことによって、他の誰にも見えず、ただひとり主人公マイケルだけに見える、かつての最愛の人の「心の世界」、「動機の世界」が、スクリーンに映し出されることになる。自分だけに見える真実に直面したマイケルがどのような行為をとるのかを、またそれがハンナにどのような影響を与えるのかを、あたかも水紋が広がるように数々の同心円を描くことで、見えない心の世界が映画を観る者の前にありありと立ちあらわれる。

映画の冒頭、中年男性マイケルは、たとえ親しい相手であっても、誰にも自らをさらけ出すことができず、誰とも打ち解けられない人物として描かれている。こうした生きざまを余儀なくされているマイケルが、ふと日常から解き放たれて、路面電車や女性の車掌や音楽を「じっと見つめる」ときに、かつての路面電車、かつての自分自身、そしてかつての最愛の女性ハンナのことが活き活きと自らの心に映し出される［図1］。そしてこれらの記憶が類比的思考を促すことによって、映画のなかの〈いま、ここ〉を、さらに映画を見る者の〈いま、ここ〉を震わせ、目覚めさせてゆく。

図1

ここで、映画を観る者が立ち止まらざるをえないのは、なぜマイケルは、恋人や娘といった親しい他者ともまっすぐに向き合うことができない、生の実在性（リアリティ）の欠如を余儀なくされているのか、ということである。二時間の時間の流れのなかで、「最愛の女性との記憶」という、マイケルにとってももっとも深く心に刻み込まれた過去が、自らの現在に活き活きと思い出されえない、ということのうちにその答えが見出される。そのいわば「記憶の黒点」が、マイケルの現在から実在（リアリティ）を剥奪してゆく。

だが実のところ、自らの大切な過去を自らの現在から切り離したのはかれ自身である。しかもかれには学生時代の裁判傍聴当時から二十年間にわたり、一度ならず、何度も過去を取り戻す機会があり、その方向に恐る恐る歩みつつも、すなわち、ハンナにある種の愛情を傾けつつも、結局のところ、自らの手でその道を閉ざしてしまう。その行為は、かれ自身はもとより、かれの愛の眼差しに支えられ、刑務所内で独力で読み書きを習得するという至難の行為を成し遂げたハンナを深く傷つけ、彼女を底なしの絶望に陥れる。そしてそれゆえにこそ、マイケルはなおいっそう生の実在性（リアリティ）の欠如の眩暈のうちに巻き込まれてゆく。

マイケルはなぜこのような錯綜した自己矛盾に陥ってしまうのであろうか。十五歳の少年であったマイケルが二十一歳年上の女性ハンナに惹かれてゆくのは、まさしく彼女と一緒にいるときだけは、自らの生の実在性（リアリティ）を享受しているからである。世間体を重んじ、互いによそよそしいブルジョワ階級の家族にも、特権を当然のものとして享受しているブルジョワ階級の級友にも、マイケルは生きている実感を感じられない。それゆえにこそなおいっそう、質素で粗雑だが自らの力だけで生き、苦しみも歓びも等しく享受するハンナの生きざまが、かれの目に神々しく映るのである。

映画冒頭、路面電車を「じっと見つめる」ことで追想されるマイケルの記憶とは、気分が悪くなって途中下車し、建物の一階部分でうずくまり嘔吐してしまう自分を介抱してくれたハンナとの出会いの場面である［図2］。そもそも、顔面蒼白の少年が車内にいることも、ふらふらになったかれが路上を歩いていることも、まわりの者は気づいていたはずである。だが、車内で赤ん坊だけが稀有なものに魅せられるかのようにマイケルをじっと見つめていたのを除けば、みな見て見ぬふりをしてマイケルの傍を通り過ぎていったのである。ただひとり、せわしげに帰路についたハンナだけが「どうしたの？」と声をかけ、見知らぬ他者の苦しみを自らの苦しみとして感受している。このことは、この物語の核心に大きく関わっている[3]。

作中で理由は詳らかにされていないが、ハンナは文盲である。だが、このことは主人公マイケルにも、映画を観る者にもあきらかにされないまま、物語は進行してゆく。ただ文字を読むことや読書することをめぐるハンナの鋭く苦しげな表情だけが、主人公と映画を観る者の心にその航跡を残してゆく。だが当然ながら、一夏をともに過ごしたマイケルは、ハンナが何か他人に言えないものを抱えていることに、おそらく彼女は文字が読めず、それをけっして他人に知られまいと必死に耐えていることに、うすうす気づいている。それから八年後、量刑が科されるか否かの瀬戸際の判断のための筆跡鑑定を決然と拒否するハンナの姿に傍聴席から接するとき、彼女がどぎまぎしたり、とげとげしくなったり、それゆえいっそう彼女のことを愛おしく感じた様々な追憶のシーンが、走馬灯のようにマイケルに甦る。その幾重にも重ねられた追憶の箱のなかで、文字が読めないことを彼女がどれほどまでに他人に知られたくないのか、どれほどまでに文盲を激

図2

しい恥辱と感じているのか、その深度がマイケルだけには痛いほどわかるのである。

文盲であることは、ハンナの人格とは無関係の外的な要因であるはずである。だが、そのことをあたかも自分の犯した犯罪のように彼女は感じている。そのことは深い恥辱となって彼女の心に巣食い、それゆえにこそ、この事実を秘匿することを中心にして彼女の人生は規定されてゆく。この秘匿のためには死をもいとわない覚悟である。そしてまさしくこの覚悟ゆえにこそ、彼女は大量殺戮の一翼を担うことになってしまう。ホロコーストへの関与の事実よりも文盲であることのほうに、ハンナははるかに大きな恥辱を抱いている。わたしたちにとってもっとも深い「不幸」とは、痛みや苦しみに先立って「社会から放擲されること」である。社会的威信はわたしたちが考えるよりもはるかに強くわたしたちの心を縛る(4)。だが社会的特権を享受するブルジョワ階級の子弟であるマイケルは、彼女の恥辱の感情を理解することができない。自分がただそこにいるというだけで社会的抑圧を与えているとは想像すらできない。それゆえ、ハンナとのあいだに幾度となく確執が生じる。この激しい恥辱の感情のために彼女は、親しい他者であるマイケルに対してもその内面を吐露しえず、それゆえにこそなおいっそう、とげとげしく、近寄りがたい存在となり、底なしの孤独に陥ってしまう(5)。

だが他方で、どうにも解決不可能なこの恥辱を堪え忍んできたからこそハンナは、あらゆる人があたかもモノの傍らを通り過ぎるように見て見ぬふりをして通り過ぎていった、いま目の前にいる見知らぬ他者である少年マイケルの痛みを、自らの痛みとして感受しえたのである。そしていっさいの社会的威信を剝奪されているからこそ、その粗雑だが飾り気のない透明さが、マイケルの心を深く魅了したのである。

だが何ももたない無垢な少年であったマイケルは、やがてエリートの将来が約束されているハイデルベルク大学法科の学生となる。マイケルの前にひらかれている人生は、朝から晩まで路面電車の切符切りで疲弊しきるハンナの人生とは別次元のものである。その未来へと向かうことは同時に、「煩わしいこと」は「なかったこと」にしうる、軽蔑していたはずの冷徹なブルジョワ階級の父親の生きざまに近づくことでもある。それゆえ、ナチス親衛隊（ＳＳ）の看守であった女性と自分が恋人関係であった過去を打ち消したいという衝動に駆られ、さらには、こうした人物と自分の人生はいっさい関わりがないと思い込もうとするもうひとりの自分をマイケルは見出すことになる。ハンナの公判を傍聴した直後、ゼミの指導教授（ブルーノ・ガンツ）とのあいだに次のやりとりが見られる。

マイケル　ぼくは被告のひとりに関係する事実を知っています。ぼくだけが……。
教授　どういう事実だ？　言うまでもないが、君にはそれを報告する法的な義務がある。
マイケル　被告に有利な事実なんです。その事実で間違いなく判決が変わると思います。
教授　それで？
マイケル　問題は、被告はその事実を明かされたくないんです。
教授　なぜ隠したがるのか？
マイケル　恥ずかしいからです。
教授　恥ずかしい……？　何が？　彼女と話をしたのか？
マイケル　まさか！

教授　〝まさか〟？　どうしてだ？
マイケル　ぼくにはできません。ぼくにはとても……。彼女と話すなんて！

唾棄するかのごとくに、かつての最愛の女性を「自分の人生とは何のかかわりもない人」とみなすマイケルの咄嗟に出たこの態度こそが、わたしたちが深い恥辱に見舞われたとき、それを親しい者に対してすらも吐露しえない最大の理由をあらわしている。教授の言葉に促され、ハンナに面会すべく拘置所に赴くものの、結局マイケルは彼女に会わずに引き返し、彼女になんら語りかけることなく、彼女は文盲であることを秘匿するためだけに他の看守たちの罪をかぶり、ひとり無期懲役の判決を受けることになる。

それでは、大学を卒業し、弁護士として活躍するようになるマイケルはどう生きるのであろうか。大学の同級生と結婚し一子をもうけるものの、おそらくかれの他人と打ち解けない性質が原因で結婚生活は破綻してしまう。そしてふたたび一人身となったマイケルは、引っ越し荷物を紐解くさなか、ホメーロスの『オデュッセイア』、チェーホフの『犬を連れた奥さん』を皮切りに、その主題と韻律がふたりだけの追憶へと重なる様々な書物に見入るのである。

かつてのふたりの恋愛関係は、マイケルがハンナに本を読んで聴かせるというものであった。その思い出の品々である本のうちに、かれは過去をじっと見つめ、そこに自らの生の息遣いを感じ取る。そしてかつて朗読して聴かせた本を次々に、不在の他者ハンナをイメージしつつカセットテープに吹き込み、十数年のあいだ服役中の彼女に送り続ける。ハンナもやはりそれら録音テープのうちに、朗読される本の主題と韻律のうちに、それらが載せられるマイケルの声のうちに、自らの過去をじっと見つめ、その強められた現在の直観に支えられ、マイケルの声を頼りに文字と音の対応関係を摑み、自力で読み書きを習得するという至難の業をやってのける。この困難を彼女に可能とさせたのはひとえに、テープに吹き込まれた声、その労力の航跡に、マイケルの愛の息遣いを感じたからにほかならない。実際、その息遣いは確かに実在していたであろう。だが、マイケルの愛の息遣いがハンナに向かいうるのは、マイケルの世界とハンナの世界が刑務所の分厚い壁によって隔たれている場合にかぎられる。すなわち、ハンナの存在がマイケルに社会的な影響を及ぼす可能性がいっさいない場合にかぎられるのである。

図3

　マイケルは、艱難辛苦を経て習得した言葉をもって書いたハンナのわずか数行の拙い手紙に返事をしないどころか、彼女が自分のいる世界に近づくことに恐怖を感じ、その手紙をあたかも汚らわしいもののように粗雑に扱う［図3］。この行為の残酷さこそが、ハンナがけっして自らの深い恥辱を吐露できなかった、その深さをさらにはっきりと指し示すことになる。「わたしの人生には無関係な人間」、「わたしの人生にいっさい関わってほしくない人間」とかつての恋人から思われることほど残酷なことはない。ハンナが読み書きを習得し、「言葉をもつ」という新たな人生の段階を手にするのは、マイケルがハンナに録音テープを送り続ける行為あってのことである。だが、かれはその行為の責任をとろう

図4

とはしない。それは出所日を前にして自殺させるほどまでにハンナを追い詰める。そして、かつての恋人をこれほど深く傷つけ、その自らのとてつもない冷酷さがかれ自身の追憶そのものを葬り去るために、マイケルはなおいっそう生の実在性を失っていってしまうのである。

2 「言葉がない」ということ

本作品できわめて重要な類比的思考を可能とするのは、映画前半、マイケルの前から突如姿を消す直前、「勤務態度がいいので、明日から事務職に昇進だ。おめでとう！」と上司から告げられ、ハンナが当惑する場面である［図4］。このことが映画後半、それから八年後の裁判冒頭の人定質問で、「シーメンス社で昇進を約束されていたのに、なぜSSの看守になったのか？」という、あたかもナチスに格別の関心があったのではないかという含みをもった言い回しをする裁判長の疑念とは裏腹に、ハンナはただひたすら文盲の事実を知られたくないというだけでシーメンス社を退社し、SSの看守となった可能性を強烈に暗示している［図5］。

他方で、「死の行進」（一九四四）を奇跡的に生き延び、本を著した原告の女性が証言する事実とは、知的で人間味溢れるように思われる看守であったハンナが、実のところ、病弱な少女たちを自室にかくまい、その子たちに本を読んで聴かせてもらい、その後、彼女たちをガス室送りにしていたというものである。この証言は傍聴席にいるマイケルの追憶を根底から揺さぶる。自分に愛を傾けてくれていたと信じていたハンナは、実のところ自分を単に本を読んで聴かせてもらうための使い捨ての道具としてしか見ていなかったのかもしれない。さらに、同様の状況が訪れれば、絶対的な秘密である文盲の事実を察知していた自分も抹殺されたかもしれない、といった当惑を抱かざるをえないのである。

ハンナは知的で聡明であるのと同時に激しい恥辱をうちにもつという矛盾を抱えて生きている。彼女がこの恥辱の感情ゆえに秘匿するものを抱えつつ誠実に生きようとすることが、結果的にホロコーストへの関与と同義になってしまう。ここでは、言論の自由がわたしたちに与えられていることはまったく無意味であることが知られるだろう。ハンナが受けてきた社会的抑圧が激しい恥辱の感情をもたらすとき、自らの存在をあらわにする言葉そのものをもちえない。それのみならず、その心の「かたくなな部分」は、大量殺戮に対する罪の意識すら抹消してしまうほどに、他者への関心を失わさせてしまう。

図5

裁判の被告人質問で、次々に収容所に送られてくる囚人たちを処理するために、看守それぞれがガス室送りにする人を選別していた事実を裁判官が責め立てると、「それでは、あなただったらどうされますか?」とハンナは訊き返す。SSの看守であっても、ひとりの生活者であり、仕事を誠実にこなす責務がある。だがそうした立場に置かれた人の苦悩を、社会的威信のある裁判官は理解しえず、また理解する方向性すらもちえない。このように、絶対的な社会的強者が絶対的な社会的弱者の言葉を簒奪し、そのことに無自覚である光景ほどおぞましいものはない(6)。

3　「美の感情」と「実在(リアリティ)の感情」

先述のように、ハンナとマイケルの恋愛関係は、マイケルがハンナに本を読んで聴かせることで深められてゆく。本を読んで聴かせてもらっているさなかにハンナは感動の涙を流し、あるいは意味がわからないギリシア語の音と韻律の美しさに魅了されている。あるいはまた、マイケルとピクニックに行った折、ふと立ち寄った教会で子どもたちが歌う讃美歌にわれ知らず聴き入って涙を流している。このように、心の内側から美の感情が溢れ出ているときだけは、仕事の労苦や文字が読めない苦渋やそれを秘匿する困難といった自らを縛る何重もの緊張を解かれ、ハンナは穏やかな表情を取り戻し、自分自身に立ち返っている。ハンナが本を読んでもらうことに異常に執着するのは、本を読みたいという単なる知識欲によるものではない。言葉の意味がわからないからこそ、意味に先立って「言葉の美」に肉薄しているのであり、その美の直中で読んで聴かせてもらう物語のさらなる美の眩暈に魅せられている。このときわたしたちは、言葉が意味に先立って実在性(リアリティ)を載せて運ぶものであることに立ち戻らざるをえない。そしてこの実在性とはまさしく、書き手の作品への愛が、それを読む人自身の愛を、さらにそれを聴く人の愛を触発し、愛の連鎖が湧き起こることによるものである(7)。

それゆえ、収監二十年を経て晴れて出所しようという直前にハンナが自死を選択するのは、出所と同時にこの愛の連鎖が停止してしまうことを知悉していたからである。まさしく、マイケルによる「過去のハンナの追憶」の際にはひとりの人間への眼差しであったはずのものが、ハンナの出所と同時に「ひとつのモノへの眼差し」へと変容してしまうことが、彼女には痛いほどよくわかっていたのである。それは、幾重にも重ねられた彼女の恥辱の深い経験が否応なく知らせるものであっただろう。

このように、追憶と物語が奏でる美の感情には功罪があることが忘れられてはならない。マイケルが愛の眼差しを向けるのは「追憶のなかのハンナ」であって「現実のハンナ」ではない。マイケルは、「追憶のなかのハンナ」への眼差しを「現実のハンナ」に投影している。それが可能であるのは、あたかも現在と切り離された過去のように、あたかも無限の距離に隔てられた生者と死者のように、刑務所の分厚い壁という絶対に浸透し合わない、ふたつの世界を分ける境界があるからである。マイケルが愛の眼差しを向けているかのように思われる「現実のハンナ」は、まさしくマイケルが拠って立つところの社会的威信のために、自分の人生に無関係な存在であるどころか、自分の人生にいっさいかかわってほしくない、唾棄すべき存在であったということである。それほどまでに社会という「巨獣」がわたしたちの生を束縛する力は、わたしたちが想像するよりもはるかに強い(8)。

＊

第二次世界大戦当時のドイツ国内には何千もの強制収容所があり、そこで何がおこなわれているのか、多くの国民が知っていた。だが、あえてそれをイメージしようとはしなかった。それは街を往来する人すべてが、顔面蒼白の、うずくまっている少年の傍らを、あたかも透明なモノの傍らを行き来するように通り過ぎていったのと同様の事柄である。人々はすべてを知りながら、何事もなかったかのように、日常生活を平常心で営んでいたのである。そのプロセスはなにより、主人公マイケルが成長し、社会的威信を徐々に身につけるにつれて、自らの人生に都合の良いことしか見えず、都合の悪いことは「なかったこと」になるありようと類比的な関係にある。それゆえ、ハンナの文盲のように、自らのうちに深い恥辱を抱えて生きる人が、文字の読めない恐怖や日常の困難を生きることに先立って、人から蔑まれることを極度に恐れていることに誰も気づかないし、また気づこうとする方向性すらもちえない。そして、ひとりの人間を「そこに存在しているのにそこに存在していないもの」として、ひとりの人間ではなくひとつのモノとして扱うとき、実のところ、その人自身が自らの生の実在性（リアリティ）を失うことによって「存在しないもの」に、すなわち、モノになりさがってしまっているのである。[9]

第6章　「見ること」から「創ること」へ――想田和弘『Peace』

日常生活のなかで、わたしたちは驚くほど自分がいる世界を見ていない。見ていると思っている世界は、実のところ、自らの想念や観念を中心にして、そこから遠近法的に眺めた「自己が投影された世界」でしかない(1)。

だが、キャメラで写し取られた世界、繰り返しの編集に耐ええた世界、そして、これ以外ありえないという必然性によってショットでつながれた世界は、作り手を通して、作り手を超えたところからやってくる光に照らされている。こうした世界だけが奇跡的に「遠近法の錯覚」から逃れえている。そしてこの瞬間、映画はこの世に誕生する。

想田和弘監督（一九七〇―）のドキュメンタリー作品は、巨大政党の選挙活動、精神を患う人と医師との交感、演劇の創作現場、あるいは工場労働というように(2)、一見したところ、相互に関係のない多様なテーマを扱っているように思われる。だが、監督自らがその作品を「観察映画」と称するのに倣い、これらの作品を少し離れたところから眺めてみるならば、いずれの作品においても作家の眼差しは、この世に生きる者の宿命とも言える「往復運動」に向けられていることに気づく。そして「往復運動」の基底にはつねに、経済効果と無関係ではありえない「働くということ」が流れている。金銭と心情との絡まり合いは、端的な美としては映し出されえない。だがその微妙な関係性を見逃さないことが、想田の作品の多様性と柔軟性を形作っている。行ったり来たりと、延々と同じ動作を繰り返す往復運動は、正視に耐ええない単調さと退屈さをともなうものであろう。[3]だが、善も悪も等価な眼差しで見つめるならば、あたかもミシンの足踏みが滑車の動きに転換するように、先の見えない長いトンネルのなかにいるように思われる撮影・編集という「往復運動」が、あたかも星辰の運動を眺めているかのごとき「円環運動」へ突如転換する、映画誕生の瞬間がある。[4]そのとき、否、そのときにのみ、映画は観る者それぞれの生を覚醒し、胎動させる役割を果たしうる。

映画『Peace』（二〇一〇）では、この映画誕生の魔法の働きが想田の他の作品とは一線を画している。作家による撮影・編集の往復運動、被写体となった人それぞれの往復運動に、観客の往復運動、すなわち、何度もこの映画を観ることに耐えうる往復運動が交差する一点がある。人為において人為を離れた、あたかも恩寵のような作品である。それゆえ本作品を観る者は、まさしくこの作品をいま観ているという僥倖に、誰に対するのでもない感謝の念が溢れ出てくるのを止めようがなくなってくる。

ところで、ドキュメンタリーでありながら、あたかも優れた劇映画のように、何度も繰り返し本作品に出会い直したいという気持ちに駆られるのは、被写体となった登場人物それぞれが、一挙手一投足、身体の細胞レベルにいたるまで役に徹する名俳優のように、奇跡的に自我を脱ぎ捨てているからである。あたかも透明人間のようになった、他者の「生の創造」を媒介するかれらは、この世界を創

造し、自らは退き、その存在の一部をわたしたち被造物に分け与えた「創造の神」にわれ知らず与っている。(5)

1 媒介の働き

『Peace』における七十五分の時間の流れは、訪問介護の仕事に従事する想田の義父母、柏木寿夫・廣子夫妻と、在宅で終末医療を受ける橋本至郎氏の三者によって形作られてゆく。柏木夫妻はそれぞれ別様の仕方で橋本氏の介護にあたっている。そしてその通奏低音として、寿夫が自宅の裏庭で世話をする野良猫たちの様子が人間界と沈黙における調和を奏でることによって、いっさいの音楽のないこの映画に静謐な音楽が流れ、観る者の心のうちに交響してゆく。(6)

わたしたちがつねに自らの想念や観念を投影しながら対象を見てしまう「遠近法の錯覚」から逃れられないならば、いったいどのようにして相手の立場、わけても身体的あるいは社会的弱者の立場に立つことができるのだろうか。相手の身体的・精神的な痛みや苦しみをどのように自らのものとして感受し、自らの生を創造してゆくことができるのだろうか。

猫と人間とのあいだには、当然ながら、直接的なコミュニケーションは成り立たない。猫と人間の世界は、強者たる人間の想念と観念に彩られた、人間を中心とした遠近法的な世界である。それゆえ、相手のことは真に認識しえないし、わかり合うことはできない。だが、相手を信頼することはできる［図I］。

図1

図2

自分らから居らんようになるんじゃ。自然淘汰言うんかなあ、あんまり数がごじゃごじゃ居ったらなあ、若いのに餌場を譲るんじゃ。雄も雌もそういう習性がある。不思議と……。特に雄はもう三歳くらいになるとな、スーッと居らんようになる。どげえ行くんか知らん、なんぼ探しても、そりゃあもうわからんなあ。居らんようになったら、いったんどこかへ、それこそ旅立つ言うんかなあ。不思議じゃ、あれは……

養護学校の教員を長年してきて、定年退職後の現在は訪問介護の搬送を担当している寿夫の「遠近法」による見解であろう。(7) ここでは、既存の強者／弱者の立場が逆転している。寿夫の目には、猫たちの習性が、自らは身を引き、仲間の生存を重んじるように映る。なぜ寿夫が、わたしたちの多くがそこに向かってしまうであろう権威・権力・名誉といった「高さ」ではなく、脆さや弱さといった「低さ」のほうに向かうのかを映画は描き出さない。だがたとえば、しゃがんで車椅子に乗る被介護者と同じ目線でかがんで対話する寿夫の姿は、やわらかい太陽の光を受けた木々のように、何とも自然に風景のなかに溶け込んでいる［図2］。ここに寿夫自身の、「そうすべき」という義務と「そうしたい」という欲望の一致点が見られるであろう。

2　介護のふたつのかたち

図3

他方で、廣子の支援のありようは、寿夫とはまったく別様のものである。水道の蛇口から迸る水音のように手際良く家事をこなし、明るく橋本氏に話しかける廣子は、「わたしがひとりになったときは、橋本さんのようによく耐えれるじゃろうかあと思って……」と語り、あるいは、戦争の話になると、「いや、わたしじゃったらどうしとるじゃろか、行っとるじゃろか」と、あるいはまたこの世を去った後のことを橋本氏が心配すると、「橋本さんの願うような手伝いはするよ」と、意識的に相手の立場に立とうとしつつ応答している［図3］。

さらに、廣子の介護事務所での仕事は、被介護者に代わって、気の遠くなるような行政との交渉をすることである。事務所には、マザー・テレサの祈る写真が飾られている［図4］。だが、福祉の現場でマザー・テレサたらんとすることは、被介護者の窮状の打開のために、行政との交渉の電話を延々とかけることである。それは一見したところ、名簿通りに機械的に広報の電話をかける選挙運動の姿と何ら変わらないように

図4

図5

思われる。だが、選挙広報との絶対的な差異は、支持政党という集団ではなく、訴える個人の生を見据え、その個人の姿がつねに脳裏にあるということである。そのことが、選挙広報の姿とは対照的に、廣子の働く姿をきわめて美しいものにしている。

橋本至郎氏は、ダンディでユニークな人物である。それゆえ、寿夫が搬送して連れてゆく病院での氏の存在は、医師や看護師といった人々の心を次々にやわらかいものにしてゆく。だが映画は、橋本氏があらゆる人に気を使い、笑顔を絶やさない反面、ひとりで孤独にタバコを吸う姿を見逃さない。橋本氏の痛みや苦しみは、誰とも共有しえないものである。さらに、「すいませんなあ」、「迷惑かけますなあ」と繰り返す橋本氏の姿には、介護されるだけでは不充分であり、その人の生きざまが誰かの生を輝かせることが不可欠であることを見て取ることができる。(8) 橋本氏は、肺を患っているにもかかわらず、タバコ「Peace」を吸っている［図5］。そして、「橋本さんにとってはわたしはそうは思わんのよ。やめてくれたらええなあと思う、身体のために」という廣子に、「いや、そりゃ間違いやわ、考え方が……［…］それやったらもう楽しみもなんもない……。ただ空気吸うて、生きとるだけで……」と橋本氏は応答する。唯一の楽しみであるタバコ「Peace」を吸うことをやめてしまえば、橋本氏の生の歓びはなくなってしまう。歓びなくして他者と世界へ心開いてゆくこと、平和へと連なってゆくことなどできはしない。死を前にしている橋本氏は、これから先も生を紡ぐ廣子に、「息を吸うこと」と「生きること」はまったく別の事柄だと力説する。その存在の強さが観る者を魅了する。そしてこのように、橋本氏の生の創造は、氏の存在が他者の生の創造を媒介することによってはじめてなされる。

介護という仕事が、誰かの生の創造の「媒介者」であるならば、寿夫と廣子は、世界創造の神との類比のふたつのかたちだと言えよう。(9) 両者が車の両輪のように回るとき、映画『Peace』は、観る者の心のうちで創造されてゆく。そしてかれらの媒介者としての役割が「創造の神」として働いているか否かの試金石は、被介護者である橋本氏の生の美しさのなかにこそある。

3　支援と恩寵

街には、乳母車を押してもらう赤ん坊も、車椅子を押してもらう高齢の人も、腕を貸してもらう白杖をもつ人もいる。また、助けを求めているかもしれない、沢山の荷物を抱えた小学生や、言葉が通じないであろう有色の外国人もいる。公園の亀たちは互いに寄り添い日向ぼっこをし、蜘蛛は丁寧に巣を張ってゆく。自らを一歩退いて見る世界の多様性は美に輝いている。それゆえ、この夫婦がそれぞれに、「きれいな花やなあ」と口にするように、訪問介護に行った家の庭先の小さな変化に気づく姿は印象的である。(10)

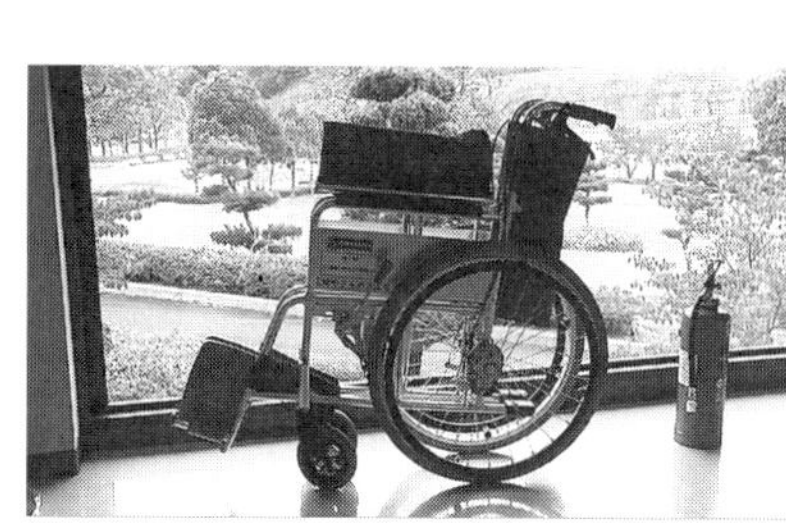
図6

で、ホントに朝から晩までなんです。土曜日、日曜日なしにフルに働きました、二年ほど……。死んでしまうぞってまわりから言われるくらい、いや構わんのじゃ、わしゃ実験的にやるんじゃ言うて頑張ったもんなんですけどね。〔…〕で、わたしにいただける……わたしがそれだけ働いてもいただける給料はゼロ、一銭も入らん。マイナスですから入らんわけですよ。〔…〕やはりこれは捨てたもんではない、お金には換えられないものがある［図6］。

これから高齢者や障碍者の福祉搬送の仕事をしてみたいという人に向けての講習会で語られるこの寿夫の言葉には、身を粉にして働くことを通して身体が無化することによって、解決不可能なものを解決不可能なままに見つめる目を養う意気込みが感じられる。引き裂かれる自己自身を通して、世界の不条理と矛盾をありのままに見つめる目をもつということである。それはたとえば映画前半、「僕みてえなカタワ（ママ）のもんはなあ、〔…〕じゃからそんなもんになあ誰が嫁に来てくれりゃあじゃなあ、そういうふうに僕は思いよる……」という被介護者の植月氏に対して、「そりゃ、嫁にゃあなかなか来てくれまあなぁ」とごく自然に応答するシーンに色濃くあらわれている。文字にしてしまえば差別と思える言葉が、映像のなかでは温かい愛に満ちている。それは、自己無化を通して相手の痛みや苦しみを自らのものとした人だけが発語できる言葉である。障碍をもつ人もいれば、余命を宣告されている身寄りのない高齢の人もいる。そしてその逃れ難い必然性に対してわたしたちがなしうることは、絶望的に何もない。ただなしうるのは、その事実から目を背けず「見つめる」ということだけである。[11]

映画の終盤、橋本氏の家からの帰路の車中、「[…] 家でいろいろ作ってきて、ほいで、ここで一時間はどうしてもかかるんよな、洗濯なんかしたらもう二時間ぐらい、それでも支援〔の賃金〕は一時間しかもらえない……。ぶちぶち言うたらいけんなあこんなこと……」と廣子は述べる。まさにそのとき車のラジオから首相の就任演説が流れる。「……暮らしの安心を支える医療あるいは介護、さらには地域を支える農業、林業さらには観光分野での内需主導型の産業を育成してまいります [...]」。興味深いのは、廣子がこの演説にまったく興味を示さず、あたかも何も音が流れていないかのように話し続けていることである。[12] ここにひとりひとりの個人を見ている介護に携わる人間と、国家・社会という集団を見ている人間との決定的な違いがある。人はみな同じではない。様々な差異があり、様々な陰翳があり、それらひとつひとつに対して様々な媒介が必要である。そのことに対して時の権力の暴力性は、一様性を謳うのがつねである。それは橋本氏が、「せやから一銭五厘で男は何人でも召集される……親が死のうがなあ、明日葬式やと言うても、一銭五厘来たら、すぐ行かなあかなんだ [...] 一銭五厘は葉書や」という戦時の召集令状の話にも色濃くあらわれている。個人の事情を省みないときに、わたしたちの生の創造は停止する。[13] 生の創造は、社会的・身体的に「ほとんど無」とされている人をどれだけ「見つめること」ができるかによってなされる。その眼差しが「ほとんど無」に美を宿し、詩を創造する。[14]

＊

音響やナレーションをいっさい排し、街の人々が行き交うさまや、植物や小動物たちの佇むありようを遠景として、なにより、登場人物の「沈黙」を映し出した映画『Peace』には、あらゆる音楽を超えた至高の調和（ハーモニー）が奏でられている[15]。それが可能となるのは、日常のほぼすべてを他者への媒介のために費やしている柏木夫妻の生きざまが、あたかも自然の移り変わりのように、あたかも街で見知らぬ人と人とがすれ違うように、ごく当たり前に宇宙と調和して呼応しているありようを、キャメラがこれまたごく自然に、静謐にとらえているからにほかならない。そして、実生活ではわたしたちはこのような生きざまに倣うことは不可能であったとしても、その調和に与りたいと願う衝動が観る者の内側から溢れ出るからこそ、わたしたちはこの映画に何度も出会い直したいと思うのであり、このとき、わたしたちの日常を彩る「往復運動」は宇宙の運行に倣う「円環運動」へとわれ知らず転換している。そのとき、否、そのときにのみ、わたしたちの生はわたしたち自身の手で創造されている。

第Ⅲ部　円環の詩学

人がある対象を愛するのは、自分のささやかな過去や望ましい未来を、思考によってその対象に宿らせているからである。あるいはまた、その対象が他の人物にかかわっているからである。わたしたちは、愛する人の思い出となる品を愛したり、天才である人の仕事となる芸術作品を愛したりする。宇宙はわたしたちにとってひとつの追憶である。愛するどのような存在にその追憶は向けられているのか。宇宙はひとつの芸術作品である。どのような芸術家がその創作者なのか。わたしたちはこれらの問いに対する答えをもちえない。だが必然性への同意を生み出す愛が自らのうちにきざすならば、答えはある（シモーヌ・ヴェイユ「ピタゴラス派の学説について」(1)）。

第7章　沈黙における関係性――小津安二郎『東京物語』

『東京物語』（一九五三）は、サイレント、トーキー、白黒、カラーと、映画史上の形式すべてを経験した監督・小津安二郎（一九〇三―六三）のそれまでの映画製作の集大成である。第二次世界大戦敗戦後八年という時代設定のこの映画は、時間・空間を隔ててなおいっそうわたしたちの〈いま、ここ〉を震わせ、覚めさせ、何ものかへと突き動かさざるをえない(1)。

徹底した演技指導による科白と立ち居振る舞いのリズム、イントネーション、間合いによって、ひとつの壮大な幾何学的秩序が創出される。それゆえ登場人物の個人性は完全に捨象され、それに代わって画面いっぱいにひらかれる「真空の空間(2)」が主役となり、スクリーンそのものが映画を観るひとりひとりの想像力を十全に開花させる場所となる。本作品は、俳優ひとりひとりからキャメラ、照明にいたるまで、すべてのスタッフが日常的な自我を完全に脱して細胞レベルにいたるまで役そのもの、キャメラそのもの、さらには光そのものとなることを通して結晶化された奇跡的な表現である。「なんでもないことは流行に従う。重大なことは道徳に従う。芸術のことは自分に従う(3)」と小津は述べている。このように本作品は、すべてを排した、並々ならぬ小津の芸術への愛に貫かれている。

「完全性に近づく」とは「ゼロ地点に近づく」ことであるとシモーヌ・ヴェイユは述べている。[4] この生の逆説のありようを、わたしたちは本作品のうちに見るだろう。

『東京物語』は、他の小津作品と同じく家族を描いている。だがそれは、丁寧な反復、かすかな衝突や亀裂のうちに少しずつずれを生じさせ、端的には言い表すことができない家族ならざる関係を、ひいては生者同士の関係ではなく生者と死者との関係を、それがいったいいかなることなのかを映し出してゆく。[5] そのイメージは、混沌のうちにあるこの世界を「世界の秩序」として捉え、それを「世界の美」として映画を観る者の内側から溢れ出る美の感情を通して紡ぎ出される。[6]

本作品で世界の秩序のリズムをなしているのは、小津作品に欠かせない、笠智衆（一九〇四―九三）と原節子（一九二〇―二〇一五）という際立った対照をなしているふたりの役者の輪舞にほかならない。本作品では、撮影当時四十九歳の笠智衆が七十二歳の父親役を演じきっている。日常的な自我のいっさいを脱した笠の姿は、表立っては感情をあらわにしないからこそ、なおいっそう押し殺した父親の感情をわたしたちに感受させる。他方で、『晩春』（一九四九）、『麦秋』（一九五一）に続いて、小津作品三作目となる原節子の造形的な美を通してわたしたちが感受するのは、前二作から一転して、逡巡、不安、待機といった、瓦解と紙一重の危うい境界線上に佇む紀子の心が放つ美である。

本章では、「ほんとに新しいことはいつまでたっても古くならないことだと思ってんのよ」という『宗方姉妹（きょうだい）』（一九五〇）の科白を体現しているであろう映画『東京物語』を考察することを通して、小津が家族を描くことによって家族を超えたどのような関係の創造の可能性を見ていたのかを浮き彫りにしてみたい。

1　人はどこで人に出会うのか

『東京物語』に登場する老夫婦（笠智衆・東山千榮子）は、東京という街に出会うために尾道から東京への旅に出たのではない。そうではなく、まさしく映画冒頭、夫が家の前を通りがかった隣家の女性に述べるように、「まあ、いまのうちに子どもたちにも会うとこうと思うて」、東京への旅に出たのである。

敗戦後八年という時代設定のもと、東京での庶民の暮らしはけっして豊かとは言えず、みな日々の生活に追われている。だが、貧しく慌ただしい生活そのものが問題なのではない。戦火を逃れ、海と山の調和した美しい景観を残す尾道とは対照的に、混沌とした無秩序が広がる東京の街では、世間体や社会性が重んじられるあまりに、子どもたちは自分自身を見失っており、久しぶりに会っているはずの両親にまったく出会えていない。

両親の期待とは裏腹に、場末の町医者となっている長男宅に身を寄せ、一家団欒となるはずの会話で交わされるのは、久しぶりに聴く故郷の人々の噂話である。その人たちが亡くなっていたり、未亡人で苦労していたりすることが、相対的に自らの暮らしの確かさを確認するかのように、子どもたちの心をにわかにやわらかくしている。さらにその相対性は、東京／尾道、都会／田舎の上下関係の構図ともなっており、「志げ（長女）のとこへも行ってやろうと思うとるけぇ……」という父親の期待する親子の愛情の交感とは裏腹に、小さな美容院を切り盛りする長女（杉村春子）は、「どなた?」

と問う客に対して、「ええ、ちょいと知り合いの者……田舎から出て来まして……」と、田舎者の両親がいることを隠すべき恥だと捉えている。

親への愛情は、金銭を出して東京見物や熱海への旅行に行かせてやることだと長女も長男も信じて疑わない。そこに存在するのは、映画冒頭と掉尾に登場する、他人である隣家の女性よりも遠い、親子の心の交感の余裕のない、子どもたちの姿である。こうした醜悪さの直中から浮かび上がるのが、戦死した次男の嫁・紀子（原節子）の存在の放つ美である。紀子が長男や長女のように義理の両親を邪険に扱えないのは、まさしく紀子が血のつながりのない他人だからである。さらに、長男の嫁や長女の夫が紀子ほど義理の両親に尽くす必要がないのは、「そう。どうしましょう、お父さんお母さん。――あたし、お伴しましょうか」（長男の嫁）、「いいよ。お前行ったら、うちが困るじゃないか。今度の日曜にでも行くさ」（長男）、あるいはまた、「そしたら金車亭へでも案内するかな」（長女の夫）、「いいことよ、余計な心配しなくたって」（長女）と、まさしく肉親の長男、長女が、さほど気を使わなくてすむように、血縁という盾で守ってくれるからである[7]。だが紀子には、そうした盾になってくれる夫が不在である。さらに、未亡人という家族形態から外れた「異端者」である紀子を、異端者ゆえに邪険に扱ってもよいという心持ちが長男や長女のうちにある。だからこそ紀子は、無理をして会社を休んでまでも東京見物させるべく、義理の両親に精一杯尽くさなければならない。そしてまさしく、この義務を果たす姿が美に転ずるのは、両親が他人である紀子という生身の身体を通して、死者となった肉親である次男との交感を果たすからにほかならない。

一日東京見物をしたのちに寄った紀子の粗末なアパートの一室で老夫婦は、戦死した次男があたかもそこにいるかのように次男の写真を眺めて思い出話に耽り、また紀子から聴く次男のエピソードを通して、死者である不在の次男の息遣いを感受する。さらに、宿泊する場所を失った老夫婦のうち義母だけが紀子の部屋にふたたび泊めてもらうことになったとき、「思いがけのう昌二の蒲団に寝かしてもろうて……」と義母は感涙にむせぶ。だが、それを見つめる紀子の眼差しは驚くほど冷徹である。それは淡々と仕事をこなすのと同様に、義務を果たす人の目である。義母の感慨は紀子にとって、夫を失った自分自身の行く先の不安を駆り立てるものでしかない。この義母の歓びの眼差しと紀子の醒めた眼差しのギャップこそが、逆説的にも死者である次男の姿を浮き彫りにする。すなわち、義母の存在ゆえに亡夫を思い出さざるをえない紀子は、自分の力ではどうにもならない自らの境遇の必然性と対峙せざるをえなくなるのである。

尾道に戻った直後、母は危篤に陥り、やがて帰らぬ人となる。葬式の後片づけが済み、紀子（原節子）と義父（笠智衆）とのあいだに交わされる対話は、本作のクライマックスである。ここで小津に特徴的な真正面からの切り返しは、互いのあいだに端的なつながりがないことを浮き彫りにしている。すなわち、義父は妻を失った悲しみに打ちひしがれ、それを見つめる紀子は、夫を失って七年が経ち、今後の自らの行く末に想いをめぐらせ、恐怖に打ちひしがれている。だがここでは、互いの心に死者が想い抱かれ、そのどうにも埋めようがない虚無感を通して、あたかも死者が媒介者となるかのごとくに、己れの悲しみを自己の内面に「垂直方向」に掘り下げてゆくことで、われ知らず、両者のあいだに「水平方向」のつながりが見出されている。

2　モノと人との眼差しの交感

義父は別れの挨拶をする紀子に形見として妻の大切な時計を渡す。だがその時計には、「――ねえ京子、お母さんの夏帯あったわね？　兄さんのさ、露芝の……あれあたし、形見にほしいの。いい？　兄さん……」と長女（杉村春子）が葬式後の会食で述べていたような、形見の作用はない。すなわち、長女の言動がどれほど醜悪であったとしても、母の形見には、モノがモノに留まらず、不在の人を活き活きと思い出させる作用がある。だが、帰りの列車のなかで紀子がおもむろに取り出して見つめる時計は、たとえそれがどれほど高価なものであったとしても、硬質なモノでしかない。そしてまさしくこのことこそが、生者と死者との絶対的な断絶を意味するのであり、やはり他人である亡夫の存在との断絶をも暗示し、紀子にいっそうの不安や恐怖を呼び起こす。

図１

ところで、本作品におけるもっとも清冽なシーンは、母親が亡くなった日の朝の場面であろう。母親が亡くなって数時間が経ち、子どもたちは母の枕元で茫然自失としている。三男の明け方の到着を契機にふとあたりを見回すと父親がいない。紀子が表(おもて)に探しに出ると、画面いっぱいに空が広がる高台で、父はひとり立っている［図１］。

紀子　お父さま……。
義父　ああ……。
紀子　敬三さんお見えになりました……。
義父　そうか……ああ、きれいな夜明けだったァ……。――ああ、今日も暑うなるぞ……。

長年連れ添った妻が他界した朝も、いつもと変わらず朝日は昇り、太陽は強烈な光を放つ。自然の営みは、ひとりの人間の底なしの悲しみに寄り添うべく、宇宙の運行を変更したりはしない。正確で厳密な必然性としてそこにある。そのことが、逆説的にも父の心を癒す。それは、臨終の場にいる唯一の他人である紀子だけが自分に駆け寄る姿とも類比関係を保っている。そしてこのありようは、映画のラスト近くに置かれた、先のやりとりの最後につながれてゆく。

父　――妙なもんじゃ……。自分が育てた子どもより、いわば他人のあんたのほうが、よっぽどわしらにようしてくれた……。イヤァ、ありがとう。

紀子が自分たち夫婦に傾けてくれた愛情は、血のつながりから出たものではなく、義務から出たものである。だが、いわば自分の肉親であるからこそ欲望のままに振る舞う長男や長女よりも、欲望を制御せざるをえない状況に置かれた紀子が、その必然性から目を背けず、力のかぎり義務を果たそうとする、その姿の美に義父は打たれ、心の内側から温かいものが流れ出る。

紀子　ねえ、お母さま、またどうぞ、東京へいらしったら……。
義母　へえ。でも……、もう来られるかどうか……。暇もないじゃろうけど、あんたもいっぺん尾道へも来てよ。
紀子　伺いたいですわ、もう少し近ければ……。
義母　そうなァ。何しろ遠いいけぇのう……。

紀子の家に泊めてもらった朝、義母と紀子とのあいだで交わされる対話である。ここでふたりが話しているのは、東京と尾道とのあいだの物理的な距離の遠さである。だが、危篤になればすぐ駆けつけられるという物語の設定は、物理的な遠さを語りながら「心理的な遠さ」を浮き彫りにしている。義母と紀子との心は遠い。さらに、自らの死の予感を語る義母の姿と相まって、この遠さは無限の距離に拡大し、義母にとって死者である次男であり、紀子にとっての亡夫である昌二の存在につながれてゆく。

こうした生の反転はたとえば、「忙しかったんじゃなかったのか」(義父)、「いいえ」(紀子)というように、ぎこちない笑顔を浮かべ、語気を強めて述べる紀子の「いいえ」という否定語が、とても忙しいのにそうは言えない彼女の事情をくっきりと映し出している。そもそも映画冒頭、東京駅で老夫婦を出迎える時間に紀子ひとりが間に合わないのだから、もっとも忙しいのは紀子である。その紀子の個人的な事情を長女や長男があっさり看過できるのは、紀子を家族から外れた「余所者」であり、さらには家族形態から外れた「異端者」であるとみなしているからである。だが老夫婦だけは、そのような犠牲を払ってまで義務を果たそうとする紀子の姿を稀有で貴重なものと受け止めている。それは、老夫婦自身が、自分の子どもたちからまさしく余所者として、異端者として扱われていることと無縁ではない。そうであるからこそなおいっそう、声を発することができない無念の死を遂げた次男のことが偲ばれるのである。

老夫婦が子育てをしたのは生命の危険すら及びかねない戦時中であり、並大抵ではない苦労があっただろうことが映画全編にわたって暗示されている。それは老夫婦と同年代の親の世代に共通する想いであり、父親（笠智衆）と酒を交わす郷里の旧友も、子どもたちのうちの誰かを戦争で亡くしており、「いやァ、もう戦争はこりごりじゃ……」としみじみ述べるように、各自が癒し難い傷を負っている。そして生き延びた子どもに自分たちが果たせなかった人生を託すかのように期待を寄せている(8)。だが、戦後の混乱を生き抜いてきた子どもたちは生命の危険はないものの、排他的で自己中心的な生活を送っているために、自分自身をすっかり見失ってしまっている。そして自らが置かれた状況の必然性を受け入れてゆくことにも他者との比較、他者との相対性が働いており、この老夫婦であっても社会性、世間体から逃れえてはいない。

夫　なかなか親の思うようにァいかんもんじゃ……——欲いや切りァにゃァが、まァええほうじゃよ。

妻　ええほうですとも。よっぽどええほうでさ。わたしらァ幸せでさァ。

夫　そうじゃのう……。まァ幸せなほうじゃのう。

妻　そうでさァ。幸せなほうでさァ……。

東京から尾道への帰路、具合が悪くなり、大阪で途中下車して三男の家に身を寄せた際に交わされる会話である。だが、この老夫婦に見られる「ええほうじゃ」、「幸せなほうじゃ」という他者との比較、他者との相対性が、長男や長女とは対照的に詩情溢れるのは、それが「必然性への同意」としてあらわれているからである。わたしたちは自らを取り巻く必然性の支配から逃れることはできない。田舎から東京に出てきたものの日々の生活に追われていることも、大切に育てた子どもが戦死してしまったことも、誰に向かって泣き叫ぶこともできない。だが必然性に流されるままになるのか、その必然性を受け入れていくのかによって、わたしたちの生のありようはまったく異なるものになる[9]。

老夫婦が東京へ旅に出る直前に隣家の女性が、「――立派な息子さんや娘さんがいなさって結構ですなァ、ほんとにお幸せでさァ……」と述べる調子と、夫が妻を亡くした直後に、「まったくなァ……。お寂しいこってすなァ……」と述べる調子がまったく同一であることには、太陽の日差しが妻の生前と死後とで少しも変化しないのと同じ「世界の秩序」があり、「世界の美」の色調がある。だが、肉親ゆえに自らの欲望をそのまま吐露し、母親の危篤の報を受けても、「忙しいんだけどなあ」とつぶやく長女の姿に秩序はなく、無秩序に拡散し、醜悪さに満ちている。他方で、紀子と義父との血のつながらない者同士のあいだで、自らの悲しみの奥底で生まれる水平方向の眼差しの交差には、「世界の秩序」に連なる美が宿る。それは、死者とどう向き合い、死者とどう生きるのか、という答えのない問いが宙吊りになっているからこそ芽生えるつながりにほかならない。

3　真空の空間

京子　ううん、お母さんが亡くなるとすぐお形見ほしいなんて、あたしお母さんの気持ち考えたら、とても悲しうなったわ。他人同士でももっと温かいわ。親子ってそんなもんじゃないと思う。

紀子　だけどねぇ京子さん、あたしもあなたぐらいのときには、そう思っていたのよ。でも子どもって大きくなると、だんだん親から離れてゆくもんじゃないかしら？　お姉さまぐらいになると、もうお父さまやお母さまとは別の、お姉さまだけの生活ってものがあるのよ。お姉さまだって、けっして悪気であんなことなすったんじゃないと思うの。誰だってみんな自分の生活が一番大事になってくるのよ。

葬式の後片づけが終わり東京に戻る直前、長男や長女が欲望のままに生きる姿を、親元にいる次女・京子（香川京子）は嘆く。その京子を紀子はこのように諭す。だが長女や長男は、紀子が述べるように自らの生活を大切にしているとは言えない。小津独特の人物を真正面から撮る対話の切り返しは、互いの家を行き来する長女と長男、あるいは長女とその夫、あるいは長男とその妻とのあいだに、分断があるからこそ浮き彫りになるつながりはなく、むしろ、モノとモノとの交換のように、互いに情報伝達だけに終始する対話がいかに虚無に満ちているかを指し示している。それゆえにこそ、その対照となるかのごとくに、同じ切り返しを用い、対話の切断を図りつつ、孫に語りかけながら、実の

図2

ところ虚空に話しかける母親（東山千榮子）の姿が、それを見つめる父親（笠智衆）の眼差しに抱かれることと相まって、詩情に包まれることになる［図2］。

祖母　勇（いさむ）ちゃん、あんた、大きうなったら何になるん？

（勇は答えず、遊んでいる）

祖母　——あんたもお父さんみたいにお医者さんか？——あんたがのう、お医者さんになるころァ、お祖母ちゃんおるかのう……。

本作品でしばしばあらわれる、空にそびえたつ数本の煙突は、「働くということ」を如実に象徴している。町医者の長男は患者の病状が急変すればすぐ駆けつけるし、女手ひとつで美容院を切り盛りする長女は休む間もなく働いている。それは自らがやるべき義務を果たす姿にほかならない。だがかれらの働く姿が美として映し出されないのはなぜだろうか。それは、かれらは生活をしている主体ではなく、主体は生活であり、かれらは文字通り生活に追われているからである。[10] その生活がほんの少しでも崩れることを避けるためだけに全身全霊が注がれているからである。紀子とて生活に追われている身である。だが、その生活を追い払うだけの気概がある。生活よりも、義父母が一瞬でも楽しい想いをすることのほうが大切だと自ら選択する。その義務を果たす姿が東京という街にうごめく人々の醜悪さを背景に、あたかも東京も尾道も均しく照らす太陽の輝きのように、清冽なものとなっている［図3］。

東京駅で見送りにきた子どもたちとの別れ際、母（東山千榮子）は三度、自らの死について語る。「みんな忙しいのに、ほんまにお世話になって……。でも、みんなにも会えたし、これでもう、もしものことがあっても、わざわざ来てもらわァでもええけぇ……」。そして、この別れが今生の別れとなる。葬儀後の会食時には次の会話が見られる。

父　――ただのう……、こんなことがあったんじゃよ。こないだ東京へ行ったとき、熱海でお母さん、ちょっとフラフラっとしてのう……。

長男　はあ……。

父　イヤァ、大したこたァなかったんじゃが……。

長女　そう……。じゃ、なぜお父さん、それおっしゃらなかったの？　兄さんにだけでもおっしゃっときゃよかったのに。

父　そうじゃったなァ……。

長男　しかし、それが原因じゃないよ。お母さん太ってもおられたし、やっぱり急に来たんだよ。

熱海から帰った直後、長女はあからさまに迷惑そうな態度をとり、

図3

母親の体調や心情を話すような状況ではなかった。さらには、それが遠因である可能性があったとしても、すでに終わってしまったことに対してその可能性はなかった、と長男は否定する。親しい人の死とは、本来、こうした合理化を峻拒するはずのものである。「解決不可能な問題を解決不可能なままに」見つめることを余議なくされるはずのものである。それは答えのない問いのなかに宙吊りにされることであり、まさしくその宙吊りの状態に置かれることを長女と長男は峻拒する。その鏡像が、義父との対話で語られる紀子の言葉である。

紀子　［…］このままこうしてひとりでいたら、いったいどうなるんだろうなんて、夜中にふと考えたりすることがあるんです。一日一日が、何事もなく過ぎてゆくのがとっても寂しいんです。どこか心の隅で、何かを待っているんです。

死者を感受して生きるとは、死者を想いつつも、死者から離れ生者に向かうといった、相矛盾するふたつの感情のうちで揺れ動き、逡巡することである。それは自らが引き裂かれるような感情でもある。そして逆説的にも、このときはじめてわたしたちは自らの生の創造の担い手となる。この逆説を『東京物語』は、映画冒頭と同じ、山と海との調和の美しい景観のなかをスーッと走り去ってゆく列車の姿に重ね合わせて幕を閉じるのであった。

＊

「神は、善人にも悪人にも平等に光を降り注ぎ、雨を降り注ぐ」[11]。この神に倣う生きざまとはいかなるものであろうか。本作品においてそれを照らし出すのが、小津作品に特徴的なキャメラのローポジションによる完璧な構図である［図4］。それはこの世に不在の死者の視点とも自ずから重なり合う。とりわけ、子どもを無邪気で純粋な存在としては描かず、自我への執着が剝き出しの、野放図な存在として描く小津作品にあって本作では、完全にモノと同一化されるほどまでに、風物に溶け込んでしまう子どもの存在が際立っている[12]。そして表立っては戦争を描かない小津作品にあって、本作における戦争の傷跡は、子どもを戦争で失う親の心の傷跡として映し出されている。父親（笠智衆）が旧友と一夜を飲み明かすシーンでは、父親は次男を失い、旧友のひとりは一人息子を、もうひとりは長男を失っている。死者となった子どもはいつまでも変わらず親想いの子どもであり、生者である子どもは親を邪険に扱い、親の期待を裏切る存在となっている。それにもかかわらず、親の想いは生者である子どもにも、死者である子どもにも、平等に注がれている。それは同時に、騒然とした東京の景観と、戦火を逃れた尾道の静謐な景観との対照ともなっている。そこ

図4

では、「うっかりこんなとこではぐれでもしたら、一生涯捜しても会わりゃしゃあしぇんよ」と母親が述べる、大都会・東京の混沌が醸し出す虚無の直中で、なおいっそう「解決不可能なものを解決不可能なままに」見つめる眼差しを、登場人物も、また登場人物を介して映画を観る者も、研ぎ澄ますことになる。

死者となった次男のことはもとより、田舎から出てきた両親や家族形態から外れた次男の嫁・紀子を、あたかもモノのように扱う長男や長女の姿は、国家を重んじ、個人を捨て石としてきた戦時のありようとも類比関係を保っている。長男や長女はつねに動いており、得体の知れない生活を推進することに心を砕いている。他方で、死者となった次男はもとより、子どもに邪険に扱われ、さらには伴侶を失う父親や、家族形態から外れた紀子は、立ち止まり、動かず、待機の状態に佇まざるをえない。それは、先の見えない〈魂の闇夜〉を生きることでもある。[13] そして逆説的にもこの生きざまこそが、わたしたち本来のありようであることを、『東京物語』はつねに平等性を保つ光と真空の空間において、かぎりない美感において描き出すのであった。

第8章　絵画としての映画——キム・ギドク『春夏秋冬そして春』

キム・ギドク（一九六〇—二〇二〇）監督の『春夏秋冬そして春』（二〇〇三）は、『鰐〜ワニ〜』（一九九六）から、『ワイルド・アニマル』（原題：野生動物保護区域、一九九七）、『悪い女〜青い門〜』（原題：青い門、一九九八）、『魚と寝る女』（原題：島、二〇〇〇）、『悪い男』（二〇〇一）といった布石というべき作品群を経て結晶化された透明性の高い映画である。だが『春夏秋冬そして春』は、それ以前のかれの作品とは決定的に異なる転回を見せている。これまでキム・ギドクは、路上生活者、売春婦、ヤクザといった、社会から放擲され、見えない存在とされた人々の生の震えを絵画における「反抽象」[1]を繰り返し用いて、写実のうちにアレゴリーやファンタジーを巧みに取り入れることで描いてきた。現実にはどこにも救いのない苦しみや痛みが、アレゴリーやファンタジーのなかで「世界の美」と協調しうる一点を捉えることで、路上生活者、売春婦、ヤクザといった属性を剝ぎ取り、その個人の生が世界の美と触れ合う一点を描いてきた。だが本作品では、アレゴリーやファンタジーをいっさい用いずに、あくまで現実としていひとりの人間の個人性に肉薄している。それが可能となるのは、本作品の舞台が、「山奥の湖に浮かぶ島のような寺」という、いわばアジールだからである。本作品は、そもそもいっさいの社会性が捨象された、そもそもこの世に存在しないものとされている世界が舞台となっている。ここで老僧とふたりきりで暮らす主人公の生における成長の過程を、春／幼児期、夏／少年期、秋／青年期、冬／中年期、そして春／老年期と四季に合わせて描き出している。

主人公をはじめ、数少ない登場人物には名前がなく、科白もごくわずかにかぎられる。それゆえ各章における老僧の言葉は、深く、重く、あたかも「道徳法則」のように星辰と照応する響きをもち、全篇を貫いている。この老僧の言葉を導きの糸として、自然と人との協調あるいは軋轢が、音や仕草、そしてなにより眼差しにおいて色濃くあらわされている。それはあたかも、自然というキャンバスに描かれた一枚の絵のようでもある。そしてまた、各章のはじめにひらかれる陸から湖への扉は「見立て」の役割をも果たし、自然のいったい何を切り取ったのかを見守る額縁となっている［図1］。こうして、「人間における不幸の条件のひとつひとつが沈黙のゾーンを作ってしまい、あたかも島のなかにいるように、人間はそこに閉じ込められてしまう。島を出る人は振り返らない(2)」という、いかなる光も届きえない極限の苦しみである「不幸」を表現するのにシモーヌ・ヴェイユが述べたその同じ「島」のイメージが、美の閃光を放つことになる。

図1

ところで、世間／社会がこの寺に想いをいたすのは、夏の章で病気の少女が療養のために母親に連れてこられたり、秋の章で犯罪者の捜索にふたりの刑事がやってきたり、冬の章で覆面の女性が赤子を寺に預けにきたりといった、いわば非日常においてのみである。平穏無事な日常のうちにあるときに、「島」は人々の意識にのぼらない。そして、夏の章の終わりで、世話になった老僧を裏切るようなかたちで恋仲となった少女を追って島を出奔した主人公の少年の僧が、秋の章でふたたび寺に帰還するのは、たまたま老僧が目にした「三十代男性、妻を殺して逃亡」という新聞記事の見出しのように、絶体絶命の、どこにも寄る辺のない「不幸」に陥ったからである。そして、おそらく孤児であろう主人公が苛烈な運命に翻弄されるとき、戻ってくる場所はこの寺しかないことを老僧は知悉している。それゆえ、老僧は新聞から目を上げて深い溜め息をつき、空を見上げ、それから少年の僧が残していった僧服の繕いをおもむろに始めるのである［図2］。このように、その言葉が道徳法則の響きをもつ老僧の生とは、まさしく、誰からも振り返られず、「待つこと」しかできない島の象徴とも言える生である。

図2

1　沈黙と身体

『鰐～ワニ～』から『悪い男』にかけて、主人公が徐々に言葉を失ってゆくキム・ギドク初期作品群において、『春夏秋冬そして春』はかつてない言葉の少なさを示している。それは、「不幸は押し黙っている(3)」

ということと多かれ少なかれ連動している。ヴェイユは「ヨハネ福音書」冒頭を、「はじめに言葉ありき」ではなく、「はじめに媒介ありき」と訳されるべきだったと捉えているが[4]、世界との、他者との媒介は、キム・ギドクの作品において、言葉に代わって、つねに身体の痛みを通して築かれる。

春の章で、同じ年頃の遊び相手もおらず、山奥で老僧とふたりきりの修行生活を送る主人公の幼い僧は、自分よりもさらに脆弱な、魚、蛙、蛇といった小動物を自分の意のままに扱うことへと向かう。その行為はあくまで無邪気な遊びであり、罪悪感はどこにもない。ヴェイユはこう述べている。「悪は犯罪者の魂のうちにそれと感じられずに住まわっている。悪は無辜なる不幸な人の魂のうちで感じられるのである。あたかも本来、犯罪者にふさわしい魂の状態が犯罪者から切り離され不幸に結びついたかのように、すべては起こる。さらにそれは、不幸な人の無辜の度合いに応じてさえいるのである」[5]。幼い僧の心のうちで悪は感じられず、無辜な小動物がまさしく身体の痛みという悪を一方的に被っている。老僧は、深夜、眠りについた幼い僧にも同じように石をくくりつけ、翌朝、「もしも一匹でも命がなかったならば、お前は一生、心に石を抱えて生きるのだ」と言い放ち、小動物たちの石を取り除きに行かせる。とりわけ、血まみれの無残な死骸となった蛇を見つけ出した幼い僧が号泣する姿に小川のせせらぎが重ねられているシーンは、このような老僧の愛のかたちによって主人公が成長してゆくさまを暗示している。幼い僧への老僧の愛情とは、通常けっして意識にのぼらない自らの悪を、小動物に与えたのと同等の身体の痛みを幼い僧に課することで、その自らの身体の痛みを通して意識させることである。

欲望の季節である夏の章を経て、本作品のクライマックスである秋の章が展開される。「欲望はやがて執着を生み、執着はやがて殺意を呼ぶであろう」という夏の章ラスト近くでの老僧の予言どおり、少年から青年となった主人公は、最愛の妻を殺害するという究極の事態によって寺に帰還する。湖から陸への扉を開けて世間／社会へと赴いた主人公は、世間／社会から隔絶されたこの「島」に最悪のかたちで戻ってくる。

これまでのキム・ギドクの作品では、『ワイルド・アニマル』における冷凍魚であったり、『悪い男』におけるチラシであったり、日常を彩る些細な物質のひとつにすぎなかったものが、突如人を殺傷する凶器に変容し、それが作品そのものにドキリとした亀裂を入れる「詩」の役割を果たしていた。一転して『春夏秋冬そして春』では、自らの情熱／情念／受難が最愛の人を殺傷する凶器となる。さらにその凶器は、「人を殺めたからといって自分を殺してはいかん」と老僧が述べるように、肉体の死よりもさらに深刻な自我の死をもたらす。このように、わたしたちの生において愛と憎しみ、美しさと苦しさはつねに表裏一体である。その両面がたえず入れ替わってゆくことにこそ、逆説的にも、あたかも東西南北が絶え間なく変化してゆく湖に浮かぶ島が不可思議な安定感を示すように、個人の、そして社会の公平性が保たれている。

愛と憎しみ、美しさと苦しさが平等性を保ちうるのは、本作品でも絵画的手法によっている。だが本作品では「反抽象」ではなく、あくまで写実として、境内の床いっぱいに色彩豊かに描かれた般若心経が、背景となる山々の紅葉と協調することによってである［図3］。老僧が猫の尻尾を筆として境内いっぱいに墨で書いた般若心経を青年の僧が妻を殺したナイフそのもので一晩かけて彫る。それは自暴自棄となった青年の僧の心を鎮めようとする老僧の計らいである。そして青年の僧が倒れ込む

図3

ように眠りに落ちているあいだ、老僧とふたりの刑事が、あたかも職人のように、掘られた般若心経に色を点じてゆく。「起きなさい、別れのときだ」という老僧の声で目を覚ます青年の僧の前には、境内そのものがキャンバスとなった色彩豊かな般若心経が広がっている。それは、背景の山々の紅葉と協奏するかたちで、映画を観る者に、「芸術とは何か」をダイレクトに問う瞬間でもある。その地獄に対して、世界でたったひとつのこの芸術に接した瞬間が、その後の主人公の生にどのように息づき、反芻されるのかを問わざるをえなくなるのである。

老僧とも寺の建物とも丁寧な別れを告げ、ふたりの刑事に連れられた青年の僧を乗せた舟が寺を離れると、舟は一瞬動かなくなる。ハタッと青年の僧が振り返ると、老僧はじっと青年の僧を見つめ、大きく手を振っている。これは、老僧の主人公への愛情の深さが舟を一瞬止めたと見ることができよう。だがこれは単に、ペテロが一瞬水上歩行したことに連なるような事柄で、何ら驚くべきことではない[6]。真の奇跡はその後に続くシーンにある。すなわち、青年の僧を見送ってしばらく経った後、老僧は僧服を脱ぎ、まさしく帰還した青年の僧に課した修行と同じように、自らの口、耳、鼻を「閉」と書いた紙で封印し、小舟の上に木々を組んでその下に蠟燭を置き、蠟燭から燃え移った焰のなかで焼身自殺してしまうのである。これこそが、本作品における最大の凶器であり、最大の「詩」であると言えよう。『春夏秋冬そして春』以前の作品においても、たとえば、『ワイルド・アニマル』で主人公のために水没死することも厭わないその友人の姿や、『悪い女〜青い門〜』で主人公に代わって売春を引受ける娼家の娘の姿に、愛する他者のために通常なしえないような自己犠牲に同意するシーンが見られる。だがかれらの自己犠牲の行為には「主人公を救う」という目的があった。ところが老僧の自害は、直接的には主人公の生に何ら働きかけない。ただ生者と死者という「無限の距離」にふたりを引き離すだけである。

この老僧の死が意味するところはいったい何であろうか。老僧は、青年の僧のこれから何年にもわたる刑罰の苦しみをともに担うことができない。そうであるならば、青年の僧と同等の苦しみを自らに課することが、せめても自らの苦しみを軽減することになろう。愛ゆえに、死をもってしても、他者が被るのと同等かそれ以上の身体の痛みをもって他者とつながっていこうとする一点が、わたしたちのうちにある。このことこそが、わたしたちの生の奇跡だと言いうるであろう。

とはいえ、生者と死者というかぎりなく隔たれた距離に置かれたふたりのあいだには、どのような協調のかたちがありうるのだろうか。それは、刑期を終えて主人公がふたたび帰還する、湖一面に氷が張った冬の章を経て、最終章「そして春」に引き継がれる。冬の章、「そして春」の章ではいっさいの科白が排されている。「そして春」の章では、冬の章で中年となった主人公の僧に預けられた赤子が成長し、その幼い僧の似顔絵を老僧となった主人公が描いている。そして、湖から境内を収めたロングショットのなかに、幼い僧と、老僧となった主人公が映し出される。その主人公の背後に、あたかもいまは亡き老僧が立っているかのごとくの感覚を、映画を観る者は覚える［図4］。幼い僧を現在養育しているのは老僧となった主人公である。だがそれは、いまは亡き老僧の愛に突き動かされ

図4

て、あたかもその愛が通過する道具のような存在である老僧となった主人公の姿でもある。老僧となった主人公の生は、死者である老僧との沈黙における対話を通して紡がれている。これは、ファンタジーやアレゴリーによる死後の世界ではなく、生者の世界において死者とどう生きるのかの写実である。いまや老僧となった主人公が、じっと動かず、ひたすら待つことしかできない定点であったかつての老僧の立場にいる。

ヴェイユは「放蕩息子の譬え[7]の兄のほう——不従順であったことが一度もない、物質だったのではないか[8]」と述べている。老僧となった主人公は、亡き老僧の愛が通過する場所となった物質の生を生きる。そしてこの生こそが、真に生きるということであろう。他方で、主人公が養育している幼い僧は、あたかも春の章に還帰するかのごとくに、境内で無邪気に亀をいじめている。このように、ラストシーンが全体のパノラマとなるキム・ギドクのこれまでの作品と同様に、本作品は、「それでも運命は変わらない」ということを、別の言い方をすれば、「救いがないということを見つめることにこそ救いがある」ということを、春の木漏れ日のような優しさと温かさのなかで描き出し、幕を閉じるのであった。

2　「遠近法の錯覚」を超えて

路上生活者、売春婦、ヤクザといった人々を、通常わたしたちは社会の底辺に置かれた「類例」のひとつとして見ており、その人の「個人性」に目をとめることはない[9]。この主題をキム・ギドクは、絵画における「反抽象」を用いて、たとえば『悪い女~青い門~』では、夏に降る雪でその心理状態をあらわしたり、主人公の少女の売春婦の心情をエゴン・シーレの絵に仮託させたり、絵を描くという行為そのもののうちに心の浄化をはかり、写実のなかにアレゴリーやファンタジーを織り交ぜることで、レッテルを剝ぎ取り、その人という個人の生に肉薄してきた。この主題についても、『春夏秋冬そして春』はそれまでの作品とは一線を画している。それは、秋の章におけるこの聖域への闖入者であるふたりの刑事の身振りが変化してゆくことのうちに色濃く映し出されている。本作品において境内をキャンバスにした般若心経という「絵」は絵として屹立しており、絵が主人公の心を映すことはなく、あくまで絵を観る主人公の眼差しが問題となっている。

湖の扉を開き、アジールである寺にやってきたふたりの刑事は、当初、主人公である青年の僧を犯罪者としてしか見ておらず、場合によってはすぐさま撃ち殺しかねないかのようにピストルを構えている。さらに、青年の僧が般若心経を彫り終わるまで待ってほしいとの老僧の願いを聞き入れた後も、手持ち無沙汰にピストルの引き金を無神経に引き、主人公の心は射殺されるかもしれない恐怖で頑なになる。この刑事たちの主人公を見る眼差しはまさしく、わたしたちが路上生活者、売春婦、ヤクザを見る眼差しにほかならない。さらにその眼差しが刑事たち自身を頑なにさせてもいる。

秋の章の時間の流れのなかでふたりの刑事は、自らのうちに巣食う善悪二元論を自らの眼差しによって粉砕してゆき、レッテルを剝ぎ取った水平な視線で、犯罪を犯した主人公に向き合うようになる。それは、春の章で老僧が幼い僧に善悪がみかけではないことを教えるのに、薬草と毒草との差異が根の小さな白い筋の有無にすぎず、それをけっして見落としてはならないと諭したことの実践でもあろう。悪人は悪人の顔をしておらず、悪人は往々にして善意の優しい笑顔をもってわたしたちの目の前に立ち現れる。そして刑事が表面の善悪を透視して内面の善悪に迫るのは、山奥の湖に浮かぶ寺という環境を遠因として、その境内で全身全霊を傾けて般若心経を彫る青年の僧である主人公の姿に心打たれたからである。真夜中に見張りをしているひとりの刑事は、青年の僧の手元にそっと蠟燭をかざしてやる。朝方に見張りをしているもうひとりの刑事は、ついピストルを手放してうたた寝をしてしまっており、慌てて目を覚ますと倒れ込むようにして深い眠りに落ちている青年の僧にそっと自らの上着を羽織らせる。このとき、青年の僧の犯した罪は罪として、その個人から切り離されて、じっと見つめられている。

昼から夜へと、夜から朝へと移りゆく宇宙の運行には何の目的もない。秋の紅葉がその徴となっているような四季の移り変わりにも何の目的もない。これらと同様に、無心に般若心経を彫る青年の僧の行為にもいっさいの目的が剝ぎ取られている。この目的のない行為のかぎりない美しさにふたりの刑事は心震わされ、いつしか殺人者というレッテルを剝ぎ取ったひとりの人間として青年の僧に向き合えるようになっている。さらに、青年の僧が深い眠りに落ちているあいだ老僧とともに般若心経に色を点じてゆくという身体を行使する作業を通して、刑事自身の心も内側から浄化され、宇宙の動きと協奏するようになる。こうして、日が昇り、青年の僧が目覚めて色彩豊かな境内の絵を見る一瞬は、絵画や彫像に己れを離れ、己れを見つめさせる転調を見出してきたキム・ギドクの芸術への眼差しが、神の創造である世界と協奏する一点であると言えよう。第一級の芸術作品は、立ち止まり、見つめさせる。それは、己れの浄化の過程でもある。このときわたしたちは、「世界の美」の啓示を受けている。それが、色彩豊かな般若心経を境内にもち水の上を東西南北にゆっくりと回転する寺と、山々の紅葉との輪舞のうちに出会われるのであった。

3　物質的想像力の可能性――水、火、大地、空気

『春夏秋冬そして春』にいたるまでのキム・ギドクの作品群では、往々にして主人公の芸術への並々ならぬ情熱が、自己や他者のうちに入り込もうとする悪を払拭してきた。たとえば、『鰐〜ワニ〜』の主人公はどれほど自暴自棄になっても、どうしても振り上げた彫像で相手を殴ることができない。あるいはまた、『ワイルド・アニマル』では、街の広場で人間石像のパフォーマンスをする恋人の主人公への愛の告白とは、「あなたに完璧な芸術を見せたいの」であった。ここでいま一度問われるべきは、造形芸術とは、いっさいの人間性を離れた純然たる物質だということである。芸術に没頭するとは、文字通りわれを忘れるほどまでに、自己よりも物質に愛情を注ぐことにほかならない。それはときに、本作品の秋の章において、老僧がいやがる猫の尻尾を筆代わりにして般若心経を書くよ

うな残酷さをともなうものであろう。それにもかかわらず、この物質を真に観照しようとする透徹した芸術家の眼差しが観賞者の眼差しと触れ合うとき、物質を介して芸術家から観賞者へと愛が伝播され、その徴が「世界の美」として立ちあらわれる。

「見立て」の役割を果たす扉がギーッという音を立てて開けられた向こう側には、山々を背景にした湖と寺が見える。湖面は、海面や川面とは異なり、人の漕ぐ舟や風がなければ、波を立てはしない。また月夜の湖面は、月の光を映し出す鏡ともなる。こうした美しい景観を終始保ちつつも、本作品において湖の表情の変化は、あくまで映画の背景を彩るにすぎない。湖に浮かぶ島のような寺という設定にもかかわらず、水は、たとえば『鰐〜ワニ〜』で主人公が世界からの生の抵抗を感じるためにこそ川に潜り、水中での息苦しさを感じることで重力と浮力の関係をそのまま浄化の過程として描き出すようには、登場人物の生そのものには関与しない。

本作品で水を背景としつつ、水に代わって生と密接する物質は火である。境内そして室内を照らす光は、自らを消尽することで光を出す蠟燭の焔である。秋の章で主人公が般若心経を彫る手元を照らす光も蠟燭であり、文字通り精根尽き果てるのと時同じくして蠟燭の焔も消える。そしてまた、心を鎮めるために般若心経を彫らせる直前に老僧が青年の僧に課する苦行とは、天井からロープで身体を吊るし、蠟燭の焔がロープに移り、ロープを焼き切るのと同時に身体が落下し、床に叩きつけられるというものであった。それを模倣するかたちで老僧は、この世からまさしく蠟燭の焔のように消失してしまう。老僧の消失こそが、わたしたちを贖う役割を果たすのであった。

冬の章では、刑期を終えて中年の僧となった主人公が寺に帰還する。ギーッと開かれた扉の向こう側に広がる湖面は凍っており、主人公は歩いて寺までたどり着く。その途中、湖面に埋まった小舟を見出すと、一瞬にして何が起こったかを把握する。主人公は老僧の骨を丁寧に拾い出し、氷像を彫り、老僧の霊を弔う。そしてかつて幼児の頃遊び、少年の頃少女と戯れ、青年の頃自暴自棄になった池の凍った水面で厳しい身体の修行を己れに課する。

冬の章における世間からのこのアジールへの闖入者は、赤子を抱いた覆面の女性である。女性が覆面をしていることで、映画を観る者の目にはこの女性が、主人公とかつて恋仲となった少女のようにも、かつての妻のようにも、またかつての母のようにも映る。何らかの事情があることが暗示されるこの女性は、身を切られるような想いでわが子を置き去りにして寺を立ち去ろうとする。だが、未練から寺を振り向く瞬間に、湖面に空いた穴から落ちて溺死してしまう。この女性が誰なのかというミステリー解読に誘われていた映画を観る者の意表をつくかたちで、翌朝、主人公が引き上げたこの女性の覆面が取られると、女性の顔は弥勒菩薩になっている。ここに、主人公や溺死した女性はもちろんのこと、わたしたちすべての人間の罪深さがあらわれているのと同時に、わたしたちすべてに救いがひらかれていることが暗示されている。

ここでも、落下からの上昇は水の浮力による上昇ではない。大音量で流れる〝恨（ハン）〟を唄ったアリランを背景として、春の章で老僧にされたように、だが今度は自分で自分の身体に見合う石臼を巻きつけ、その石臼の重さのみならず、さらに自分の重さという重力に抗うかたちで主人公は山に登る。その身体の極限の痛みを通して主人公が感受するのは、小動物に痛みを与えた自らの罪の深さのみならず、その罪の自覚を促した老僧が自らに傾けてくれた愛の深さである。それゆえ身体の痛みをともなうこの行為は、重力に抗して光へと向かう植物に倣う行為となる。「三百年生きたこの樹のように必ず元気になられましょう」と夏の章で病気の少女とその母に主人公が告げるように、物語の舞台となる湖には樹が一本生えていたことを思い出そう。こうして頂上に立った主人公は、湖を俯瞰する山頂に小さな仏像を設える。その小さな仏像は、今後湖の真中に浮かぶ寺を行き交う人々にそれと知られずに、かれらの生を見守っている。それは、亡き老僧が「あちら側」から寺を行き交う人々を見守る姿を強烈に暗示させるものであろう。

本作品で登場人物が行き交う場所は、湖の真中に浮かぶ寺と、寺から舟を漕いでたどり着く陸のなかの池と大仏だけである。その他の場所はあくまで映画を観る者のイメージのなかで紡ぎ出されるにすぎない。池は、春の章で一人遊びをして小動物を虐めた場所であり、夏の章で少女と戯れた場所であり、秋の章で自暴自棄になって水に八つ当たりした場所である。そして銘記すべきは、各章において、この池との主人公の対峙を老僧がつねに見守っていることがカット・バックによって映し出されているということである。

他方で、人間の身丈をはるかに超える大仏の大きさは不変であることが、その同じ場所に佇み、遠景に目をやる主人公が、春の章の幼児から夏の章の少年へと成長する変化を克明に印象づけている。そしてまた、そもそも不気味さを喚起する蛇という生き物は、春の章では幼児の僧の無邪気ないたずらで無残な死に方をし、その同じ生き物は、欲望の季節である夏の章では二匹でまぐわっており、秋の章では老僧の死後、老僧の不在という不気味な静けさを暗示するかのように湖面を這いずっており、冬の章では帰還した主人公の僧を尻目に主が不在の室内を不気味にうごめいている。このように本作品では、同じ場所における人の変化、同じ生き物の異なるありようを見せることで、生の力動性を開示してみせる。

秋の章の冒頭、「三十代男性、妻を殺して逃亡」の新聞記事を目にした直後、老僧は、ただ空を仰ぎ見ていた。そしてまた、老僧の自害の後、キャメラは空の雲の流れだけを画面いっぱいに映し出していた。空は、ときに解決不可能な問題を包み込む祈りの対象となり、そしてまたときに、人が不在であることが宇宙の摂理に適っていることを映し出す。そして映画のなかの登場人物が仰ぎ見る空はまた、フレームという額縁によって見守られてもいる。

＊

キム・ギドクとシモーヌ・ヴェイユほど、その表現を語るのに、その人生が持ち出される作家も稀であろう。表現は本来、その人の個人性からは切り離されるべきものである。だが、かれらのような特異な生を生きた作家の生と作品を切り離して考えることは難しい。それは、わたしたちが否応なく階級意識、制度意識から逃れることができない証左でもあり、われ知らず、差別と偏見の色眼鏡で、他者を、世界を見ているということでもある。そしてその色眼鏡を通した眼差しは、ブーメランのようにわたしたち自身に突き返されてくる。そのことを、いみじくもキム・ギドクとシモーヌ・ヴェイユの作品そのものが、もっとも明晰に、もっとも強烈にわたしたちに語りかけている。

映画も、思想も、人の意識そのものまで変革することはできない。映画や思想がなしうるのは、世界はこうなっているという認識だけである。だがこの認識とはつまり、自分とは異なる他者を、異なる世界を、自分のように感受するということである。それは、わたしたちの寛容の精神を呼び覚まし、わたしたちの内的世界を自由に伸びやかなものにする。

第9章　イタリアのシモーヌ・ヴェイユ
——ジュゼッペ・トルナトーレ『ニュー・シネマ・パラダイス』

シモーヌ・ヴェイユは、生涯に二度イタリアを訪れている。一度目のミラノ滞在では、「わたしはミラノで生まれたかのように、ミラノは自分の居場所だと感じています」と、二度目のアッシジ滞在では、「お父様とお母様は、もう少しで娘を永遠に失うところでした」と、両親に書き送っている[1]。ヴェイユの思想がもっとも受け入れられているのもまたイタリアである。その受け入れられ方は、直接的な影響関係というよりも、芸術、文学、哲学のなかで、創る人に憑依して、創る人を触発するというかたちにおいてである。それは、イタリアの風土のうちにシモーヌ・ヴェイユ的なものが流れ、香り漂っていることと無縁ではない。ヴェイユは、ペラン神父に宛てた手紙六通の末尾でこう繰り返す。「どうしてかはわかりませんが、わたしのような不充分な存在のうちに宿った考えに誰も注意を傾けようとしないならば、それらの考えは、わたしとともに埋もれてしまうでしょう。わたしがそう思っておりますように、それらの考えがうちに真理を有しているならば、残念なことです[2]」。ヴェイユのうちに宿ったこの考えの種はイタリアの大地に舞い降り、花開く。あるいは、ヴェイユ自身が見たかった果樹園がそもそもイタリアの地に存在していたとも言えよう。

現代イタリア思想を代表する哲学者ジョルジョ・アガンベン（Giorgio Agamben, 1942–）は、近年の著作のなかで、「『ホモ・サケル』の最初の巻よりわたしが決して放棄していない法の批判は、ヴェイユの論考のなかにその最初の根がある」[3]と述べている。アガンベンは法学部の卒業論文として、シモーヌ・ヴェイユの政治思想について著している[4]。そしてまたその執筆と同時期に、詩人で映画監督のパオロ・パゾリーニ（Paolo Pasolini, 1922–1975）のところに頻繁に出入りし、『奇跡の丘』（*Il Vangelo secondo Matteo*, 1964）にフィリポ役で出演している。当時は俳優として生きていこうと考えていたようである。それゆえヴェイユの論考「人格と聖なるもの」の人格とは、アガンベンにとって仮面としてのペルソナの意味をも有している。そうした人物が現代思想を牽引する世界的な立役者でもあることは、きわめて重要であろう。

他方で、ネオレアリズモの代表的な映画監督ロベルト・ロッセリーニ（Roberto Rossellini, 1906–77）は、『神の道化師　フランチェスコ』（*Francesco, giullare di Dio*, 1950）と『ヨーロッパ一九五一年』（*Europa '51*, 1952）をほぼ同時期に製作している。『神の道化師　フランチェスコ』は、職業的な俳優ではなく、実際のフランチェスコ会の修道士たちを役者として起用し、アッシジの美しい自然を背景に、聖フランチェスコの「清貧と放浪」をまさしく迫真のリアリズムで体現した作品である。一転して、『ヨーロッパ一九五一年』ではイングリッド・バーグマン演ずる上流階級の主人公が一人息子を喪（うしな）うという悲劇を契機に、貧民や売春婦といった弱い人々のうちに降りてゆく。だが、世間体を重んじる主人公の家族はそうした事態を「なかったこと」にすべく、夫の手で彼女は精神病院に収容されてしまう。

このようなイタリアの思想的・芸術的風土には、シモーヌ・ヴェイユが述べる「聖なるもの」が生活のなかに息づいているであろう。ヴェイユが述べる「聖なるもの」とは、ヨブやイエスのように不条理に接して、「なぜなのか？」と心底から叫ぶ魂の部分である。それは同時に、不在の善を心の奥底から渇望する部分でもある。それゆえ刑罰もまた、罪を犯した人が罰を被ることによって、この「なぜなのか？」と叫ぶ魂の部分を呼び覚ます手段にほかならない[5]。こうした見方は、「あらゆる欲望は善と幸福への欲望である」という深いプラトニズムに基づいている[6]。

本章では、アカデミー外国語映画賞受賞作品でもある、ジュゼッペ・トルナトーレ（Giuseppe Tornatore, 1956–）監督『ニュー・シネマ・パラダイス』（*Nuovo cinema paradiso*, 1989）を取り上げ、映画という修辞の力を借りることによって、「イタリアのシモーヌ・ヴェイユ」というべきものを探究してみたい。

トルナトーレ監督長編第一作は、マフィア組織カモッラを獄中から統制してゆく、実在の人物ラファエレ・クートロ（Raffaele Cutolo, 1941–）をモデルにした『教授と呼ばれた男』（*Il Camorrista*, 1986）である。自らがはじめて手がけた作品が、凶悪犯罪者とされている人物にスポット・ライトを当てたものであることは、トルナトーレという監督の資質にとってきわめて重要であろう。そして、トルナトーレのうちにイタリアのシモーヌ・ヴェイユを見出そうとするならば、シモーヌ・ヴェイユとラファエレ・クートロという、一見したところ正反対に思われるふたりの人物のうちに共通して流れているものを見ることができよう。「キリストの磔刑を考えるたびに、わたしは羨望の罪を犯しております」[7]とヴェイユは述べている。受難においてヴェイユがなによりも深く洞察しているのは、刑罰の観念である。『教授と呼ばれた男』では、一時の激情による犯罪から人生の最盛期を獄中で過ごす「教授」こと主人公が、善を渇望しながら、権威・権力・名誉・金銭といった「力」に囚われるとき、有限のうちに無限を求めるという、善への欲望の転倒が描かれている。すなわち、苛酷であるのみならず、極限の屈辱的な状況にありながら、教授こと主人公は「見えなくされてしまった」人々に寄り添い、その人々に光を授けてゆく。だが強大な勢力を勝ちえたとき、教授をもっとも深く信頼し、生命を賭してまで教授を守ろうとする手下アルフレードの愛の深さから出た行為の意味を理解しえず、それを自分への裏切りとみなし、アルフレードを殺害してしまうのである。このアルフレードが『ニュー・シネマ・パラダイス』で物語を決定づける、同じ名の映写技師に仮託されているのは言うまでもない。アルフレードとはまさしく、『ニュー・シネマ・パラダイス』の主人公トトの人生における、受難、受肉、復活を牽引してゆく媒介者であり、愛(エロース)である。

ところで、トルナトーレは、学校教育のなかで映画を学んだのではない。すでに十代前半から映写技師の見習いとして働き、十六歳にしてひとつの映画館を任される映写技師となった人物である。作中の人物アルフレードは、トルナトーレ自身がもっとも敬愛する人物であるのと同時に、映写という労働を通してカットやモンタージュといった映画の理論や技法を独学で学んだ自負と映画への情熱のあらわれでもある。ヴェイユはこう述べている。「労働者が自らの注意力を傾けうるただひとつの感じられる対象は、素材、道具、自分の労働の身振りである。こうした対象そのものが、光を映し出す鏡に変容されなければ、労働しているあいだ、注意力があらゆる光源へと向かうことはない」[8]。まさしく映写という労働にあっては、映写機から放たれる光そのものが、身体的・精神的労苦を通して、映写技師の魂を満たすものに変容されうる。[9]

『ニュー・シネマ・パラダイス』は、今日にいたるまでのトルナトーレの全作品のなかで異彩を放っている。それはなにより、映写という労働の過程で見てきた映画の巨人たちへの畏敬が漲っているからにほかならない。たとえば、本作品中でも挿入されるルキノ・ヴィスコンティ（Luchino Visconti, 1906–76）の『揺れる大地』（*La terra trema: episodio del mare*, 1948）やフェデリコ・フェリーニ（Federico Fellini, 1920–93）の『青春群像』（*I Vitelloni*, 1953）といったイタリア映画を代表する巨匠たちの若き日の瑞々しい作品に、トルナトーレは圧倒され、恐れ慄いたにちがいない。これらは、まさしくヴィスコンティやフェリーニにしか描きえない作品である。翻って自分にしか描きえないものは何かと問うたとき、それは、ヴィスコンティやフェリーニといったイタリアを代表する作家の作品群のみならず、チャップリンの喜劇であれ、シルヴィア・マンガーノのダンス映像であれ、自らの吐息のように自由自在にカットやモンタージュできるに留まらず、それらを見つめる観客がその画の連なりをどう受け止めるか、その反応を、あたかも街に漂う匂いのように、頬を撫でる風のように熟知しており、それらを映像表現に移すことができるということではなかったか。ヴェイユは述べる。「肉体労働は芸術ではないし、学問でもない。だが肉体労働は、芸術や学問の価値に匹敵する絶対的な価値をもつ、芸術や学問とは別の何かである。というのも、肉体労働もまた、注意力の非人格的な形態に接近するために、芸術や学問と同等の可能性をもたらすからである」[10]。ジュジェッペ・トルナトーレ監督は、映写という労働を通してこの「注意力の非人格的な形態」を獲得した監督にほかならない。

1　見つめられる眼差し

映画はそれを観る人がいてはじめて誕生する。『教授と呼ばれた男』において、クートロをモデルとする主人公が刑務所内という世界を見つめる目は、独房の鍵穴からの眼差しである。『マレーナ』(*Malena*, 2000) で戦地に赴いた夫を待つ主人公マレーナを見つめる目もまた、物陰からの少年の眼差しである。あるいはまた、『題名のない子守唄』(*La Sconosciuta*, 2006) で主人公イレーナを商品として見定める人身売買の元締めの目もまた、鍵穴からの視線である。だが、『ニュー・シネマ・パラダイス』で映写室の小窓からスクリーンを見つめる映写技師アルフレードの眼差しは、同時にトルナトーレ監督の眼差しであり、映画内の観客たちの眼差しでもあり、またそれはこの映画を観るわたしたちひとりひとりの眼差しでもある。そこに、総合芸術たる映画の壮大な愛の伝播のかたちがある。ヴェイユはこう述べている。「芸術家の着想の結果生まれる作品は、それをじっと見つめる人々の着想の源泉となる。芸術作品を通して芸術家のうちにある愛は、人々の魂のうちに類似の愛を生み出す。こうしてあまねく宇宙に揺るぎない愛(エロース)が働く[11]」。

また、ヴェイユは次のようにも述べている。「――〔「ヨハネ福音書」冒頭の〕〈ロゴス〉を〈言葉〉と訳したことそれ自体が、すでに何かが失われたことを示しています。なぜなら、ロゴスとはなによりもまず関係を意味しており、プラトンやピュタゴラス派におけるアリトゥモスすなわち数という言葉の類義語だからです。――関係、すなわち均衡です。――均衡、すなわち調和です。――調和、すなわち媒介です。――わたしならこう訳すでしょう。「はじめに〈媒介〉があった」、と[12]」。『ニュー・シネマ・パラダイス』の舞台である教会兼映画館であるこの建物は、人と映画との関係が構築される場所である。すなわち、映画に応答し、映画に恋する、あるいは映画を批判する関係が映画を観る者の内側から創造されるありようが、カット・バックやオーバーラップを駆使することによって描き出されている。それは観客がスクリーンを見つめ、スクリーンと一体化するのみならず、スクリーンが観客を見つめ、観客と一体化する姿でもある。映画は観客の日常に浸透し、その日常と輪舞している。

図1

そのとき、映写室の技師アルフレードは、空気中に舞う塵をも映し出してしまう透明な光そのものとなっている。そして映画とは、スクリーンに映し出された光の粒子であり、その実体は不在である。それゆえ映画は同時に、スクリーンを媒介にした、不在の神の愛に対するわたしたちの愛の応答でもある[13]。

ヴェイユによれば、「人間の約束は、その約束を人間にじっと見つめさせる強い動機と結び合わされなければ、効力をもたない[14]」。『ニュー・シネマ・パラダイス』では、教会という場所にあってキリスト像やマリア像が壊れたおもちゃのように戯画的に描かれている。それは、少年トトの目にはキリスト像やマリア像の存在が希薄に映るということである。それらには、ランプの光に透かしたフィルムの切れ端からセリフを紡ぎ、物語を構築してゆくような、自らの想像力を駆使して世界との関係を構築してゆく強い動機が不在である［図-Ⅰ］。さらに、幼いトトがこれほど映画にのめり込むのは、父の不在、母の焦燥、家計の逼迫と無関係ではない。映画があるからこそトトは、見たくないもの、ないものにしたいことから目を背けず、現実を直視しうる。

ヴェイユはさらにこうも述べている。「秘跡は、象徴と儀式として、純粋に人間的な価値をもっています。この局面において秘跡は、ある政党の歌、身振り、命令の言葉と本質的に異なりません」[15]。集団の統制のために象徴と儀式は不可欠である。だが、およそ集団があるところどこにでも起こる「群れる」という現象は、教会とてその例外ではない。だが映画だけは、それを受け取る人それぞれの価値観によって千差万別であり、そうであるのと同時に、文盲の人も、貧困に喘ぐ人も、等しく映画から何かを受け取り、何かを育んでゆく。

教区映画館である〝シネマ・パラダイス〟では、上映される映画のキス・シーンはすべて神父によってあらかじめ削除されている。そしてキス・シーンを切り取るべく身構える神父、映写室からスクリーンを見つめるアルフレード、カーテンの陰に隠れて密かに爛々と目を輝かせてスクリーンを見つめる主人公トト、三人の眼差しが収斂される一点こそが、スクリーンに投影される動く絵である。そこに映し出される、ジャン・ルノワール（Jean Renoir, 1894-1979）の『どん底』（*Les bas-fonds*, 1936）からトルナトーレがセレクトしたシーンは、借金で瓦解する寸前であるのに孤高に立つ姿であったり、愛が不在であるのに男にすがる姿であったり、あるいはまた、艱難辛苦を乗り越えて結ばれるかもしれない一瞬であったりする。それらはすべて、出会いと別れの善へと向けられている。

ヴェイユはこう述べている。「友情にはふたつのかたちがある。それは、出会いと別れである。このふたつは切り離せない。これらふたつは同一の善であり、唯一の善である友情をうちに有している。というのも、友人ではないふたりが傍にいても、出会いはないからである。友人でないふたりが離れていても、別れはない。出会いと別れは、同一の善をうちに有しており、ひとしく善きものである[16]」。

2　純粋さとは何か

本作品のクライマックスである、映画館に入れなかった観客のためにアルフレードが映写機を一八〇度回転させ、広場で映画を映し出すシーンは、もっとも美しい場面であるのと同時に、天から地への落下の瞬間でもある。悲劇は歓喜の絶頂に突如訪れる。光によって発火したフィルムは教会兼映画館を全焼させるのみならず、アルフレードは映写技師に不可欠な視力を失ってしまう。映画という光が、人工物であるがゆえに、人間から光を奪い去ってしまうのである。

そもそも映画『ニュー・シネマ・パラダイス』はアルフレードの訃報から始められる。どうにも手の届かないもの、取り返しのつかないもの、二度とは戻らないものへの眼差しが、この物語の出発点である。そして一晩で主人公が思い出す幼少期、思春期の記憶のなかでも、たとえば、戦争が終わって八年経っても戻らない夫を待ち続ける母親に対して、幼いトトは「お父さんはもう戻らないよ」と、現実を見据えている。それが可能であるのは、現実とは別の、フィルムという物質を一コマ一コマ見つめることで自ら物語を構築する力をトトがもっているからにほかならない。「純粋さとは汚れを

図2

じっと見つめる注意力である」[17]とヴェイユは述べている。そして父の訃報を知る契機もまた映画館での上映映像からである。号泣する母親の傍でトトは、スカーレット・オハラとレット・バトラーのキス・シーンのポスターを見つめている［図2］。人が否応なく滞留せざるをえないときでも、映画は、その残像は、いつでも、どこでも、映画を愛する人の心のうちで流れている。そして、流れていなければ、滞留してしまえば、わたしたちの生は濁ってしまい、腐敗してしまうであろう。

　映画館に入れず広場に溢れ出る人々を映写室から眺めるアルフレードは、「群衆は考えない、何をするかわからない、スペンサー・トレーシーの科白だ」と傍にいるトトに述べる。この科白は、フリッツ・ラング（Fritz Lang, 1890–1976）の『激怒』（*Fury*, 1936）で、スペンサー・トレーシー扮する主人公が発する言葉である。主人公は濡れ衣で逮捕され、犯人が逮捕されたという噂が町中を駆け巡り、主人公は市民たちによって焼き殺されそうになる。「激怒」とは文字通り、集団と化した人々の思考停止したありようの極北であり、そうした群衆の暴力性に対する主人公の激情でもある。だが『ニュー・シネマ・パラダイス』では一転して、この科白から導き出されるアルフレードの行為は、「言葉ではなく、目で見るものを信じよ、アブラカダブラ」と、映写機を一八〇度回転させ、広場に面した建物に映画を映し出すという、華麗な瞬間を生み出す。主人公と同じ名をもつ喜劇王トト主演のマリオ・マットリ（Mario Mattoli, 1898–1980）『ヴィッジュの消防士たち』（*I Pompieri di Viggiu,* 1949）に大衆は歓喜し、美しい夜の帳に酔いしれる。ヴェイユはこう述べる。「アッシジの聖フランチェスコは、十字架にかけられたキリストの裸性と貧しさに釘付けになった考えをつねにもっていた。十字架の聖ヨハネは、精神の裸性以外の何もこの世界に望んでいなかった。だが、かれらが裸であるのを堪え忍んでいたならば、それは、かれらが葡萄酒に酔っていたからである[18]」。聖体拝領の秘跡にも、「創世記」でノアが帳のなかで裸になるのにも、葡萄酒の酔いが不可欠であった。そうであるならば、映画に酔う大衆の姿とは、まさしくヴェイユが述べる、美と詩を享受した姿にほかならない[19]。

だがこの華麗な瞬間こそが、まさしくアルフレードを焼き殺しかねない刹那なのである。あれほど注意していたフィルムへの引火がこの歓喜の瞬間にだけは看過されている。それはなにより、映画館の室内から屋外の広場へと映写機を反転させ、たったひとりの人、幼いトトに宇宙と一体化する映画を見せたかったからである。ここに、教授に裏切りとみなされ、殺されかねないのがわかっていながら、あえて傍に居続け、教授を見守る、『教授と呼ばれた男』のアルフレードと、『ニュー・シネマ・パラダイス』のアルフレードとが重なり合う。自己を忘れ去るほどに愛したい他者が存在しているーーそれがこのふたりのアルフレードの実存の核心である。そして主人公が魅惑的であり続けるのは、このふたりのアルフレードの存在あってこそである。だがそのことは主人公自身には知られていない。その知られていない最たるものが、映画のラストに凝縮されている。

『ニュー・シネマ・パラダイス』のラスト・シーン、映画史に残る様々な映画の名キス・シーンだけがつながれたフィルムの上映を大人になった主人公トトが見つめる場面は、なぜかくも美しいので

図 3-a

図 3-b

あろうか［図3-a、図3-b］。それは、神父の指示で切り取られたキス・シーンを欲しがる幼いトトとのアルフレードの約束、「これは全部お前にやる、だが俺が保管する」という約束だけがスクリーンに鮮やかに息づいているからである。ローマに帰って試写室で映写するこのシーンは、故郷シチリアで閉鎖され、廃墟となった映画館が爆破されたシーンの直後に続いている。映画館〝シネマ・パラダイス〟は、昼間は教会であり、夜は映画館となる教区映画館であった。教会のオルガンの位置に映写室があり、そこから演奏が流れるかのように、音だけではなく光が流れてくる。音と光は聖霊の役割を果たしており、祭壇の位置にスクリーンが設えられている。すなわち、聖体拝領で、パンと葡萄酒を人々が拝受する場所こそがスクリーンなのである。カトリックの聖体拝領において、パンのかけらがキリストの身体であり、葡萄酒がキリストの血であると文字通りに信じる者は誰ひとりいない。それらは、この世に不在の神との約束の象徴にほかならない。このラスト・シーンは、長じて映画監督となったトトのみならず、これまでこの映画を観てきた者それぞれを否応なく「じっと見つめさせる[20]」出会いと別れが凝縮されたシーンである。いみじくもこのラスト・シーンで映写技師として映写室に立つのは、トルナトーレ監督本人である。[21]「芸術作品を通して芸術家のうちにある愛は、人々の魂のうちに類似の愛を生み出す[22]」とヴェイユが述べるように、このシーンにはなによりトルナトーレの愛が息づいているからこそ、映画を観るわたしたちひとりひとりを途轍もなく魅了するのである。

さらに、このシーンを格別なものとしているのは、本作以降、トルナトーレ全作品の音楽を担当する、エンニオ・モリコーネ（Ennio Morricone, 1928–2020）の音楽との輪舞があるからである。この音楽は、アルフレードとトトが、死者と生者という無限の距離に隔てられているからこそふたりを結びつけ、ふたりを輪舞させる。また、この無限に隔てられた者同士の輪舞がモリコーネの音楽をかぎりなく悲痛で甘美なものにしている。ヴェイユは述べている。「キリストの叫びと〈父〉の沈黙とが交響し、至高の調和を奏でる。あらゆる音楽はその模倣にほかならず、わたしたちのうちで最高度に悲痛で甘美な調和による音楽であっても、この至高の調和にははるかに及ばない。全宇宙はその微小なかけらであるわたしたち自身の存在も含め、この至高の調和の振動にすぎない[23]」。

図4

3　時と場所

子どもと大人は人生において二度出会う。子どもは大人の優しさ、寛大さを本当に理解しているわけではない。ただ、無意識に身をゆだねられる人の息遣いや立ち居振る舞いに、漠然と何かを感じとるだけである［図4］。あたかも教会の鐘から響きわたる音の連鎖の記憶のように、長じてその身体感覚が息を吹き返す。それゆえにこそ、大人になって受け取った幼い頃の約束は、格別の響きをもっている。

『ニュー・シネマ・パラダイス』で、トトの思春期に生き別れとなる恋人エレナとの関係はそもそもきわめて歪(いびつ)なものである。夏休み中、野外映画館で一日中労働をしているトトとは対照的に、エレナはトランプをしたり、本を読んだりといった無為の時を過ごしている。労苦の後にエレナの手紙を読むトトの時間と、無為の時にトトを想うエレナの時間はその質を異にしている。物語の中盤、身分の違う兵士と王女が結ばれる最後の日に兵士が去ってしまうというお伽話をアルフレードはトトにする。トトにとってエレナとは、まさしくこのお伽話のように、永遠に手に入らない憧憬としてのみ輝く存在である。

トルナトーレの作品の主人公は、人生に打ち負かされた人物であるか、あるいは成功者であっても部分的には完全に敗北している。トトは映画監督としては大成功している。だが私生活では、思春期のエレナへの憧憬だけがあり、心許せる女性がひとりもいない。打ち負かされた人物や部分的な敗者がなぜかくも美しくわたしたちの心に響くのであろうか。それは、どうにも手の届かないもの、二度と取り戻せないもの、取り返しのつかないものを抱いて生きる姿には、有限な自らの存在を超えた無限への憧憬が内包されているからである。

たった一年の兵役のあいだに、故郷は見知らぬ街のようになり、恋人のエレナの行方はわからなくなってしまう。そして、見知らぬ映写技師がそれなりに映画館を回している。だが、映画館が面している広場は変わらず存在し、そこには強い太陽の日差しが降り注いでいる。トトのことを憶えているのは一匹の犬と浜辺の錨(いかり)だけである。このときトトは、限りあるものと限りないもの、有限と無限の交差点に立っていると言えよう。他方でアルフレードは、一年のトトの不在のあいだに、「話すのも黙っているのも同じことだ。黙っているほうがいい」と人と会わない生活を送っている。ここには盲目になったことによるアルフレードの社会的失墜という色合いが滲み出ているであろう。その自らの実存を振り切るように、アルフレードは故郷を出るようトトを促す。「もうお前には会わない、お前の噂を聴きたい」というアルフレードの言葉には、動かず、語らず、トトの息遣い、トトの肌触り、そしてトトの表現をどう他人が受け取ったのか、そのありようを聴くことで自らの生を胎動させてゆこうとする決意が漲(みなぎ)っている。離れているからこそつながる。なぜなら、アルフレードがすでにこの世に不在であるからこそ、かれの約束だけが鮮烈に息づいているキス・シーンの凝縮されたラストのように、音楽、そして詩が流れ出すためには、距離の自覚が不可欠だからである。そしてまたわたしたちの日々の生業の労苦に見て取れるように、アルフレードの科白どおり、「人生はお前が見た映画とは違う、人生はもっと困難なもの」だからである。アルフレードはトトとの別れ際にこう述べる。「帰ってくるな。わたしたちのことを忘れろ。［…］自分のすることを愛せ。幼い頃映写室を愛したように」。この言葉はあたかも、シリウス星の遠さについて語り合った少年と別れ、その別れに友人たちの別れをオーバーラップさせてゆく、フェリーニ『青春群像』ラスト・シーンへのオマージュのように、駅から列車が離れ、故郷の人々と離れてゆくシーンに重ねられている［図5］。

図５

ところで、本作中にも挿入されるピエトロ・ジェルミ（Pietro Germi, 1914-74）の『無法者の掟』（*In nome della legge*, 1948）では、殺人や掠奪が横行するシチリアの街で、「ボンジョールノ」、「ブォナ・セーラ」と挨拶をして堂々と暗闇のカフェに入ってゆく人々のありようが描かれている。それは同時に、殺人や掠奪を恐れぬ、意志を奮い立たせる姿でもある。そして、『ニュー・シネマ・パラダイス』では、この「ボンジョールノ」、「ブォナ・セーラ」が、映画の上映中に映画館に入る挨拶として使われている。一見したところ奇妙に思えるこれらの挨拶は、映画館の暗闇への信頼の証しでもある。実際、作品のなかでは、一瞬、マフィアのボスが鑑賞中に射殺され、その席に花が添えられているショットが挿入されている。だが少なくともマフィアのボスは、映画に夢中になっているあいだは殺害の恐怖を感じていなかったにちがいない。そして本作中に『無法者の掟』から挿入されるのは、「メッサーナ、法の名によって逮捕する」と若い裁判官が殺人者を逮捕するラスト・シーンである。それは、実のところ、マフィアのボスが裏社会の掟に則って犯人を主人公に差し出したのであり、裁判官にもマフィアにも秩序と規律がある。ここで揶揄されているのは、日和見主義で、自己中心的で、浮き草のように無秩序に強い者に巻かれてゆく大衆の姿である。とはいえ、マフィアのボスの華麗さの背景には、マフィアが集団である以上、「群れ」の陥穽が見え隠れしている。

だが、〝シネマ・パラダイス〟や再生した〝ニュー・シネマ・パラダイス〟で映画を観る人々の姿、あるいは映画を見終わって広場へと出てくる人々の姿には、あらゆる階級、あらゆる差別や偏見を超えて、まさしく万人に等しく降り注ぐシチリアの強い日差しと同様に、万人が映画から何かを触発され、己れの何かが動いてゆくありようが描かれている。人々が映画を観ることは、裁判官とマフィアの闘いや和解でもなければ、大衆の怠惰や黙殺でもない。あるいはまた、群れとなることによる思考停止でもない。それは、明くる日もそれぞれの日常を息づかせる覚醒であり、無限への憧憬の直中にあるということである。

『ニュー・シネマ・パラダイス』のみならず、シチリアを舞台にした映画では、広場がつねに煌々と描かれている。それはあたかもシチリアの強い太陽の光を浴びて植物の葉緑素がエネルギーを出すかのごとくである。光の降り注ぐ広場での交流や交易と、暗闇の映画館で想像力が研ぎ澄まされたなかでの愛撫や授乳といった自分の家にいるような営みとの対照は、車の両輪のようにわたしたちの生を活き活きと運搬してゆく。

＊

何を見ても、何を聴いても、何に触れても、すべてがひとつの大切な事柄に結びつく。それはわたしたちの記憶のメカニズムの豊穣さである。現在の部屋の風鈴の音は、幼少時代の教会の鐘楼の鐘に、そこからキャメラがパンして映し出す教会の小部屋でおこなわれる聖体拝領の振鈴の音へと連鎖してゆく。あるいは、教室で同級生のボッチャが先生に叱られ、頭を叩かれるその音は、そのまま映写室でアルフレードがフィルムの缶を叩く音へと連鎖してゆく。あるいはまた、広場に鳴り響くアルフレードの怒声は、そのまま見知らぬ人が宝くじに当たった歓声にかき消されてゆく。そして、シチリアの強い陽光を受け止める広場はまた、人々が出会い、触れ合い、そして別れてゆく場所でもある。ヴェイユはこう述べている。「わたしたちを取り巻く人は、ただそこにいるというだけで、わたしたちの身体がかすかに示す身振りのひとつひとつを止め、抑え、変える、その人だけの権能をもつ。通りで人とすれ違うとき、ポスターの横を通り過ぎるのとは異なる仕方で歩く。来客があるとき、部屋でひとりでいるのとは異なる仕方で、立ったり、歩いたり、座ったりする」[24]。人々の交流や交易は、時代の移り変わりによって廃墟となり、やがて灰塵と化す映画館〝ニュー・シネマ・パラダイス〟同様、やがて無へと帰する。だが、その残像だけは永遠に人々の心に息づいている。そして映画とはなにより、残像の芸術であったことを思い出そう。

この世にはじめて誕生した映画は、一日の労働を終えて工場から出てくる人々を撮ったリュミエール兄弟（frères Lumière）の『工場の出口』（*La Sortie de l'usine Lumière à Lyon*, 1895）である。人々が工場から出てくる同じこの瞬間にヴェイユが見たものは、「夕方、工場の出口で、物腰や眼差しや唇に刻み込まれた皺を際立たせている、深刻で根源的な疲労、身体における以上の魂の疲労」[25]であった。暗い映写室にはリールが回る規則的な音が鳴り響いている。リールを回転させる映写機は、まさしくフィルムという直線運動を円環運動へと変えてゆく魔法の機械である。その円環運動が生み出す光は、映画館から出てくる人々の朗らかな表情となって産出される。ヴェイユはこう述べている。「赤ん坊が母親の微笑や声の抑揚のうちに自分に向けられた愛の徴を見出すように、わたしたちは感性にあらわれる美を通して世界の魂を知覚する」[26]。映画館から出てくる人々の表情は、かれらのうちに愛が宿っている徴であり、そしてまた、内側から溢れ出る美の感情は、世界の魂に触れた証しでもある。

ところで、トルナトーレがひとつの映画館の映写技師となった十六歳という年齢は、ヴェイユがはじめての論考「『グリム童話』における六羽の白鳥の物語」を著したのと同じ歳である。ヴェイユはこう述べている。「行為するのが難しいのではけっしてない。わたしたちはつねに行為しすぎている。しかもたえず無秩序な行為に拡散している。アネモネで六枚のシャツを縫い、沈黙していること、ここにこそわたしたちが権能を手にするたったひとつの手段がある」[27]。トルナトーレは、同世代の子どもたちが学校社会で守られ、知性を育んでいる時期に、ひとり孤独に狭い映写室でリールを回し続ける生活を送っている。動かず、笑わず、「じっと堪え忍ぶ」その姿は、あたかも自らが回す映写機が放ち、スクリーンから反射された光によって成長してゆく植物のようである。そのスクリーンからの光はまた、人々の息遣い、表情、眼差しを敏感に感じ取り、それらを表現してゆくトルナトーレの並々ならぬ感性と粘り強さをも熟成していったであろう。

『ニュー・シネマ・パラダイス』のプロデューサー、フランコ・クリスタルディ（Franco Cristaldi, 1924–92）は、カンヌ国際映画祭審査員特別賞受賞時にこう述べている。「わたしは百本近い映画を創ってきたが、今回カンヌに出品した映画を第一作のように感じている。イタリア映画や世界の映画全般の危機が語られている。それは、産業の一極集中や配給やテレビなどに関する重大な問題のことである。そうした映画における闘いでわたしたちが勝てることがあるとすれば、それはトルナトーレ氏の述べる映画作りにかける愛情である。ある金曜の夜、わたしはかれの脚本を読んだ。月曜の朝、面識のなかったかれに電話をかけて言った。「わたしがこの映画を実現させよう」、と[28]。ここで語られているトルナトーレの愛情とは、幼いトトが自分の大切にしているフィルムの切れ端と両親の写真を一緒にしまうことで父親の帰還を念ずるような、祈りに近いものであろう。トルナトーレのどの作品も、かれのいずれの作品とも似ていない。デビュー作『教授と呼ばれた男』から最新作『ある天文学者の恋文』（*The Correspondence*, 2016）まで、すべて第一作目のように感じられる。それはまさしく、『ニュー・シネマ・パラダイス』でトルナトーレが直截に表現したように、過去の映画への畏敬から発するものである。別の言い方をするならば、どの映画も過去の映画の何かを敷衍しているということである。それはあたかもヴェイユが、ギリシア神話やプラトンの著作を自由自在に敷衍して自らの思想を形成してゆき、そうして創造された思想を自分のうちに宿った「預かりもの」と称する姿勢と通じ合うであろう。

わたしたちを取り巻く世界は、不条理や不合理で溢れている。理不尽な差別や偏見はいたるところに、つねに跋扈している。そうした現実の表面的な世界よりも、心の内面の詩的な世界のほうがはるかに豊かであり、はるかにリアリティがある。芸術が、映画が拠って立つのは、ヴェイユが述べる「生活の実体そのものが詩であること」においてである。なぜなら、「美は語らない。美は何も言わない。だが、美には呼びかける声がある。美は呼びかける。そして声なき正義と真理をあらわし出す[29]」からである。このダイナミズムに心打たれるとき、またひとつ新たな物語が創られ、愛され、育まれるであろう。

終章　シモーヌ・ヴェイユとマヤ・デレン

マヤ・デレン（Maya Deren, 本名：Eleanora Derenkowsky）は、一九一七年にウクライナのキエフに生まれ、一九六一年にニューヨークで亡くなったユダヤ人女性の映像作家である。父はトロツキーのもとで働いていた精神科医であった。一九二二年、五歳のときに両親とともにニューヨークに亡命し、高校時代はスイスで過ごす。ふたたびニューヨークのシラキュース大学でジャーナリズムを専攻するいっぽうで、社会主義運動に傾倒してゆく。ニューヨーク大学で英文学の修士号を取得する。精神科医の家庭に生まれたこと、異郷の地で育ったことは、マヤ・デレンの生とその作品に大きな影響を与えている。

マヤ・デレンの奔放な恋愛、舞踏への強い関心、ブードゥー教への傾倒、映像による詩の結晶化は、シモーヌ・ヴェイユと乖離しつつ、円環が閉じてゆくような親近性を見せている。「なにより詩人になりたかった」と語るヴェイユの残した数篇の詩篇は、作品というレヴェルには達していない。むしろ、書き残した膨大なノートから他者の手を経て没後に編まれたアンソロジー『重力と恩寵』にこそヴェイユの「詩」は結実している。それに対してマヤ・デレンは、完璧な「詩」として『午後の網目』（*The Meshes of Afternoon*, 1943）をはじめとした六篇の映像作品を生み出し、文化人類学的なフィールドワークにより、大著『聖なる騎士たち——ハイチの生きた神々』（*Divine Horsemen: The Living Gods of Haiti*, 1953）を上梓している。ここに、マヤとヴェイユとの「作品」を創り出すという意志の差異を見ることができるだろう。それにもかかわらず、わたしたちは彼女たちの作品や生を彩るドラマツルギーに魅了されずにはいられない。

「ミシンとコウモリ傘との解剖台の上での出会いのように美しい」とロートレアモン（Le Comte de Lautréamont, 1846-70）が『マルドロールの歌』（*Les Chants de Maldoror*, 1874）で詠ったように、互いにまったく相容れない言葉を自然に結合させることで、この世を超えた世界を垣間見させるデベイズマンが、詩の大きな役割のひとつであろう。そしてヴェイユが「詩人になりたかった」のはなにより、「あくまでもポエジイは人間の現実の表現でなければならない。人間の宿命的な絶望から起った哀愁と人間への同情でなければならない[1]」と西脇順三郎（一八九四—一九八二）が的確に指摘するように、詩においてこそ「見えなくされた」人の痛みや悲しみが、あたかも自らの思い出のような美的感情において、「やわらかい心」で受け止められるからである。だがヴェイユの詩篇には、まさしくこの美的・劇的想像力を読者の心に保つ緊張が欠けている。それは、ヴェイユが自らの主軸を哲学に置いていることとも深くかかわるであろう。「純粋精神」には、性差、身分、国籍、等々、あらゆる属性が存在しない。それゆえ、哲学は具体的な現場に舞い降りたときにこそ起爆剤になる。だが詩は、そこにあるだけで起爆装置であらねばならない。一瞬にして心の底から震わされ、突き動かされなければならない。そしてマヤ・デレンの映像作品は、まさしくこの一点に立っている。マヤはこう述べている。「わたしは言葉よりも映像で考える。だから、詩は苦手だった。頭のなかで映像を言葉に置き換えて書いていた。カメラを手にして、ホッとした。やっと言いたいことを「翻訳」なしで表現できる」[2]。

音への鋭敏な感覚に恵まれたマヤ・デレンは、音を身体表現として受容する気質を有している。マヤはこう語る。「映画を創れない時代だったらダンサーか歌手になっていた。映画はダンスに似ているけれども、もっと素敵。映画では、世界を踊らせることができる」[3]。エキゾティックな面立ちや洗練されたスタイルにつねに意識的であり、前衛的なファッションを着こなすマヤの創造作用は、「女性」という属性と切り離して考えることはできない。マヤは自らの作品についてこう述べている。「映画に対してわたしにには独特の考えがある。わたしが創るのは「女性の映画」。特徴的なのは、女性特有の映画の流れ。男性の強みは、即時的なところ。かれらは「いま」を生きる。女性の強みは待てること。出産まで九ヶ月（ママ）も待つ。いつも変化の過程にいる。すべてを「何かになりつつあるもの」として見る。成長した姿を思い描きながら子どもを育てる。女性の感覚では、あらゆるものが変化の過程にある。この時間感覚は重要。わたしが映画のなかで強調したいのは、あるものがつねに「別の何ものか」に変わっていくイメージ。映画で大切なのは「瞬間」ではなく「過程」。この女性特有の時間感覚が、わたしの作品の特徴」[4]。「女性」という本質主義的な思考は哲学にとってはしばしば危険なものになりうる。だが、マヤが女性の核に見る「待つこと」を、ヴェイユはすでに十六歳のときに「『グリム童話』における六羽の白鳥の物語」で描いている。白鳥にされた六人の兄たちを救うのは、アネモネのシャツそのものではなく、黙して語らず、シャツを縫うことに妹が専念することのうちにある。「行為するのが難しいのではけっしてない。わたしたちはつねに行為しすぎている。しかもたえず無秩序な行為に拡散している。アネモネで六枚のシャツを縫い、沈黙していること、ここにこそわたしたちが権能を手にするたったひとつの手段がある」[5]。このことをまさしく映像という「詩」に結実させたのが、マヤ・デレンであった。マヤは、自らの様々な属性、自らの欲望に忠実であるからこそ、逆説的にも「無私」の境域に没入しうる。一九四七年から五五年にかけて四度、計二十一ヶ月間のハイチ滞在において、彼女はハイチ人と同じ目線で、ともに語り、ともに笑い、ともにダンスし、そうであるからこそハイチの人々はマヤに心を開いている。このことなくして『聖なる騎士たち』の誕生はありえない。マヤはこう語っている。「かれらの「愛の女神」は魅力的で複雑な存在。生きる上では不必要で贅沢な女神でもある。生殖を意味しないセックスや愛を司る「愛の女神」は、芸術の女神でもある。「人間らしく」生きるための女神だ。原始的に見えるハイチの文化に触れ、崇高な言葉で語られて、はじめて理解した。女性の役割とされているものの本質は、必要性を超えた「人間らしさ」だということを。だから、優れた女性芸術家はもっといるべきだ。残念なことに、女性の映画作家はまだ本当に少ない」[6]。ここで、ハイチの人々、女性、芸術のあいだに一本の線が引かれている。この地平はなによりヴェイユが希求していたものであった。彼女はペラン神父に宛てた手紙でこう語っている。「人間のあいだで、異なる人間の環境のあいだで過ごすことを、わたしは本質的に必要としており、それを召命といってよいと思っております。それは、その人たちに紛れ、同じ色彩を纏(まと)い、少なくとも意識がそれに反しないかぎり、その人たちのあいだで消え去ることによってです。それは、あるがままで、わたしに対して装わないで、その人たちが自らの姿を見せることができるためです。その人たちをあるがままに愛するために、その人たちを認識したいとわたしは願っているのです。というのも、その人たちをあるがままに愛さないのであれば、わたしが愛しているのはその人たちではなく、わたしの愛は真実のものではなくなります」[7]。だが、ヴェイユはこのことを認識しえても、その身体をもって実践しえてはいない。マヤは、ハイチのブードゥー教に「舞踊する身体」をもって深く入ってゆくことで他者との境界を自然に取り払うことができ、ヴェイユの希求するこの境地にたどり着いている。マヤは自らの作品についてこう語っている。「わたしは欲張りではない。あなたの人生を支配したくはない。ただ詩だけが真実を語りうる。そんな貴重な瞬間に、ふとあなたが思い出すイメージ。それがわたしの映画であってほしい」[8]。

1　水と夢

マヤ・デレンの代表作『午後の網目』は、夢の世界を描いたものである。夢には音がない。自分自身が夢に登場しているありようを自分が見ている。その二重、三重構造を、同じ視線、同じ動作、同じ空間配置を反復することで、微妙なずれをあらわしてゆく。そしてまさしくエドガー・アラン・ポー（Edgar Allan Poe, 1809–49）が『黒猫』（*The Black Cat*, 1843）で描き出したように、人には自己顕示欲のみならず、自己滅却欲があることを、『午後の網目』は無音の世界、その有限と無限との境界を見せることで開示してゆく。海と鏡が相反しながら重なり合う。シモーヌ・ヴェイユの思想に欠如しているのは、まさしくこの無意識の世界が醸し出すイメージの豊穣さへの視点である。そしてまた、神話や民話は個々人の無意識が織りなす集合的無意識によって成り立っている。それゆえ、「『グリム童話』における六羽の白鳥の物語」の冒頭で、「プラトンの思想は、神話によって開示されるものがもっとも美しい[9]」と述べながらも、そして民話や神話に傾倒し、そこから「歴史の古層」を探ろうとしながらも、翻ってヴェイユ自身は、神話的・民話的世界を構築しえなかったのであろう。

マヤは自作『陸地にて』(*At Land*, 1944)についてこう述べている。「神話を語ろうと思った。民話のように、神話の原型を描きたかった。人物も、人間の原型として描いた[10]」。浜辺に打ち上げられた流木をよじ登ろうとするとき、その感触を通して同時に森の樹木によじ登ろうとしている意識を、映像は描き出す。それはまた同時に、食後の席の細く長いテーブルによじ登り、人々の雑談のさなかを這い上がり、その雑談に加わらないテーブルの奥の異性に行き着こうとする自らの意識でもある。だが、たどり着こうとする間際にその人はすっと立ち去り、残されたチェスのコマだけが蠢(うごめ)いている。それは同時に、森を抜け、野道を歩くふたりの男女の意識のズレであるかもしれない。老いと死の気配。家のなかの何枚もの扉を開けるその感触は同時に、木々をより分ける感触でもあり、また、岩肌を滑り落ちる感触でもある。小石を拾いつつ浜辺を歩く。画面は、浜辺で談笑しつつチェスをするふたりの女性のショットへとひらかれる。共感、同情、親しみといった表向きの温かい感情から、突如逃げ出した意識が浜辺を走り去ってゆく。その意識を別の様々な意識がそれぞれに見つめている。「解剖台の上のミシンとコウモリ傘」といった言葉ではなく、互いに相容れないショットの繋ぎによって、意識が意識を次々に裏切ってゆく夢の世界はまた、原初の集合的無意識の世界でもある。

『午後の網目』、『陸地にて』両作とも、有限から無限への転調は海の画によって果たされる。ヴェイユはこう述べている。「水はその〔必然性の〕至高のイメージとなる。なぜなら、水は目に見え、触れられるが、色も形もないからである。この観点からすると、物質（matière）、母（mère）、海（mer）、マリア（Marie）という言葉が酷似していて、ほぼ同一でさえあることに着目せずにはいられなくなってくる[11]」。海はまた、有限における無限の象徴でもある。

2　舞踏と儀式

前二作に続く『カメラのための振付けの研究』（*A Study in Choreography for Camera*, 1945）と『変形された時間での儀礼』（*Ritual in Transfigured Time*, 1946）はいずれも、舞踏とキャメラとの輪舞、スローモーションやストップモーションといった映画特有の技法を駆使して、「見えない世界」の繊細な襞を映し出している。『カメラのための振付けの研究』について、マヤはこう語っている。「ダンサーの振付けは難しくない。問題は、ほかのものの演出をどうするかということ。空間そのもの、木々、動くものや、止まったもの。ダンスの振付けから映画の演出へと、少しだけ旅立つことを試みた。それが『カメラのための振付けの研究』。〔…〕踊っているのはひとりでも、カメラがパートナーのように、ダンサーを導いたり、促したりする。いわば相手役ね。ひとりではできないような動きや展開を可能にする[12]」。カメラ・ワークと編集技術によって、ダンサーの身体は、木々や海や空のなかの「異物」ではなく、それらと溶け合う存在となる。それはあたかも屋外から部屋のなかへ吹き込む風のようである。アルチュール・ランボー（Arthur Rimbaud, 1854-91）が『地獄の季節』（*Une saison en enfer*, 1873）で、「また見つかった、／何が、永遠が、／海と溶け合う太陽が」と詠った世界が、音のない空間で、言葉においてではなく、身体において奏でられている。

『変形された時間での儀礼』は、モノと人間との違いは何かと問いかける。人がそこにいるのにいないという感覚、出会っているのに出会えていないという感覚は、一対一で向き合った相手にも、あるいはパーティー会場で一瞬触れ合う相手にも感じるものである。「人がそこにいる」という定義し難い感覚について、ヴェイユはこう述べている。「わたしたちを取り巻く人は、ただそこにいるというだけで、わたしたちの身体がかすかに示す身振りのひとつひとつを止め、抑え、変える、その人だけの権能をもつ。通りで人とすれ違うとき、ポスターの横を通り過ぎるのとは異なる仕方で歩く。来客があるとき、部屋でひとりでいるのとは異なる仕方で、立ったり、歩いたり、座ったりする(13)」。恐ろしいのは、自分の存在がこの作用を他者にもたらさない場合である。さらに、ヴェイユは出会いと別れについて、こう述べている。「友情にはふたつのかたちがある。それは、出会いと別れである。このふたつは切り離せない。これらふたつは同一の、唯一の善である友情をうちに有している。というのも、友人ではないふたりが傍にいても、出会いはないからである。友人でないふたりが離れていても、別れはない。出会いと別れは、同一の善をうちに有しており、ひとしく善きものである(14)」。別れは辛いものであっても、出会いと同じように善である。わたしたちを恐怖に陥れるのは、「出会いも別れもない」世界である。映画は突如、屋外での舞踏の場面に切り替わる。パーティー会場の人々は次々にダンサーの相手役となり、自分はその空間から締め出されたような感覚に囚われる。すると突然、石像がダンサーになる。モノが人間のような身体をもって迫ってくる不気味さは、パーティー会場ではっきりとは摑めなかった自らの恐怖を意識に顕在化させる。その意識は水のなかをもがきつつ逃れようとするも、自らの正体が摑めぬもののように水中を下降してゆく。マヤはこう述べている。「映画のカメラにはモーターがある。映画は時間の芸術。たとえば、望遠鏡では、肉眼では見えないものの構造まではっきり見える。同じくスローモーションでは、動きの構造がわかる。速い動きでは一連の流れに見えても、スローモーションでは、震えや痛み、迷いや反復が見える」[15]。笑顔のなかの痛み、笑顔のなかの苦しみを『変形された時間での儀礼』は、観る者の意識にはっきりと映し出す。

3　宇宙と詩

先述のように、マヤはハイチの風土と人々に溶け込み、大著『聖なる騎士たち』を著しながらも、映像作品には結実させていない。代わって誕生した作品は、太極拳をモチーフにした『暴力についての瞑想』（*Meditation on Violence*, 1948）である。自然に憑依されるという超越がブードゥーであるならば、自然を切りひらくという超越が太極である。本作品では、マヤ・デレンの作品ではじめて音楽が奏でられている。笛の音に合わせたダンサーの動きは徐々に激しさを増し、笛と太鼓が協奏しつつ、ついには太鼓にとって代わられる。ダンサーの動きの激しさは室内に留まらず、ついに屋外に飛び出す。それはあたかも空との輪舞への飛翔のようである。マヤはこう語る。「変化し続けるものには始まりも終わりもない。この作品の中国人ダンサーの動きは、『易経』に基づく太極拳という武術である。［…］「無限」を表現できる形式は何か、と悩んだ。太極拳は陰陽を基礎とし、これを呼吸法に応用している。だから、「内なる武術」なのだ。身体の内部が動きを司る。身体の動きを「瞑想」として表現することにした。つまり、思考をめぐる終わりなき時間」[16]。さらにこう続ける。「ここで作りたかったのは、頂点での停滞。本当に作り出すことができた。動きはどんどん激しくなる。そして頂点で反転。そこから逆に、沈黙と静止。ちょうどここ。ここからフィルムは逆回しでいちばんはじめまで戻る。この一連の動きは驚異的だ。逆回しで見ても動きのバランスが崩れない。この武術は、中国で五世紀かけて確立された」[17]。スローモーションの映像は天を切り裂くように頂点で静止し、そこから転調するダンサーの動きは、逆回しという編集技法によって時間を遡り、屋外の身体はふたたび部屋のなかに戻る。だが音楽は絶え間なく流れ、太鼓から笛へとふたたび移り行き、ダンサーの動きとともに停止する。ここで観る者は、「時間・空間の外」を全身に感じる。ヴェイユは「停止の瞬間」についてこう述べている。「美に参与し、頽落(たいらく)することなく成し遂げられる一連の動作にはすべて、閃光のように短い停止の瞬間が孕(はら)まれている。この停止の瞬間がリズムの内奥を形作っており、極度の速さそのものを通して観る者に遅さの印象を与える。[…]その反対に、機械を操る未熟練労働者の光景は、ほぼつねに、惨めに急(せ)かされている光景であり、そこにはいっさいの恩寵や尊厳が不在である。「創世記」における神のように、人間が何かをなし、それを意識するには、たとえ閃光の空間であっても、立ち止まるのが自然であり、ふさわしい」[18]。この「停止の瞬間」があるとき、わたしたちの日常は「詩」に包まれる。その瞬間を、『暴力についての瞑想』は、観る者を圧倒する激しい動きのなかで開示してみせる。

　マヤの最後の作品となった『夜の深み』（*The Very Eye of Night*, 1958）は、彼女のすべての仕事の極北でもある。映画冒頭には太極図が置かれ、徐々に陽の白は陰の黒となってゆく。鉄琴の軽やかな音楽とともに、ダンサーたちは星空を舞う。陰画で撮られた白いダンサーたちは、微かに男女の区別はつくものの、その個人性は捨象されている。「舞踏する身体」だけが小さな星々の瞬く夜空に舞っている。時間、空間、重力がない世界の舞である。宮沢賢治（一八九六―一九三三）が『春と修羅』（一九二二）で、「すべてこれらの命題は／心象や時間それ自身の性質として／第四次延長のなかで主張されます」と詠う世界が、言葉ではなく、星座となって舞う身体としてあらわされている。本作品では、テイジ・イトーによる音楽が奏でられている。音楽は時間軸にしたがって流れている。だが、鉄琴と笛、和太鼓と木管楽器といった東西の楽器たちが次第に手を取り合い、そして離れてふたたびひとりになってゆくかのような協奏は、音でありながら「沈黙の音楽」を形作っている。マヤはこう述べている。「自然史博物館で見た映像を思い出したの。天体の動きについての映画。天文学のための真面目な科学映画。月や木星や様々な星たちが、深い闇を背景に回っていた。抽象的で美しいバレエを見るようだった。重力で結ばれた星たちの美しさは、人工的につながれたものではない。月の位置が変わるのにも自然な理由がある。それゆえ全体のバランスが保たれる。すべての星のつながりは、いつでも完璧」[19]。心身が宇宙の必然性と一致するありよう、その美、その自由について、ヴェイユはこう語っている。「宇宙全体は、従順がぎっしりと詰まった塊にほかならない。この塊には光り輝く点がちりばめられている。この点のひとつひとつは、神を愛し、神に従順であることに同意する理性的被造物の魂の超自然的な部分である。残りの部分は、密度の高い塊のなかに取り込まれている。理性を授けられてはいるが神を愛さない存在者は、緊密で薄暗い塊の断片にすぎない。それらもまた全体として従順であるにはあるが、落下する石のように従順であるにすぎない。［…］すべては神に従順であり、したがってすべては完璧に美しい。これを知ること、これを現実のものとして知ること、それは、天にいます〈父〉が完璧であるのと同様に完璧である、ということである[20]」。属性のない「真空」となったダンサーたちは、歓びによって宙を舞い、星々と輪舞するのではなく、自らが星々となって輪舞している。

＊

シモーヌ・ヴェイユは、「フランスの子どもに配給されている以上の食料は摂らない」として餓死している。マヤ・デレンは、怒りから脳溢血を起こし、その日のうちに亡くなっている。この世の去り方にしても、ヴェイユとマヤは対照的である。

ふたりの生とその作品がわたしたちに示すのは、彼女たちが、確かに「いま、ここ」という現在の一点にあったということである。ヴェイユは、それまで誰も開示したことがない繊細で脆い「心の世界」を詩的に描き出している。マヤは、それまで誰も表現しえなかった「映画という詩」を誕生させている。その凄まじいエネルギーは、生命維持とは相反するものであったかもしれない。そしてそのエネルギーとは、極限の痛みや苦しみを至高の歓びにまで昇華させようとする情念に貫かれたものであったにちがいない。

いずれにせよ、それが何であれ、人間がなすことにおいて、世界の美への配慮がないことはけっしてない。世界の美は、多少とも均整が崩れていたりあるいは穢れていたりするイメージにおいて気づかれるものである。したがって、人間の生には自然性に委ねられている領野はない。超自然性はいたるところに隠れている。恩寵と死に至る罪は無数の多様な形態をとっていたるところにある。[21]

付論Ⅰ　インタヴュー

詩と哲学を結ぶために

辻井喬

今村純子（ききて）

ここに掲載するのは、わたしが二〇一〇年九月六日に、詩人で実業家の辻井喬氏（堤清二氏、一九二七―二〇一三）におこなったインタヴューである。『現代詩手帖特集版　シモーヌ・ヴェイユ』（思潮社、二〇一一年）に掲載されたものを再掲する。

拙著『シモーヌ・ヴェイユの詩学』（慶應義塾大学出版会、二〇一〇年）を上梓した折、辻井氏からお手紙をいただいた。そこには辻井氏の自筆でこう書かれてあった。「世界的規模での思想喪失の時代に、シモーヌ・ヴェイユの存在はとても重要だと思っておりました。そのシモーヌ・ヴェイユ研究を大きく一歩進められて哲学・美学・詩学の観点から論じられた御高書は、小生にとって吸い寄せられるような魅力を持ったものでした。御試論は『千と千尋の神隠し』から西田幾多郎、鈴木大拙に及び、現代を深く捉え直す視点を設定しておられます。こうした御着眼は現時点におけるヴェイユ理解にとって好ましいものであると同時に、あなた様の思想・哲学という性格をも附与しておられます」。辻井氏のこの言葉は、今日現在もわたしの心のうちで鳴り響いている。わたし自身の思想・哲学とはいったい何であろうか。この辻井氏の言葉へのわたしなりの応答が本書である。

本インタヴューから半年後の二〇一一年三月十一日に東日本大震災が起こった。震災後にもう一度対談をおこなうことを辻井氏と企画していたが、それは叶わぬ夢となってしまった。インタヴュー当時、壮絶に多忙な日々を過ごされていた辻井氏が二時間丁度の時間内で、わたしがあまりに未熟であることを何より感じられていながら、それでも言葉を託そうとしてくださっているその息遣いが、本インタヴューには十全にあらわれている。

シモーヌ・ヴェイユの言葉と同じく、辻井氏の言葉はその受け取り手を待っている。受け取られた辻井氏の言葉は、その人の心のうちで、その人だけの花を開かせるにちがいない。

辻井喬氏の「芸術創造」と「生の創造」という両輪がつねにともに回ることによって向かう一点とは、過去においても、そしていま現在においても、いうなれば、「灼熱の渋谷の街に、一陣のケルトの涼風を吹かせること」である。一陣の異文化の風は、二度とは戻ってこない。そしてこの二度と戻ってはこない風を永遠に生きることこそが詩にほかならない。このような辻井氏の稀有な創造のありようは、シモーヌ・ヴェイユやレヴィ゠ストロースといった、自己に先立って「構造」や「関係」を捉え、そこに映し出された自己を見出すありようと驚くほどの一致を見せる。それゆえ、辻井喬氏の芸術創造と生の創造を、シモーヌ・ヴェイユの思想のコンテクストにおいて捉え直し、その両者の類比と移し替えによって、あきらかに集団に取り込まれる危険性にさらされている資本主義社会の直中で、その危険性と紙一重でありながら絶対的に異なる位相において、詩が生きられ感じられる可能性を見出すことができるのではないだろうか。

わたしたちは「なぜ生まれてきたのか」、「なぜ生きているのか」、そして「なぜ死んでゆくのか」という、その存在の根源に対する答えをもちえない。だが、もしこの矛盾であり不条理であるものの理解に一歩近づくならば、そこでわたしたちは自由へとひらかれてゆく。シモーヌ・ヴェイユは、この「見えない世界」を、美と詩という「見える世界」によって提示するのがつねである。目的がないのに目的に適った心の状態であるという美の「目的なき合目的性」について、自己が自己から離れ真に無であるときにはじめて想像力が十全に花開く「真空への注意」について、わたしたちの生のありようであるのと同時に造形芸術において具現されている「重力と恩寵」について。

本インタヴューでは、辻井氏とインタヴュアー（今村）との言葉の往還において、辻井氏の存在としての詩と作品としての詩の両者を通して、「資本主義と詩」が有する様々な局面を少しくあきらかにし、現代という時代にあって、「言葉のなかに閉じ込められた詩」ではなく、「生きられ感じられる詩」の可能性を探究している。

＊

今村　このたび『現代詩手帖特集版　シモーヌ・ヴェイユ』を刊行することになりました。その巻頭のインタヴューとして辻井さんにお話をおうかがいしたいと思っております。いま現在、シモーヌ・ヴェイユにどのような可能性を見出せるのかということを中心に、広がりをもったお話をお聞きできれば、と思っております。どうぞよろしくお願いいたします。

詩と哲学

辻井　『現代詩手帖』でシモーヌ・ヴェイユを取り上げるのは、とてもよいことだと思います。詩というのは、哲学なんです。だからそういう視点から見ると、いまの詩はあまりに抒情に身を寄せ過ぎていて、そこにある哲学が見えてこない。シモーヌ・ヴェイユの著作を読むことで、詩を書く多くの人が、「ああそうか」と思ってくれるといいですね。

というのは、断るのが下手なのか、わたしもいくつかの詩の賞の選考をすることになってしまって、年に四、五回、選考会に出ています。そこではだいたい何人かで意見を言うものですから、そうなると、難しい詩はだめになっちゃう。かと言って、相田みつをでもなければ、銀色夏生でもない。日本の場合、どこでそういう詩の状況ができてきたのか、不思議でならないんです。

たとえば先日、韓国で、中国と韓国と日本の詩人が集まる会があったんですね。そうすると、韓国の詩人と日本の詩人は決定的に違うんですよ。韓国側は高銀（コ・ウン）さん（一九三三―）という詩人が中心でしたが、ハングルを自分たちの手に取り戻す運動としての詩作というのが根幹にあるんです。植民地時代にはハングルを教えることは禁止されていましたが、実際は、日常的にハングルで話をしていました。もちろん書いて出版することは認められていなかった。ずいぶんひどいことをやったものだと思うのですが。ですから、高銀さんが詩を書くということは、ハングルを韓国の人々が自分の手に取り戻す運動なんです。ところが、そういう詩人の活動ないし詩の運動を、そのときの韓国政府は弾圧するわけです。自分の国の言葉を取り戻そうとする運動をどうして弾圧するのか？ これ自体がたいへん大きな詩の問題だったわけです。そういう環境をくぐり抜けて韓国の人たちは詩を書いていますから、「歴史的」ないし「社会的」な関係がかならず詩のなかに潜在しているんですね。

しかし日本の場合は、いろいろな問題があってもそれには目をつぶって「個人の心のなかの問題」、あるいは「感性のゆらぎ」とか、そういったものにだけ焦点を当てて詩が書かれてきている。そうだとすると、同じ詩人という肩書きで集まったとしても話がまったく通じない可能性がある。

中国の場合もまた違う問題があって、様々な社会的変動のなかで「人間の言葉をどうやったら自分のものにできるか」ということを考えてきた。芒克（マン・ク）（一九五〇―）にしても、北島（ペイ・タオ）（一九四九―）にしても、そういう問題意識があって、その問題意識の行き着く先としてときには「反戦デモ」をやったり、ときには非常に「モダンなもの」を書いたりする。

そういう状況を、われわれ日本の詩人はあんまり自分の問題として考えていないんです。もちろん日本の詩人もすべてがそうだというわけではなくて、守中高明さんとか、細見和之さんとか、哲学と一緒にやっている人もいます。ただこのおふたりにしても、問題への関わり方は一歩ひいたようなところがありますね。

これは詩にかぎらない問題で、小説でもそうです。ビッグ・セオリーみたいなものが日本の詩人や小説家のなかにはなくなった。「神と現実の問題」とか、「労働という行為が人間にとってどんな意味をもつのか」とか、そういうことを根本的に考えてきた詩人には、吉本隆明さん（一九二四―二〇一二）、谷川雁さん（一九二三―九五）などがいる。それから谷川俊太郎さん（一九三一―）なんて人はとてもすぐれた詩人なんだけれども、じつにうまくそういう問題意識を自分のなかにもちながら、わかりやすい詩を書いている。それぐらいしか思い浮かびません。

これは日本人の詩を外国語に訳すときの困難とも通じていて、思想的な内容がないと、英語にしてもフランス語にしてもドイツ語にしても論理的な言語ですから、日本の詩はただの叙景詩になってしまう。それはとても辛いところですね。

芸術と超越

今村　日本の詩には哲学がないということですが、シモーヌ・ヴェイユという人は実は詩人になりたかった人なんですね。ずっと自分の哲学を掘り下げてゆくと、詩にたどり着く。この特集号にも彼女の詩を五篇収録しているのですが、詩と哲学とのあわい、詩と哲学との協演というのはどうしても不可欠なものになってくるだろうと思います。

シモーヌ・ヴェイユについて話していていつもネックになってしまうのが神概念なんです。彼女の思想に共感できる人たちのなかの多くも、「神」という言葉が出てきてしまった時点で、「あっ、これは宗教の本ね」ということで、一挙にリジェクト反応がでてしまう。

辻井　日本には、いわゆる超越者というのがいないからね。

今村　でもそのいっぽうで、すぐれた詩人や音楽家の人たちは、ちゃんと、しっかりシモーヌ・ヴェイユを読んでいるんです。

辻井　超越者のいない芸術作品というのは、本当はないと思いますよ。だからシモーヌ・ヴェイユを読むというのはよくわかります。

今村　「神」と言ったとき、多くの日本人は、それを「目に見える神」として捉えてしまう。でもヴェイユが言っているのは「見えない神」なんです。「見えない神」とはどういうものなのかというところまで捉えるにはかなり根気が要るのですが、「見えない」ということは自分が欲望するものを与えてくれない神なわけです。矛盾のなかに立たせてしまう神であって、不条理を解決してくれない神です。それを神の「あらわれ」と感じられるかどうかということを、シモーヌ・ヴェイユは追っていたと思います。

辻井さんもヴェイユについて主題的に書かれたことはないと思うのですが、主題的には書かないけれども、でもつねに創作の原点にはなってはいるという芸術家の人たちは結構多いように思います。

辻井　日本の物書きにとって、神という言葉が一種のタブーになっていた時代がありました。その意味では『歎異抄（たんにしょう）』とかなり通じるところがあるという感じがあってわたしには面白かった。「善人なおもて往生す、いはんや悪人をや」という言葉は、まさにいまおっしゃったような神を指していると思うんです。現存の仏教や、仏教のプロフェッショナルな人をイメージすると、まったくそれとは切れちゃうんですが（笑）。禅の教えにも通じるところはあると思います。見えない超越者とどう向き合うか、という問題ですよね。

今村　親鸞（一一七三―一二六二）がやろうとしたことは、ただただ「南無阿弥陀仏（なむあみだぶつ）」を唱えればいいんだ、「南無阿弥陀仏」を唱えるだけで、それを欲する人はどんな人でも「浄土」に行けるんだということですよね。その欲望は、目には見えない「眼差し」であって、「方向性」です。それだけあればいいんだ、と。それがヴェイユの言っている「無」のありようだと思います。

ヴェイユは自分の思想のことを指して「純金の預かりもの」（「両親への手紙」『ロンドン論集とさいごの手紙』）と言っています。そしてこの「純金の預かりもの」はとても緻密で硬質なので、きっと誰も受け取ってくれる人がいないのではないかと危惧しています。

どうしたらシモーヌ・ヴェイユの思想をきちんと受け取ることができるんだろうと考えていったとき、わたしの場合は、彼女の思想を西田幾多郎（一八七〇―一九四五）や鈴木大拙（一八七〇―一九六六）の思想とぶつけてみたりしました。まったく異質なものをぶつけることで、ヴェイユの思想の片鱗が見えるんじゃないかと思ったんです。

「日本には近代があったのか」ということを辻井さんはよくお書きになっていらっしゃいますが、「近代の超克」という視点から見ると、ヴェイユと西田が最終的にたどり着いた地点はすごく近いと思います。ですが、確固たる自我が崩されたあとの「無」〔ヴェイユ〕と、ダイレクトに到達した「無」〔西田〕はまったく違うと思っておりまして、さきほどお話になられたいまの現代詩のありようも、「個が崩された末の美感なのか」、「そもそも美感から発してしまうのか」、それは似ていて絶対的に異なるものだと思います。そのことが、先ほどおっしゃったように「思想がない」ということだけではなく、きわめて暴力的なものとして働く可能性があると思うんです。

このことには様々なことがつながってくるのですが、たとえば、橋本治（一九四八―二〇一九）が言うように、資本主義社会はたしかに堕落していますが、しかし資本主義社会に生きながら資本主義の論理に乗っていない人種がいて――たとえば詩人だったり、学者だったり――そういう人たちは資本主義のなかでいっそう腐っていきますでしょう。

思想がなくても、言葉がなくても、それで一生を終える場合にはそれはその人の勝手だけれども、それが他者に対してきわめて暴力的なものとして働く場合、非常に問題だろうと思います。そのことをシモーヌ・ヴェイユは、「ある女学生に宛てた手紙」〔『労働の条件』〔邦訳：『労働と人生についての省察』）のなかで、アンドレ・ジッド（一八六九―一九五一）みたいな作家を指して「感覚だけに生きた人がいるけれども、それは非常に暴力的なことなんだ」と言ってきます。

資本主義と詩

辻井　たしかにわたしは自分のことを考えたときに本当にでたらめでいい加減で体(てい)をなしていないと思います。それはどういうことかと言いますと、わたし自身はもちろん資本主義のなかで生きていますが、ただ生きているばかりじゃなくて、むしろその資本主義の推進者、資本主義をその爛熟へと推進する役割を果たしてきてしまった、という実績があるわけです（笑）。それは認めざるをえない。それで、爛熟へ向かっていく推進者のひとりになればなるほど、やっぱり詩が生まれてくる。詩を救命ブイみたいに探し求めている。それって詐欺師もいいところです。

いまは資本主義の真っ直中から完全に意識のうえでもリタイアできましたから、はじめてそういうふうなことが言えるんですが。それまでは悔しいから、いやいや、ビジネスをやっているから詩が書けるんだと言っていた（笑）。日本の読者は心が優しいから、そういうこともあるんだろうな、と聞き流してくれていました。

たしかにいろんなことにぶつかればぶつかるほど、資本の動き――資本の動きは人間と関係なく一種の装置として存在しているわけですけれども――のなかに人間が入った場合、影響されているのが見えてくるんですよ。いろんな比喩が使えるんだけれども、ナチスの青年将校がたくさん人を殺して、フランスを占領して、占拠した邸宅のピアノでモーツァルトを弾く。「やっぱり戦争をやっているとモーツァルトが弾きたくなるんだよね」って。それは「芸術とは何か」っていうこととつながってくるんです。

芸術は人間の矛盾のなかにだけ花開くものだとぼくは感じています。芸術というのはいっぽうに、美しいもの、美しさで感性に訴えて感動を与えるものがあります。アーティストによっては、空の上のほうにイメージの世界を構築するわけです。後期ロマン派の人たちが言ったように、芸術は地上にあってはいけないんだ、と。地上にありえないものだからこそ芸術が価値あるものになる、と。そういう芸術家もいれば、そのいっぽうで人間の醜さ、汚さのなかにこそ詩が生まれる、路上にこそ詩がある、という考え方もある。そういうふたつの考え方がありますが、いますごく大きな変わり目に来ているんじゃないか、と思うことがあります。

それはたとえば、現代詩の世界を見ると、行き詰まっているというか、そういうふうに見えるわけです。ただ、いままでの詩への向かい方を変えてゆけば、むしろ新しい視野が開けてくる、そういう時期に入ってきているんじゃないかと思います。

歴史の古層を訪ねて

辻井　「日本に近代があったのか」という問題についても、そうわたしが言うと、「近代ってなんですか？」って話になって、批判を受けるんだろうけれども、「モダン」、「モダニズム」と言っても、フランスやドイツ、あるいは日本のモダニズム、アジアのモダニズム、それぞれかなり違うものです。いままでは日本には近代があったのか、近代国家という設えはあったけれども、そのなかにいる人は近代人でもなんでもない、って言われるわけです。

丸山眞男さん（一九一四―九六）は、八月十五日に戦争が終わって、新しい憲法ができて、これで大衆は育つんだ、自分の判断で自分の考えを決められる大衆が育ってくれれば、日本の社会は地盤がしっかり形成されるという考えをもった。ところが十年経っても、二十年経っても、自分で判断を下して行動する大衆が生まれなかった。ですから、丸山さんは一種の挫折感をもって日本の歴史の古層を探ろうとした。そこには意外にもいろんなものが入っていて、人間と直接対話する神みたいな考え方があったりするわけです。丸山さんはそこまでは書いていないんですが、そういうものをあらためて読み直しながら考えてみると、日本には西洋的ではない近代があったと言えるのかもしれない。

ここまでくると、柳田國男（一八七五―一九六二）とつながってくるんだけど、柳田は重層性というのかな、日本の変化は革命によっては起こらない、何回も何回も塗り替えているうちにだんだん変わってくるんだ、その重層性が日本社会の特徴であると言った。

結局、丸山さんは最後まで自分が絶望したとはおっしゃらなかった。ぼくは晩年に何回かお会いしましたが、それは辛かったろうと思っています。でもそうなると歴史そのものの見方を変えなくてはいけない。

フランスの〔ミッシェル・〕フーコー（一九二六―八四）やなんかから始まる新しい思想の流れも、いままでの西洋の史学の方向性は少し違っていたんじゃないかということを言うわけです。簡単に言ってしまうと、もともと「構造」というものがあって、その「構造」を発見することが歴史を見ることである、と。人間が進歩していくという史観を否定します。そういうヨーロッパ社会におけるいままでの知の体験の反省が生まれた時期と、丸山さんが日本社会に壁を感じて、あるときは絶望し、あるときは日本の歴史の古層にその可能性を見つけようとした時期とはだいたい同じで、同時代的に動いているという感じがするんです。そしてこの問題はそれ自体が詩の問題だと思います。

今村　まさにそのとおりだと思います。フーコーが『狂気の歴史』を博士論文として提出したとき、「狂気の歴史を暴くには詩人の資質が必要です」と〔その口頭試問のときに〕言って、〔ジョルジュ・〕カンギレム（一九〇四—九五）が、「あなたにはその資質が備わっていますね」とその試問を締めくくったというエピソードがありますね。

学際性とは何か

辻井　「学際的」という言葉がさかんに使われた時期があって、学問の世界の「脱領域化」、あるいは「越境」ということが言われました。でもどうなんだろう、ぼくはちょっと疑問があります。日本の場合にはいろんなものの考え方の流れが、パリコレのファッションみたいにどんどん入ってくるんです。いまは「脱構築」ですよとか、「ポストモダン」ですよとか。だから、そういうときにシモーヌ・ヴェイユみたいな人が必要なのかもしれない。まったくどうにもならないほど不器用で、ひとつ問題を捉まえたら、まわりがどう騒ごうともひたむきにその問題に突っ込んでいくという存在ですよね。そういう存在が必要だとわたしは思うんです。

今村　「学際的である」、あるいは「他者と出会う」ということは、外側から自己自身が壊されるということなくして成り立たない、ということをヴェイユは言わんとしていると思います。それが前提となっているはずです。だから極端なだけに構造がものすごくわかりやすいと思います。

レヴィ＝ストロース（一九〇八―二〇〇九）とヴェイユを結びつける人はあまりいないんですが、実のところ、かれらの行動というのはとてもよく似ています。激動の時代の直中でレヴィ＝ストロースはなによりもまず「自分に出会うために」ブラジルに行くわけですよね。つまり、自分に出会うためには、いままで自分が拠り所にしていたものが崩される経験がどうしても必要になってきます。

さきほど辻井さんはご自身のことを詐欺師だとおっしゃいました。資本主義の推進者でありながら、そこにいることで詩が生まれてくる、なんていうのは矛盾しているんじゃないか、と。

ヴェイユは、頭痛が絶頂に達して死ぬんじゃないか、と思ったときに、はじめて詩の言葉が出てくると言っています（『カイエ2』）。だから、ヴェイユの場合は絶望や不幸と詩がセットになっていて、そこで、彼女の象徴的な言葉であると言える「貧困のなかにこそ詩がある」（「断章と覚書」『ロンドン論集とさいごの手紙』）というありようが見えてくると思います。

辻井　絶望のなかには精神的に極端な貧困もありますよね。正直なところ、経営者の立場だったわたしは精神的には貧困者だったと思います。だからこそ詩を書こうとしたのかもしれない。でもね、「いまごろそんなことを言われても困るよ」って言われるんです。「わたしはあなたの極端に貧困な精神の時代につくり出したパルコとか、そういうもので育った、週に一度は渋谷のレコード売り場に行って、前衛音楽を買ったりしていたんですよ」って。「いまごろ極端に貧困だったなんて涼しい顔をされても、オレはどうしたらいいんだ？」って叱られたりする。いまそういう人たちが、だいたい五十代ぐらいになっています。そう言われたら、「自分はいったい何をしてきたんだろう？」ということを考えてしまいます。まあ、いま考えないと時間的にリミットがきてしまうんですが（笑）。

詩をもつこと——西武グループの挑戦

今村　少しずつ中心をずらしてみたいと思います。シモーヌ・ヴェイユの思想の核のひとつに「目的なき合目的性」というのがあるのですが、一九八〇年代、九〇年代の西武の文化事業はそれこそ「狂気」と言ってしまっていいだろうと思います。あのころの西武の活動がなければ、現在の広告もデザインのありようもまったく違ったものになっていただろうと思います。ですから、文化事業は成功しているのではないでしょうか。

ヴェイユはプラトンの『ティマイオス』を解釈しつつ自分の芸術理論を打ち出しているんですが（「『ティマイオス』註解」『前キリスト教的直観』）、時計職人だったら時計を作るという目的があってそそこに向かって型どおりの時計をつくる。でも芸術家にはその向かうべき目的がない。両者は絶対的に違うものであって、それは受け取る側も同様で、時計を愛さなくとも時計を使うことはできるけれども、芸術作品を愛することなく、芸術作品をじっと見つめることはできない、と転回してきます。

辻井さんが資本主義社会のなかで文化の推進者となられたとき、そこには何の目的もなかったのではないか、と思うのです。そしてそのことはご自身でわかっていらっしゃった。目的がないけれども、目的に適った心の状態があって、それをこの時間・空間のなかに置きたいと、置かなければいけない、とそうお考えでいらっしゃったのではないかな、と。ですから、あの時代には、本気でやりたいことをやっていらっしゃったと思うんです。なんと申しますか、義務と直観が重なったその一点に立っていらっしゃったように思われるのですが、いかがでしょうか。

辻井　そう言われるとそういう気がしてくる頼りなさがあるけれど（笑）。あのころは「開放感」ということを考えていたような気がします。「開放感」を少しでも大きくしたい、膨らませたいという、そういう目的はあったと思います。「開放感」をちょっとでも膨らませるというのは、産業社会のなかではまさに「無目的的」です。でもわたしのなかでそれが目的として価値あるものになっていた。それを突き詰めると産業社会とは基本的に矛盾してしまうんですが、こういうものを見せることで、あるいは聴かせることで、人間としての心の自由がちょっとは膨らむんじゃないか、広がるんじゃないか、それは自分がやってもいいことだって思っていた。

ビジネスというのは、それこそ毎月毎月、貸借対照表なんかを作らなくちゃならない辛気臭い作業なんだけれども、その目的が多少でもあれば、それが多少辛気臭くても我慢できるなって（笑）。自分の感性なり何なりを広げるチャンスがあったら素晴らしい人生を送れたかもしれない人が、そのチャンスに恵まれないばかりに一生辛い思いのまま死んでいったというようなことを、無数に見てきたわけです。

ぼくの妹〔堤邦子氏〕なんかは、そういうチャンスに恵まれないばかりに行き詰まってしまった。

それに対して何もしてあげられなかったという思いが身近にあったんです。あっ、でもこれはヴェイユの言っていることとはずれていますよね？

自覚と詩

今村　いえ、ずれていないです。『根をもつこと』ではずっとそっちのほうに引っ張っていくわけですから、どんな人でも根をもつべきだ、と。芸術家だったら、ただ芸術家であるだけで、それでいいんだ、と。それが「わたし」がたしかに「わたし」であることなんだ、と。だから、「わたしはわたし以外の者にはなれなかったのである。これは驚くべき事実である」と小林秀雄（一九〇二―八三）が〔「様々なる意匠」で〕言うように、「わたし」がたしかに「わたし」であればそれでいいんだと、それで充分倫理的でもあるんだと思います。「わたし」が「わたし」であるというただそれだけで、他の人の生をも活き活きさせている、その生きざま、その姿だけで、他人の心を震わせる。ただそれだけで充分人間的であるのではないかと思います。

わたしはいま美術大学で美術を学ぶ学生たちに哲学や倫理学を教えているのですが、「絵ばっかり描いていて果たしていいんだろうか？」とかれらは思ったりするわけです。でも、その人が本気でそのことをやっていたら、その存在だけで、作品の強さだけで、他人の心を震わせることができたとしたら、それはものすごいことで、その作品に接した人の生が動き出すんだったら、ただただ「絵を描く」というその行為だけで、他者と手と手をつないでゆける。つまり、他者と手をつなぎたかったら、そうしたら、ひたすら自分というものを掘ってゆけばいい。そのことをヴェイユは、enracinement（アンラシーヌマン）〈根をもつこと〉と言ったのだと思います。それは最初に辻井さんがおっしゃった「歴史的・社会的自己」につながってゆくのではないかと思います。そして、本当の芸術家であるならば、その人は、「歴史的・社会的自己」でなければいけないわけですよね。

辻井　そう言われると、とてもよくわかります。その点では、ほんとに思想の言葉というのを日本の詩人や小説家はもっていないんじゃないかと思う。詩人や小説家じゃなくてもいい、芸術家がいただろうか？と思うわけです。宮沢賢治（一八九六―一九三三）はもっていたと思います。それから三島由紀夫（一九二五―七〇）も谷崎潤一郎（一八八六―一九六五）ももっていた。けれども、いわゆる自然主義リアリズムの作家はもっていなかった。ぼくがいまでもずっと憤慨し続けているのは、「私小説」という概念です。ああいう概念ででたらめを言うから日本の文学はえらい苦労しちゃった。ぼくの考えでは「私小説」じゃない小説なんてない。〈フロベール（一八二一―八〇）の〉『ボヴァリー夫人』は「わたし」と言っているから『ボヴァリー夫人』は「私小説」ですか？って聞くと、変な顔はするんだけれども、反発は返ってこない。「私小説」というのは、ジャーナリズムがつくった呼び名だと思いますよ。どこで間違ったのかなあ。

　最近、中国や韓国といったアジアの文学者たちと文学や詩について議論することが多いんだけど、中国や韓国にももちろん私小説という概念はありません。日本だけの特殊な概念なんですね。そのことはこの際はっきりさせておかなければいけないんじゃないかな。私小説という概念と対峙することからはじめないといけないんじゃないかと思うんです。最近は哲学者や歴史学者の書く文章でいいものが増えてきましたね。これはうれしいことだと思います。そういう人たちが美しい日本語を書きはじめると、私小説作家なんかみんな失業しますよ（笑）。

「他なるもの」との一致——労働組合の創設、女性の雇用

今村　辻井さんが労働組合を立ち上げられたり、女性差別についてすごく敏感でいらっしゃったりする——自己否定という言い方をされていますけれども——、労働組合があったほうが経営者にとって自由なんだ、と。労働者にとっては自由ですけれども、それに先立ってなによりもまず経営者にとって自由なんだって、それはそれ以前にはなかった発想だと思うんです。

男性が女性を差別するとして、差別された女性はかわいそうだけれども、男性にとっては、生きやすい世界がつくられているのかといったら、まったくそんなことはない。辻井さんは労働の現場にはじめてその視点を導入されたのだと思うんですけれども。でも端的にはそういうふうに理解されないですよね。

これはすごく「当たり前」のことですが、この当たり前のことが理解されるのは至難の業です。だって、自分の力が拡大していったらそのほうが自由で幸せなんじゃないの？ってわたしたちは思ってしまうわけですから。だから、そのなかなか理解されえない逆説が、実はこんなふうにごく普通に、当たり前に生きられ感じられているんだよ、ということを示すために、ヴェイユは詩的イメージの力に訴えかけるんだと思います。

辻井　ぼくには「階級同一性障害」という感覚があるんです。「性同一性障害」というのがありますが、ぼくの場合は階級同一性障害で、これはなんだろう？と思うんです。経営者同士で集まっても、仲間という気が全然しない（笑）。経営者というのは、極端に階級と同一化したがる人か、変わった人種でないとつとまらないんじゃないかな。

前に話してあまり受けなかった話だけど、財界の人が占領軍に抵抗して総辞職しようとしたことがあるんです。アメリカが原理的で非現実的な政策を押し付けてきて、そういうものを押し付けられたら日本の産業経済は無茶苦茶になるという危機感があったんですね。それで、「オレは経団連会長を辞めよう」とか、「オレは商工会会長を辞めよう」とか、七、八人の経営者が揃って辞表を出そうとした。そういうことをすれば占領目的に違反するのかってことになって、ポツダム政令三二五号違反ということになって、軍事裁判にかけられる可能性もあった。辞表を取りまとめて明後日には出そうというときになって、朝鮮戦争（一九五〇—五三）が起こった。そうしたら、永野重雄さん（一九〇〇—八四）が桜田武さん（一九〇四—八五）に「神風が起こった。これでオレたちは死なないですむ」って。なるほどな、これは財界人だって（笑）。つまり辞表を出そうってところまでは雄々しきナショナリズムの人なんですが、戦争が起こったら、「神風が起こった」と言う。これが財界人なんです。辞表を出すところまではついていけるんですが、「神風が起こった」という言葉が出たとたんにぼくは脱落する。世界中で日本の経営者だけがベトナム戦争（一九六〇—七五）に賛成だった。

だから「階級同一性障害」に直面せざるをえないわけです。ぼくはずいぶん吊るし上げられたりしました。それでいてまだちゃんと生きているんだから、日本の社会のいい加減さというのはありがたいものです。でも「同一性障害」という意味でのものは、詩人はもともとそういうものだって思うから、どこの国でもそうなのかなって自ら慰めることにしているんです。アメリカの詩人にしても、アメリカこそ世界の憲兵だというようなスローガンに反発しないというのは考えられないでしょう。

　ヴェイユが生きていた時代というのは期間的には非常に短かったけれども、その短いあいだにここまで考えを追い詰めることができたのはすごいなあ。三十四歳で亡くなったんですよね。

熱い社会と冷たい社会――ケルトの風に吹かれて

今村　構造主義者たちが一九六〇年代に言っていることとヴェイユが一九四三年に言っていることはとても近いんです。でも戦後だったら簡単に言えますけれども、四三年にヴェイユはちゃんと言っている。「冷たい社会」と「熱い社会」と、どっちが進んでいる社会って言えないってレヴィ＝ストロースは六〇年代に言うわけですけれども、ヴェイユは四〇年代に言っていて、そこがすごいなあと思います。
　辻井さんは、鶴岡真弓さん（一九五二―）と『ケルトの風に吹かれて』（北沢図書出版、一九九四年）という対談をされていますが、ケルトが無文字文化だったとすると、ケルトの文化は亡びざるをえないわけですけれども、それと自由というのは別問題であるように思います。
辻井　ケルトの工芸品の素晴らしさを見れば、文字をもとうと思えばいつでももてたと思うんです。でも、文字の怖さを知っているからもたなかったんじゃないかという仮説を提出しました。文字の怖さってことからスタートしないと詩はだめな時代なんじゃないかと思います。先ほどもお話ししましたが、朝鮮半島の人にとっては詩を書くことはハングルを取り戻すことなんです。だから高銀さんが詩集を出すとハングルが戻ってきたって感覚でみんな読むわけです。

日本の場合はどうなんだろうというと、われわれはまだ日本語を失いつつある認識が充分でない気がします。詩人においてさえもそうです。敬語がうまく使えないアナウンサーがいるとかそういうレベルの話ではなくて、日本社会から何かが抜け落ちてきている。いわゆる大和言葉で表現できていたこと、あるいはそれでこそ表現できた意味内容が日本では共有されなくなってきている。そういう文化の崩壊過程にいる気がします。従属国になるということは言葉を失うことなんだなっていまでもときどき思います。これはカタカナ言葉が氾濫するということを超えた問題で、文脈的に日本語が生きてこなくなっているんです。

先日もＮＨＫで言ったんだけれども、「非正規労働者」という言葉がぼくには理解できない。労働者には「正規」も「非正規」もなくて、みんな労働する人なんですよね。「正規」、「非正規」って何を基準に分けるのか。でも向こうは変な顔をして、なんで怒っているんだろう？ってぼくを見るわけ。みんな平気なんですよ。テレビでも平気で「非正規労働者」と言っている。そう言って便利なのは、「非正規労働者」という概念を使うと男女の賃金格差が隠されるんです。「非正規」の圧倒的多数が女性なんです。ヴェイユは非正規労働者なんてまず理解できないでしょうね。

今村　シモーヌ・ヴェイユが戦後も生きていたら、辻井喬との対談もあったと思っているんですけれども（笑）。辻井喬の対談相手はやっぱりレヴィ＝ストロースじゃなくてヴェイユだと思うんです。

工場のなかに降りていってこの人たちに詩をもたせる。この絶望的な状態でどうしたら詩をもつことができるか、っていうのが、彼女が最期まで考え抜いたことです。

東洋／西洋

辻井　言葉がほんとに無茶苦茶だと思うのは、財界やエコノミストのあいだにアジア共同体を作ろうなんて掛け声がある。それはちょっと待ってください、と。みんな経済のことしか見ていないんですね。「ＦＴＡ〈自由貿易協定〉で貿易が活発になる」って言う。ぼくなんかは、「それを日本が言うつもりなの？」って思うわけです。「日本がそれを言ったらみんなそっぽを向きますよ」って。アジアの場合はその地域、地域で宗教が違っていて、神というもののその社会での存在の仕方がみんな違うわけです。ヨーロッパ社会だったらカソリックやプロテスタントという違いはありますけど、キリスト教ということでは同じですよね。だから同じものとして言葉は通じます。そして言葉の通じないヨーロッパ社会以外の地域を「東洋」と言っているわけです。だから「西洋対東洋」という対比の仕方にはぼくはどうしても乗っていけない。

そういう問題を文学の問題として受け止めて悪戦苦闘しているのはトルコの作家のオルハン・パムク（一九五二―）です。トルコの人には、トルコが「西洋」と「西洋ならざるもの」との境界に位置するという意識があって、西洋からの、ということは資本主義からの影響がトルコの伝統文化を破壊しはじめているということに対する抵抗感があるんです。読んでみると、これは日本の作家にはとても無理だな、と。骨格が太いんですね。それよりも、たとえば哲学者の木田元さん（一九二八―二〇一四）のエッセイを最近読んだんですが、とてもいいですね。

想像力とイメージ

今村　哲学者の書くものは、いままでが悪文過ぎました。そして「悪文でいいんだ」と言ってしまえるその閉鎖性があるかと思います。シモーヌ・ヴェイユは、「こんな悪文を書いていて美しい魂をもっているはずがないでしょう」と言ったりするのですが、つまり、言葉が美しくなければ、思想もちゃんとしていないということになりますね。

わたしは辻井さんの『いつもと同じ春』（一九八八年、新潮文庫／二〇〇九年、中公文庫）を読んでとても幸せな気持ちになりました。思想書として読んでもとても面白いし。実は、『抒情と闘争』（中央公論新社、二〇〇九年）よりも『いつもと同じ春』のほうを読んで、辻井喬という人をとても近くに感じたような気がしています。

辻井　そうねえ。それはありがたいお話です。

今村　事実よりもフィクションのほうがよりいっそうリアルなものを映し出すということには、もちろん想像力の問題がかかわっているわけで。自伝的小説である『いつもと同じ春』は、辻井さんとは絶対的に違う、絶対的に異なる他者の視点で書かれていたり、先ほどの丸山さんの「歴史の古層」という伝統にずっと沈潜していって、そこからとってこられる「水平の想像力」だったり、「垂直の想像力」だったりするものが読者の心をものすごく「やわらかい心」にしてくれるように思います。そして、読者が幸せな気持ちになる、爽快な気持ちになるというのは、読者自身が、ほんの少し自分自身に近づくことですね。でも、このダイナミズムを言葉にするのはとても難しい。だからこそ辻井さんは作品を書かれると思うのですけれども。

ヴェイユが言っている、「労働者に必要なものは美であり、詩である」なんていうのはすごく危険なことでもあって、だって〔アドルフ・〕ヒトラー（一八八九―一九四五）がやろうとしたことはまさしく「政治の美学化」なわけですし、「詩をもつこと」なんていうのも、つまるところ、「その国の文化の伝統を大切にするということ」と「国粋主義」というのが紙一重なわけであって。このすごく危険な紙一重のものをぐっと「こちら側」に留めておく言葉の力とはいったいどういうことなのかなっていつも考えているんですけれども。ボーッとしていたら、あっという間に「あちら側」にとらわれてしまう、そのぎりぎりの線上を、どんな人の目の前にもひらかれてゆくような可能性というのははたしてあるのかなって考え込んでしまいます。

「三島由紀夫はほとんど理解されなかった」と辻井さんはおっしゃっていますが、ここにはいろんなことが絡んでいると思います。自ら思考を停止したほうが楽だし自由であるように思える。だから「考えない」ということは「イメージしない」ということでもあると思うんです。イメージって自分が「無」であって「真空」であって「何もない」っていう空間じゃないと抱けない。そのあたりのところを、いま詩が読まれない時代であることとも絡めて、どうやって強く打ち出せるのかなと思います。

辻井　そうですねえ、難しい問題だ。想像力というのは怖い能力です。ですから、想像力が人間にとってプラスとして考えられた時代と、想像力をもつことは怖いことだということに気がついて想像力を捨てようとしてきた時代と、想像力についても歴史的な動きのなかで変わってきていると思います。

たとえば、「核兵器を使いたい」なんていうのは明らかに想像力を捨てた人間でなければ言えない。しかしその核兵器を開発するところまでは想像力が大きな力になっている。そういう関係ですね。だから人間的な能力のひとつである想像力がマイナスにマイナスに働くようになったときから産業社会は終末へ向かって動き出すんだろうと思います。いまは産業社会の末期だと思っています。よく言うんですが、いま産業社会は長いトンネルのなかに入った状態で、そのトンネルを抜けたら「雪国」が広がっているのか、「猿の惑星」のような「異次元の世界」が広がっているのか、それはまったくわからないんです。でもそうとう長いトンネルだということだけは間違いない。そう言うとみんないい顔をしません。「こんな状態がまだまだ続くのかよ」って。これは残念だけれどもまだ続きます。人間がいい意味での想像力を回復しないかぎり。アメリカなんてもっとも想像力を失った国です。

想像力の紛い物——新興宗教、テーマパーク

辻井　これは余談になりますが、アメリカの社会医療制度は他の国に比べて最悪なんですよ。日本よりも低い。それはなぜか。単純なんですよ。アメリカはヨーロッパの階級社会を嫌って新大陸に行っ

た人が作った国家ですから、ポジティヴな意味での共同体から成り立っている。だから社会保障制度そのものは必要なかった。ところが〔バラク・〕オバマさん（一九六一―）はその社会保障制度がないことによって医療を受けられない階層から出てきた人ですから、これは政治生命にかけても変えなければならない。それで医療保険法の改正を出したわけです。そのときいちばん反対したのは生命保険会社です。つまり、社会医療保険制度が整ってしまうと保険のマーケットが減るんです。保険会社の広告というのは理想的な優しさでしょう。日本のテレビのＣＭでもいちばん多いぐらいです。そういうふうに資本は自分の儲けになれば何でもする。言い方を変えれば、産業社会から資本が人間の顔を失ってきたシンボルが保険会社だと思うんです。

想像力というのは何によって豊かになるのかというのを本当に考えなければいけない時代だと思います。想像力が枯渇してきたときには、いわゆる怪しげな宗教がたくさん出てくる。あれは一種の想像力の枯渇をカバーしようという、ちょっとずれた復元作用みたいなものだと思います。これは充分に考えた話ではないんですが、占星術だとかそういう占いも含めて、そういった想像力というのは自然と人間との関わりのなかで作られてくる。子どもの時代に自然のなかで時間を過ごした人間は想像力が圧倒的に豊かになるということが言われますが、これは正しいと思います。マンションの一室でテレビゲームだけやって育ったら、やっぱり想像力は養われないと思うんだなあ。しょせん作り物ですからね。

二十世紀はテーマパークの時代と言われて、ぼくもそういう話をしてきたんですけれども、テーマパークは想像力を囲い込む産業社会の装置としては実によく考えられている。ディズニーランドはロサンゼルスで見たぐらいで、日本のものは見ていないんですが、やっぱり想像力が外へ逸脱しないように囲われた空間になっているんですね。テーマパークで産業社会が想像力を囲い込むのは、一種の最終的な囲い込みのかたちだろうと思います。

つい最近まで日本人も想像力をもっていましたよ。この三十年くらいでしょうか、目に見えて想像力が落ちてきた。時間的には三十年ぐらいと言えるけど、中心を担っている人の想像力の欠如というのは、その前の子どもの時代から想像力が育たない環境だからということが言えるわけで、空の雲が動いているのを見ていたら、「あんた何をしているの、そんな暇があったら早く宿題をやりなさい、いい学校に入れないわよ」、って（笑）。そういう時代に育った人がいま五十、六十歳くらいになりますから、遡って五十年は見ないとなかなか想像力の復活というのは難しいだろうと思います。

人がモノになるということ

今村　想像力には欲望が絡んでくると思います。昨年（二〇〇九年）の七月に臓器移植法案A案が通ってしまいましたが、アメリカなんかですと、救急車が家の傍を通ると、ドナーを待っている子どもの親は、「もしかしたらうちの子は助かるかもしれない」と思うわけです。「もうちょっとでドナーがあらわれるからがんばるのよ」と子どもを励ますような状況が生まれてしまいます。

わたしたち人間の欲望というのはとりとめがなく、どんどん肥大化していってしまいます。欲望と想像力の問題を考えていくのはとても難しいのですが、たとえば、レヴィ＝ストロースが『悲しき熱帯』のなかで、「世界は人間なしにはじまった、世界は人間なしに終わるだろう」と言うことも想像力に訴えることですし、そのいっぽうで、他の人を殺しても自分が生きようとする、「あっ、助かるかもしれない」と思うのも想像力です。

わたしは、映画『千と千尋の神隠し』などを用いて説明しようとしてきたわけですけれども、わたしたちの欲望というのはすぐさま自分の内側に閉じこもる「偽りの想像力」にとって代わられてしまう。それが、資本主義社会の究極のかたちとなっていってしまう危険性があると思います。

このことをモノという視点で考えますと、辻井さんは高い地位にいらっしゃって、経営者の立場でいらっしゃる。とすると、モノとまでは言わなくとも、やっぱり上下関係というものがどうしてもでてきてしまうのではないかと思います。人を人とも思わなくなってしまう部分が人間の上下関係のなかにはどうしてもでてきてしまうのではないでしょうか。そうすると、ヴェイユが「『イーリアス』、あるいは力の詩篇」（『ギリシア泉』／『シモーヌ・ヴェイユ アンソロジー』所収）のなかで述べている、「相手をモノとして扱うことで自分がモノになる」という問題をどう解決したらいいのか？ そのモノというのが、たとえば辻井さんが〔ディドロの〕『ダランベールの夢』をひかれて、「モノも考えているんだ」、「モノも言葉をもつんだ」っておっしゃるときに（「あとがき」『誘導体』思潮社、一九七二年。原文では「なぜ石も語っていけないのか」）、「自分ではない」、しかも「人間ではない」モノだってしゃべっているんだ、というようなかたちで他者を「じっと見る」、「観照する」ということのうちで、はじめて「わたし」というものが浮き彫りになってくるし、そうしてはじめて見えてくる社会のありようというのがある気がします。

辻井　ヴェイユの言っているように、人をモノとして扱う――マルクス（一八一八―八三）の『資本論』（一八六七―九四）なんかは、モノとして扱うことの成り行きを解明した本ですけれども――人をモノとして扱ったとき、その人もモノになるんですね。それが産業社会の最大の欠陥であり、宿命的な欠陥なんです。その産業社会の宿命的な欠陥が、自由市場経済というシステムを発明したわけです。自由市場経済は本質的にすごく大きな欠陥をもっているシステムです。幸いにして東西冷戦が存在していた時代は、自由市場経済の欠陥を可能なかぎり抑えないと批判者にやられるということがあったので、欠陥が見つかると、独禁法を改正したりして抑えてきた。

しかし東と西がなくなった現在、自由市場経済の批判者がグローバルな意味では存在しなくなったんです。そうするとたちまち自由市場経済の欠陥が随所にあらわれ出した。たとえばアダム・スミス（一七二三―九〇）が言っているんですが、自由市場経済は三つの条件が満たされたときにはじめて有能なシステムとして機能する。ひとつは利益衝動ではマネージできないものを国がマネージする。治安、衛生、上下水道などです。それから軍隊と教育ですね。そういったものを国がきちんとマネージしたときには自由市場経済の欠点はあらわれない。そしてもうひとつ、競争している者同士が互いに相手のことを慮る精神構造をもっていること。そのときに自由市場経済は人間にとって有益なシステムとして機能する。そういう忠告を最初の時期にすでに与えているんです。いまはそれを完全に忘れていますよね。ぼくは「アダム・スミスにもう一度帰れ」と言っている。人をモノとして扱うと自分もモノになる。オレはモノだけれど、そのどこが悪いのかって。

同時に、やっぱり大きな問題はどこの国の政府もコントロールできない「帝国」というものがいまや世界を徘徊しています。〔マルクス&エンゲルスの〕『共産党宣言』（一八四八）をなぞって言えば、それは「ファンド」に象徴されるものです。「ファンド」はこの国が危ないと思ったら二日間ですべて引き上げてしまう。引き上げられたことによってその国の経済はストップしてしまう。タイがそうでしたね。これはタイ政府はもちろんのこと、アメリカ政府でもチェックできない。みんな明日はわが身ですから。それはもう自由自在です。

なんとかしなければいけないというので、ドゥルーズ&ガタリ（ジル・ドゥルーズ〔一九二五—九五〕&ピエール＝フェリックス・ガタリ〔一九三〇—九二〕）とか、ジャック・アタリ（一九四三—）、エマニュエル・トッド（一九五一—）といった思想家たちがいろんなことを考えてきた。どれも指摘するところまではきわめて説得力があるんだけれども、「じゃあこれで進みなさい」と言われても、少しも有効でない。ほんとうの対策はこれから考えなければならないわけですね。

それこそ国際的な協力が必要な分野で、アメリカのエコノミストたちが、エコノミスツ・アライド・フォー・アームス・レダクション（Economists Allied for Arms Reduction: ECAAR）という、軍事費削減を目的としたエコノミストの連盟を作ったんです。日本でもそれを作ろうというので、ぼくも参加しているんですが、アメリカのエコノミストが予測を間違ったのは、東西冷戦がなくなったら、軍事費が相当浮くだろう、その浮いた軍事費を教育に回せるのではないかと考えたわけですよね。これはエコノミストの社会的な責任だろうって。それで三十人ぐらいエコノミストが集まったのかな。そのうち何人かはノーベル賞受賞者です。ところが東西冷戦がなくなったら逆に軍事費が増えちゃった。だから教育費に回すどころかさらに教育費が圧迫される。なぜ増えたかというと、軍事費を増やさないと産業社会がもたないわけです。軍産共同体がもたない、だから歴史上もっとも愚かな大統領だった〔ジョージ・W・〕ブッシュ（一九四六―）は公然と軍産共同を進めました。それで、「イラクだとかアフガンだとかに軍隊を出さないとアメリカ経済がもたない」って話になる。大義名分は世界の警察ですが（笑）。

ですから、理論的に追い詰めていくとヴェイユが言っていることにたどり着くんですよ。現実社会に起こっていることと言語的な思想の形成は結びついている。ヴェイユの場合は、あるオリジナリティが確固としてあって、それが自分の生きて育ってきた社会とつながってくる。でも日本の哲学者の場合はまず知識があって、その知識をどう読み込むことで自分のアイデアをそこから見つけ出すかって話になる。オリジナルが自分の生い立ちのなかには存在していない場合があるから、どうしても言葉の重さがなくなってくる。哲学者でさえもそうなんだから、そういうなかで詩を書く日本の詩人は相当なもんですよ（笑）。がんばっているということではあると思うんですが。

象徴と交換

今村　わたしは一九八〇年代、九〇年代、年齢的にいうと十代、二十代にずっと杉並区の阿佐ヶ谷というところに住んでいて、人間が成長する過程において、世界とうまく折り合いがつかないなと思うときに――そこに立ち寄るのか、あるいは購入するのかは別として――「SEIYU・西友」や「無印良品」というのが街を彩る「象徴」としてあるわけなんですね。たとえば毎日自転車で通学する際に、否応なく心に刻み込まれてしまう街の風景としてあるんです。

そこでお聞きしたいのが、人々の色々な想起の源泉となっている、西武グループの様々な「象徴」、そして詩のなかのイメージを醸し出す「象徴」、さらに「交換」という象徴の役割についてです。

ヴェイユは、プラトンの『饗宴』を註解する過程で（「『饗宴』註解」『前キリスト教的直観』）、「貨幣は交換としてのみ価値がある」と言っているんですが、わたしは辻井さんが西武グループのために「百億の個人資産を投資された」とお聞きしたとき、ギョッとしてしまったんですが（笑）、そう、庶民の感覚からするとギョッとする額なんです。でもたとえ「百億円」でも、もしもそれが「交換」の過程になければ、ただの紙くずにすぎません。

それをもっと突き詰めていくと、どんなものでも、人間の生ですらも、「動いているもの」、「流動的なもの」――それは「渦巻き」だったりするわけですが――、その動きのなかにしか、わたしたちの生の実在、リアリティはない。人間の生の根本には「交換」がある、「わたしを差し出す」あるいは「わたしを明け渡す」というなかに、パラドクシカルに「わたしがある」。

レヴィ゠ストロースは、社会というものはそういうふうになっていると言ってくるわけですけれども、そうした「交換」ということをも含めて、どのようにしてわたしたちは善のほうに向かえるのか、「善への欲望」をもてるのか、ということを、「象徴」の視点からお聞きしたいのですが。

辻井　「無印良品」というのは、もともとブランドをつけたら同じものでも二割高く売れるっていうのはおかしいという発想です。同じ製品を、ブランドをつけないで二割安く売ることこそビジネスとしてまっとうだろうと考えたわけです。ところが、何年か経つと「無印」というのがひとつのブランドになっている（笑）。フランスには十何店かできたかな。イギリスにも二十何店あります。これは「無印」というオリエンタル・フィーリングに満ちたブランドなんですよ。まいったなって（笑）。声明（しょうみょう）みたいなのを流して、お香を焚いて、そういうのにパリジャンならクラクラッとする。いまの社会はそうなんだと思った。ひとりやふたりの善意で原理を変えるなんてできないんだって。それは既成の表現を使えば、挫折感ってことになりますか。

「交換」というのはどこから発生したかというとね、それこそレヴィ＝ストロースじゃないけれども、共同体と共同体の関係で、こちらの共同体で余ったものを隣の共同体にあげる、隣の共同体で余ったものをこちらの共同体にあげるという原始的な社会の関係性のなかで交換という問題が生きていた。それが「貨幣」を生み出すわけですが、われわれはいつでも地域貨幣を作っていいんですよ。それに預金機能などをもたせなければ問題はないんです。最近、地域貨幣がかなり増えてきているみたいで、そうなると銀行はいらなくなる。そういうことにいろんな人が気づきはじめているんですね。

変えようとする条件というものは、行き詰まると自然発生的に出てくるんだという感じがします。堕落した交換というのはすべてを貨幣価値に変えていこうとする。それは落とし穴でしょうね。貨幣そのものが自己目的化してはいけない。「いくらお金を貯めたってあの世にもっていけるわけじゃないでしょう」って言い方は意外に有効なんです。交換にはもっと人間的な意味があったはずで、貨幣に換算することによって堕落したというのが、いまの時代のひとつのシンボルじゃないかと思います。

＊

今村　これから佳境に入るってところで、あと何時間でもお話をお伺いしたいのですが、残念ながらお約束の二時間が経ってしまいました。本当にあっという間でした。わたしは辻井さんと同じ高校出身なので〔旧・府立十中／都立西高〕、これまでも辻井さんのお話をお聞きする機会に与ることはできたのですが、どうもグループや郷愁というのが苦手で、今日まで一度もお目にかからずにきてしまいました。さきほどのお話のように、「階級同一性障害」というのは根本的には誰でももっているように思います。と言いますのも、場所や立場――人々が同一化したがるのは社会的・政治的・文化的に高い立場ですが――それはやっぱり自分自身じゃないので、そこではリアリティの感覚が欠如してしまいます。そんなところでは、「わたし」と他者との本当の関係性は築けない。でもそうでありながら、そのいっぽうで、たとえばヴェイユがあれほど労働者と手を取り合おうとしながら、ニューヨークからフランスに戻りたいと思うときに、やっぱり高等師範（エコール・ノルマル）学校時代の友人に、いうなれば、社会的・政治的・文化的に「偉くなっちゃっている」モーリス・シューマン（一九一一―一九八）に、「昔、机を並べたあなただったらわたしの気持ちがわかるでしょう」って手紙を書いて（「モーリス・シューマンへの手紙」『ロンドン論集とさいごの手紙』）、階級同一化のほうに訴えかけるわけです。

生きている以上、わたしたちはどうしてもこの矛盾に陥ってしまう。それもあっという間に。そのことにつねに自覚的でありたいと思います。そして今回のインタヴューをお引き受けいただいたのも、まさしくその矛盾の直中からとも言えるのですが、そのいっぽうでその矛盾を超え出るなにかがあったかとも思います。今年〔二〇一〇年〕の六月に出しました拙著の担当編集者さんが辻井さんに拙著を送ってくださっていて、そうしたら辻井さんからわたし宛てに励ましのお手紙をいただきました。その冒頭に「世界的規模での思想喪失の時代に、シモーヌ・ヴェイユの存在はとても重要だと思っておりました」と書いてくださっていました。この「世界的規模」というところでグッときてしまいまして、この特集の担当編集者でいらっしゃる亀岡大助さんに「辻井さんにインタヴューをとりたい」とご相談したところ、亀岡さんが『辻井喬全詩集』の担当編集者でいらっしゃり、辻井さんととても懇意でいらっしゃるということで、ひとつの関係性の橋をつくることができました。このインタヴューは辻井さんと亀岡さんの信頼関係の上に、著者と、著者の様々なお顔を熟知している編集者との熱い線上に成り立っています。縁というのはなんと不思議で素敵なんだろうと思います。が、もしかしたら、シモーヌ・ヴェイユが「あちら側」から、こうした縁をメッセージとして授けてくれたのかもしれないとも思います。

本日は、詩人・作家の辻井喬氏と、その辻井さんの追憶のなかの堤清二氏とのあざやかな舞踏を披露してくださったように感じております。シモーヌ・ヴェイユをめぐって、資本主義から詩にいたるまでの辻井さんの貴重な数々のお言葉が、多くの読者の方々の心にタンポポの種のように宿って、様々な花を咲かせてくれるであろうことを夢見ております。本日は本当にどうもありがとうございました。

（二〇一〇年九月六日　セゾン文化財団にて）

付論Ⅱ　インタヴュー

生きているヴェイユ

今村純子

図書新聞編集部（ききて）

本インタヴューは、わたしが責任編集をした『現代詩手帖特集版　シモーヌ・ヴェイユ』（思潮社、二〇一一年）の刊行に際して、二〇一二年二月十四日に、『図書新聞』編集部の馬渡元喜氏から受けたものである。『図書新聞』（二〇一二年三月十七日、三〇五五号）に掲載されたものを再録する。

わたしにとってはじめての特集号・責任編集は、ひとりで創るのとは異なり、みなで創り上げてゆく困難や葛藤、そのなかから生まれてくる歓びに満ちたものであった。当時の編集後記にはこう記してある。「なにかに出会ったとき、なにかが心に突き刺さったとき「シモーヌ・ヴェイユであったらどう考えるであろうか？」とイメージする――そんな生き方をしてきた。［…］企画は二転三転してゆく。そして困難であればあるほど不思議とエネルギーは漲ってゆく。それはシモーヌ・ヴェイユという人と格闘するときのエネルギーに似ていた。記憶のなかの様々な瞬間には、様々な方々の格別の笑顔が貼りついている。設営、音響、デザイン等、沈黙の空間があってはじめて言葉は動き出す。真摯さはつねに遊びへと転回してゆく。ふと横に目をやると、詩がひっそりと佇んでいた」（『現代詩手帖特集版　シモーヌ・ヴェイユ』二一五頁）。

この経験はわたしにとって、もっとも映画製作に近い経験であったのではないかと思う。

―本書では論考、インタヴュー、シンポジウムなど、様々な角度からヴェイユの思想を取り上げています。まずは基本的なコンセプトをお聞かせください。

今村　わたしは十五年ほどずっとヴェイユを読んできましたが、彼女はとても強烈な思想家です。それゆえ、彼女の思想に取り込まれてしまうということがよくありました。ずっと見つめていると、結局何も見えなくなってしまうのです。たとえばヴェイユがプラトンを解釈する際、プラトンの神話をそのまま読むのではなくて、それをprolonger（プロロンジェ）〔敷衍〕しなければならないと言っています（「『饗宴』註解」『前キリスト教的直観』）。ヴェイユのテクストをいくら暗記するほど読み込んだとしても、それだけでは彼女のテクストは静止したものになってしまいます。スーザン・ソンタグ（一九三三―二〇〇四）が「反解釈」と一語で言ってしまうことを、わたしの言葉で置き換えると〝ヴェイユは生きている〟となる。シモーヌ・ヴェイユであったら、〈いま、ここ〉でどう考えるのか。それをヴィヴィッドなイメージとして捉え、自分自身の言葉なり、身体なりで表現してゆくこと、それがヴェイユを読むことだと思っています。さらに、〝言葉が生きる〟のは言葉が「言葉ならざるもの」に衝突したときだと思っておりまして、様々な方々のその瞬間と瞬間を衝突させる際にほとばしり出る火花を「見たい」、「見せたい」というのが本特集の基本的なコンセプトです。

―巻頭インタヴュー「詩と哲学を結ぶために」の相手は、辻井喬さんです。ヴェイユの特集で、経営者／詩人でもある辻井さんをトップにもってきた構成が大胆ですね。

今村　わたしは偶然性の人間で、だいたい自分の思い通りには何ひとつうまくいかないんです。だからこそヴェイユの必然性の観念に惹かれるわけですが。今回の企画も二転三転してしまって、そうした折にふと「あちら側」から降ってきた（笑）。辻井さんがインタヴューを引き受けてくださったときは本当にうれしかったです。ですから、気づいたときには、そうでしかありえない必然性になっていたということです。

いまの日本では、〝日本語が生きてこない〟と辻井さんはおっしゃっていますね。〝おフランス〟の言葉を話しても、それは〈いま、ここ〉の実在とは無関係なわけで。だからこそ、労働者や芸術家といった〝生きる〟言葉を必要としている人にヴェイユは読まれるんだと思います。その言葉で何かをしようとするのではなく、むしろその言葉に突き動かされて、その言葉自体から離れるということが言葉の使命だと思います。

辻井さんが、ケルト人は文字をもとうと思えばもてたけれども、文字をもつことの怖さを知っていたからもたなかったのではないかとおっしゃっていますね。芸術家は言葉にならないものを表現するんだという方がときどきいらっしゃるけれども、そもそも世界の九十九パーセントは言葉にならないものからなっている。そのことをシモーヌ・ヴェイユという人はものすごく真剣に考えた人だと思います。

トップが辻井さんなら、掉尾は河野信子さんと十川治江さんの対談の抄録です（『電子とマリア』工作舎、一九八〇年、所収）。これはどうしても入れたかった。十川さんは、科学のなかにそれを「見ているわたし」を入れてしまうと科学は崩壊してしまうとおっしゃっていますね。だからこそヴェイユの「脱創造」の観念には科学の視点が不可欠なのですが、それを言える人が現在はいない。この科学の見方は、なぜわたしたちはシモーヌ・ヴェイユという人に惹かれるのかということにつながっていきます。彼女が偉人だからではなくて、むしろ、どうしようもなくダメで役立たずで無意味に亡くなっていった人だからこそわたしたちは彼女に惹かれるわけで、その「ほとんど無」に蠟燭の焰のようにポッと美が宿り、それに震わされ、わたしたち自身の生が動いてゆく。そういう関係です。

——翻訳も複数掲載されています。なかでも〝無行為の美徳〟を論じる「『グリム童話』における六羽の白鳥の物語」が印象に残りますね（『シモーヌ・ヴェイユ　アンソロジー』に再録）。

今村　十六歳のときに書いたこの論考のうちに、シモーヌ・ヴェイユ思想全体の原石というべきものが見出されます。〝無行為〟がいいのであれば、「じゃあ、何もしないで寝て暮らせばいいのか」ということになりかねないのですが、そうじゃなくて、無行為とは、自分がしたいと思ったことすべてが不可能になる経験です。ヴェイユはその経験を、自分の力ではどうにもならない必然性との接触とも表現しますが、最終的には、必然性に「同意すること」以外にはわたしたちの自由はない、と転回してきます。「六羽の白鳥の物語」に出てくる、兄たちを白鳥に変えられてしまった妹は、兄たちを救うために、六年間、沈黙を強いられます。この事態はヴェイユの「不幸」の観念に直結します。「不幸な人」は、言いたいことが沢山あるのに何も言えない。なぜなら、「恥ずかしい」からです。「恥辱」が言葉を押し留めてしまう。社会から放擲されること、人々から見捨てられることがどれほどわたしたちの生を縛るのかをヴェイユは徹底的に考え抜きました。そしてだからこそ、沈黙を強いられている「不幸な人」には、美と詩を享受する最大の条件が備わっていると逆転させるのです。

〝無行為の美徳〟については、ゴダールが映画『女と男のいる舗道』（一九六二）で取り上げている、カール・Th・ドライヤーの映画『裁かる、ジャンヌ』（一九二八）が参考になります。処刑を宣告されるジャンヌと、宣告する修道士。実は、処刑を宣告されるジャンヌのほうが自由で、それが彼女の「存在の美」にあらわれている。それに接した修道士は、わなわなと震えはじめる（拙論「瞬間の形而上学」『シモーヌ・ヴェイユの詩学』）。この特集版に収録されている対談で港千尋さんが、この映画ではじめて「裸のジャンヌ」があらわれたと指摘され、それを今福龍太さんがアガンベンの「剝き出しの生」につなげていらっしゃいますね。このことはたとえば、土方巽の舞踏についても言えることです。極限状態に置かれている人の存在を舞踏という美の閃光のうちに映し出したのが土方だと思います。たしかにそこに実在しているのに〝ゼロ〟とされた人の「存在の美」を通して土方は世界とつながっていこうとした。でも海外での高い評価と裏腹に、土方の舞踏を感受できない日本人の心性と現在の日本の政治的・社会的状況は類比的な関係にあるのではないかと思います。

――現代は、人をモノとして扱う社会です。かつそれが体制の核にあり、動因となっている。この状況に対する鈍感な心性が顕著ですが、今村さんがシンポジウム「シモーヌ・ヴェイユと〈いま、ここ〉」で述べているとおり、「加害者の側の人々がモノになっているからこそ、被害者をモノとして扱うことができる」わけですよね。〝モノ化〟する力に抗する際、ヴェイユの言葉はとても参考になるのではないでしょうか。

今村　「モノ化」に抗する力については、芸術の存在が挙げられると思います。芸術というのはいわゆるアートに留まらず、わたしたちすべての人間活動が当てはまると思います。そしてそれが芸術であるか否かは、それが人の心を震わせ、その人の生を動かすか否かで決まるものではないでしょうか。たとえば、ヴェイユが十七歳のときに書いた「美と善」（『シモーヌ・ヴェイユ アンソロジー』所収）という論考では、砂漠をさまようアレキサンダー大王に、兵士のひとりが水をもってくる。でも大王はこの一杯の水を飲むのでもなく、一滴一滴兵士たちに分配するのでもなく、砂漠に流してしまう。その大王の「行為の美」に接した兵士たちの心が震えるならば、兵士たちの心を救えるのと同時にアレキサンダー大王がたしかに「自分自身」であることができる。こうした行為そのものもひろく芸術ととってよいのではないかと思います。

たとえば宮崎駿さんが映画『千と千尋の神隠し』（二〇〇一）の企画書で、端的な暴力を振るわれるなら痛い、苦しいと言えるけれども、あいまいなかたちの暴力の場合、そうはいかない。あいまいなくせにわたしたちを食い尽くそうとする世界に対してファンタジーの力で抵抗するとおっしゃっています。主人公「千尋」は容姿が麗しいわけでも、超能力をもっているわけでもない。むしろ世界に抗するためのいっさいの力をもたない千尋が世界を認識してゆく過程で、その存在の美にわたしたちは打たれ、わたしたちのうちの何かが変わる。この映画はそういう映画ですよね（拙論「アニメーションの詩学——映画『千と千尋の神隠し』をめぐって」『シモーヌ・ヴェイユの詩学』）。

ヴェイユはつねに「善への欲望」について考えていました。すべての人間に善のほうに向き変わろうとする欲望があって、たとえば刑罰の意味とは、他人に悪をなしていることがわからないほどまでに善への欲望を失ってしまった人にもう一度その欲望を取り戻させるためにあるとしています（「人格と聖なるもの」『シモーヌ・ヴェイユ アンソロジー』）。

「モノ化」がおこなわれている現場で自分がそれに抗して動けるか否かはその人自身に委ねられている。生田武志さんがこのシンポジウムで、ヴェイユのことを「他者からの呼びかけに応え続けた人」とおっしゃっていますね。呼びかけを聞いてしまった、聞こえてしまった以上、あとは動くしかない。他の選択肢はないんです。ヴェイユがヴェイユであるために彼女はああいう生き方になった。芽が出て樹になって実がなるといった必然性のように。でも知っているのに、自分に危害が及ぶのを恐れて「モノ化」を見ないようにして、いつの間にか「モノ化」に加担してしまっているのが、多くの現代人の生きざまですよね。そして自らに危害が及ぶのではないかという恐怖と引き替えに、何にも代え難い「わたし自身」を手離してしまう。それに気づくか否かが分水嶺となるでしょうか。

―今村さんはご自身の論考「構造主義とシモーヌ・ヴェイユ」のなかで、「われイメージする、ゆえにわれあり」と書かれています。本書のサブタイトルは、「詩をもつこと」です。詩にはイメージが重要な役割を果たすわけですが、ヴェイユの思想を考えるにあたり、イメージはどのような連関をもつのでしょうか。

今村　シモーヌ・ヴェイユの文章は、端的に論理的ではなくて、むしろ論理は破綻しているとも言えます。ですが、論理がないのか、といったらそうではなく別の論理があるわけです。論理がイメージの連鎖によって映し出されてくる、そういう書き手です。想像力、つまりイメージする力について辻井さんが的確なことをおっしゃっていますね。核兵器を使いたいなんていうのは想像力を失った人間じゃなきゃできないけれども、核兵器を創造するというところまでは科学者の想像力が不可欠である、と。実際ヴェイユは想像力という言葉をよい意味で使うことはあまりないんです。彼女は「偽りの想像力」という言い方をするのですが、それは「遠近法の錯覚」のことで、物理的にも、心情的にも、自分に近いものがよく見えて遠くのものが薄らいでしまうその錯覚を、真実と取り違えてしまうということです。これと「真の想像力」とはまったく別のものです。「労働者に必要なのは美であり、詩である」とヴェイユが述べる意味は、いまの労働を堪え忍んで「アフター・ファイブ」が楽しければそれでいいじゃない、というのではなくて、労働現場そのものが詩に満たされなければならないということです（「奴隷的でない労働の第一条件」『シモーヌ・ヴェイユ アンソロジー』）。ですから、〝労働現場にイメージを〟と言い換えることができると思います。

――レヴィ＝ストロースとヴェイユはほぼ同い歳で実際に邂逅もしています。『親族の基本構造』執筆の際には、数学者であった兄のアンドレの助言も役に立ったそうですね。この両者の共通性は示唆に富みます。

今村　このふたりのもっとも感受性が強い時期が両大戦の「戦間期」にあたります。世界が醜悪さ一辺倒に染め上げられる方向に向かっている。そういう時期に「わたしがたしかにわたしである」ためには「わたしならざるもの」のほうに向かう心性がふたりに共通しています。ヴェイユが労働者の娘であれば、工場に入ることはなかったでしょう。ブルジョワや西洋やエリートといった自身の属性が自分ではないと感じてしまう。どうにもここから出なければ自分が自分でなくなってしまう、と動かずにはいられなくなってくる。そうしてヴェイユは工場へ、レヴィ＝ストロースはブラジルへと向かうわけです。「ある女学生に宛てた手紙」（『労働の条件』〔邦訳：『労働と人生についての省察』〕）でヴェイユは「本当の人生」という言い方をしています。そうして抽象的な世界ではない「本当の世界」に激突してかれらが捉えたものが「構造」であり、「関係」であり、それがどれほどわたしたちの生に不可欠であるのかをそれぞれの個性で表現しようとしました。『重力と恩寵』と『悲しき熱帯』があれほどわたしたちを魅了する所以はそこにこそあると思います。

——ヴェイユは三十四歳という若さで亡くなりました。思想家という点での振幅はどうなのでしょうか。つまり、初期は労働の問題を考えるところからはじまり、後期の神秘的な方向へ進んでいったように見えます。と同時に一貫した思想家と言えるような気もします。

今村　十代に書いていた論考と最晩年の神秘思想とのあいだには一貫性があり、なおかつ普遍性があります。ですが「工場生活の経験」をはさんだ二十代前半と、後半および三十代とを比べると、後者のほうが思想そのものは研ぎ澄まされてゆくのですが、そのいっぽうで現実認識ははるかに前者のほうが鋭いんです。たとえば、仏文学者の片岡美智さん（一九〇七―二〇一二）はご著書『シモーヌ・ヴェイユ――真理への献身』（講談社、一九七二年）で、ニューヨークに渡る船でヴェイユがたった数脚しかない椅子をずっと占拠して書き物をしていたというエピソードを紹介し、この時代もっとも「不幸」であったのはユダヤ人であったはずではなかったのか、とヴェイユの現実認識のあまりの甘さについて書いていらっしゃいます。

思想の面では、すごく短絡的に申しますと、初期には意志による自由が探究されているのですが、「工場生活の経験」以後は、意志が打ち砕かれた後の欲望による自由の探究へと移行してゆきます。つまり、必然性に同意することを「欲望する」ということであり、「不在の神」への愛ということになります。

ヴェイユはたった三十四年の生を紡いだ人です。彼女のテクストは象徴性が高く、問題関心は多岐にわたるいっぽうで、未完成や矛盾をはらむのは避けがたいことであるかと思います。その思想をどうわたしたちが受け取ってゆけるのか。本特集にかかわってくださった方々のヴェイユの捉え方そのものはほぼ一致していると思います。解釈が多岐にわたるという類の思想家ではないです。しかしその捉えたものをどう表現するのか、どう〝生きさせるのか〟というのは千差万別で、ここにこそ、ヴェイユの思想が花開くか否かの鍵があると思うのです。

いまでもヴェイユを読んでいると座っていられなくなってしまって、立ち上がってしまうことがよくあります。内的な動きがどうしても身体にあふれ出てしまう、そうさせられる思想家です。これからやるべき仕事のひとつに、ヴェイユが「語ったこと」、「行為したこと」ではなく、ヴェイユが「語らなかったこと」、「行為しなかったこと」を浮き彫りにするということが挙げられるかと思います。たとえば、彼女が嫌悪するニーチェ、百科全書派、量子論、ユダヤ性といったものには、間違いなくヴェイユその人の姿が二重写しになっています。これらを浮き彫りにすることは言葉そのもの、思想そのものを問うことでもあると思います。あるいは、河野さんの言葉を借りれば、〝恋愛沙汰を一度も起こしていない〟ヴェイユのエロスについて、神とでなければ付き合えないようなエロスについて考察することも興味深いと思います。個人的な願望としては、「シモーヌ・ヴェイユと美術」とか、「シモーヌ・ヴェイユと建築」とか、自分自身の資質からヴェイユを描いてみたいと思っています。ヴェイユを読むことで自分自身に出会い、出会った自分からインスピレーションが溢れてくる。シモーヌ・ヴェイユという人は、そうした書き手であるかと思います。

（二〇一二年二月十四日　図書新聞にて）

註

■序章　哲学、女、映画、そして……

（1）今村純子「闇夜と光彩のあいだに」ジャンニ・ヴァッティモ、ピエル・アルド・ロヴァッティ編、上村忠男・山田忠彰・金山準・土肥秀行訳『弱い思考』（法政大学出版局、二〇一二年）書評、『図書新聞』二〇一三年二月二三日号（三〇九九号）、二〇一三年、三面参照。

（2）Simone Weil, *Œuvres complètes, Tome VII, volume1, Correspondance, Correspondance familiale*, Paris, Gallimard, 2012, p. 296. シモーヌ・ヴェイユ、田辺保・杉山毅訳「父母への手紙」『ロンドン論集とさいごの手紙』勁草書房、一九六九年、新装版一九八七年、三二三―三二四頁。

（3）「愛（エロース）は硬いものの上を歩まず、柔らかいものの上を歩みます……。というのも、愛（エロース）がその居を構えるのは、神々や人間の心と魂の内部にかぎられ、すべてのものの魂の内部ではないからです。性格が硬い魂に出会うと、愛（エロース）は立ち去ってしまいます。しかし、性格が柔らかい魂に出会うと、愛（エロース）はそこに居を構えます。……したがって愛（エロース）は、とても若く、とても繊細で、さらに、その実体が流体のようなものです」（プラトン『饗宴』195e–196b〔ヴェイユによる翻訳・引用〕、シモーヌ・ヴェイユ、今村純子訳『前キリスト教的直観――甦るギリシア』法政大学出版局、二〇一一年、五六頁）。

（4）折口信夫「批評の意義（Ⅱ）」『折口信夫全集』第二九巻、中央公論社、一九九七年、二三四頁。

（5）シモーヌ・ヴェイユと折口信夫との比較思想研究については、以下を参照のこと。今村純子「水の思想――

シモーヌ・ヴェイユと折口信夫」『比較思想研究』第四二号、二〇一六年、一二六―一三四頁。

(6) たとえば、今村純子「美と実在――シモーヌ・ヴェイユと西田幾多郎」、「美的判断力の可能性――シモーヌ・ヴェイユとハンナ・アーレント」、「芸術という技、労働という技――シモーヌ・ヴェイユと西田幾多郎」、「詩をもつこと――シモーヌ・ヴェイユと鈴木大拙」(『シモーヌ・ヴェイユの詩学』慶應義塾大学出版会、二〇一〇年、所収)。

(7) たとえば、今村純子「暴力と詩――『人格と聖なるもの』、『『イーリアス』あるいは力の詩篇』を手がかりに」、「重力と詩」(『シモーヌ・ヴェイユの詩学』所収)。

(8) たとえば、今村純子「アニメーションの詩学――映画『千と千尋の神隠し』をめぐって」、「瞬間の形而上学――映画『女と男のいる舗道』をめぐって」、「善への欲望――映画『ライフ・イズ・ビューティフル』をめぐって」、「童話的映画がひらく倫理の地平――映画『アメリ』をめぐって」、「美しさという境涯――映画『ガイサンシー(蓋山西)とその姉妹たち』をめぐって」(『シモーヌ・ヴェイユの詩学』所収)。

(9) Simone Weil, *Œuvres complètes, Tome VI, volume 4, Cahiers 4 (février 1942-juillet 1943)*, Paris, Gallimard, 2006, p. 362. シモーヌ・ヴェイユ、田辺保訳『超自然的認識』勁草書房、一九七六年、三六〇頁。シモーヌ・ヴェイユ、今村純子編訳、「まえがき」『シモーヌ・ヴェイユ アンソロジー』河出文庫、二〇一八年、一〇―一一頁で翻訳・引用。

(10) プラトンはこう述べている。「何ひとつ不正義を冒していないのに、不正義であるという最大の悪評を受けさせるのです。というのも、そうすることがその人の正義の試金石となるからです。悪評とそれがもたらす数々の結果は、はたしてその人を萎えさせることがないかどうか。反対に、正義であるにもかかわらず生涯にわたって不正義だと認められながら、泰然自若としていられるかどうか。こうして正義の人が正義の極に、不正義の人が不正義の極に至るならば、両者のいずれがよりいっそう幸福であるかがはっきりとわかるでしょう。[…]このような魂の状態にあって、正義の人は鞭打たれ、拷問され、縛られ、目を焼かれ、ついには、ありとあらゆる辛酸をなめた末に磔にされるでしょう。そうして、正義であることではなく、正義と認められることを望むべきだと思い知らされるでしょう」(プラトン『国家』360e, 361b-c, 361e-362a, 367-e〔ヴェイユによる翻訳・引用〕シモーユ・ヴェイユ「『国家』註解」『前キリスト教的直観』九〇―九一頁)。

(11) シモーヌ・ヴェイユ、今村純子訳「神への愛と不幸」『神を待ちのぞむ』河出書房新社、二〇二〇年、一八六頁／シモーヌ・ヴェイユ『シモーヌ・ヴェイユ　アンソロジー』二四七頁。

(12) シモーヌ・ヴェイユ「人格と聖なるもの」『シモーヌ・ヴェイユ　アンソロジー』三三〇頁。

(13) Simone Weil, «Fragments et Notes», *Écrits de Londres et dernières lettres*, Paris, Gallimard, 1957, pp. 180–181. シモーヌ・ヴェイユ、田辺保・杉山毅訳「断章と覚え書き」『ロンドン論集とさいごの手紙』勁草書房、一九六九年、新装版一九八七年、二一六頁。今村純子「まえがき」『シモーヌ・ヴェイユ　アンソロジー』一二—一三頁で翻訳・引用。

(14) プラトンをどう受け取るのかについてヴェイユはこう述べている。「プラトンは、その神話でけっしてすべてを語ってはいない。だから、神話を敷衍することは恣意的な解釈をすることではない。むしろ、敷衍しないほうが恣意的な解釈をすることになろう」（シモーヌ・ヴェイユ『前キリスト教的直観』五四頁）。

(15)「彼女の著作が未完結で問題を孕んでいること、また、彼女の著作には逆説、欠落、矛盾が氾濫していることは、紛れもない事実である。もっと長く生きたなら、彼女は間違いなく自身の思想を体系化し、一貫性を持つものにしたであろう、と好んで言われる。［…］／だが、シモーヌ・ヴェイユの思想は、偶然ではなく、その成立からして未完結であり、逆説を孕むものであることを、われわれは確信している。そして、おそらくこのことが、彼女の思想をあのように魅惑的にしている理由の一つなのである。［…］シモーヌ・ヴェイユという「現象（フェノメーヌ）」は、唯一で、模倣しえないものである。実存主義、弁証法神学、聖書学の復興の時代にあって、彼女の思弁的神秘主義は、キリスト教的プラトニズムの偉大さと、それが現代において欠如していることを、ただ一人孤高に証言しているのである」（ミクロス・ヴェトー、今村純子訳『シモーヌ・ヴェイユの哲学——その形而上学的転回』慶應義塾大学出版会、二〇〇六年、三四一—三四二頁）。

(16) Simone Weil, *Œuvres complètes, Tome V, volume 2, Écrits de New York et de Londres. L'enracinement. Prélude à unn déclaration des devoirs envers l'être humain* (1943), Paris, Gallimard, 2013, pp. 188–189. シモーヌ・ヴェーユ、山崎庸一郎訳『根をもつこと』春秋社、一九六七年、新版二〇〇九年、一三三頁。

(17) 河野信子と十川治江との対談については以下を参照のこと。河野・十川「電子とマリア（抄）」、今村純子責任編集『現代詩手帖特集版　シモーヌ・ヴェイユ』思潮社、二〇一一年、一九二—二〇三頁。

（18）Simone Weil, *La condition ouvrière*, Paris, Gallimard, coll. folio, 2002.（coll. espoir, 1951, coll. idées, 1964）, p. 66. シモーヌ・ヴェーユ、黒木義典・田辺保訳「ある女生徒への手紙」『労働と人生についての省察』勁草書房、一九六七年、新版一九八六年、二一頁。

（19）工場でのモノ化については、シモーヌ・ヴェイユ「工場生活の経験」『シモーヌ・ヴェイユ　アンソロジー』六九―一一四頁を、戦場でのモノ化については、シモーヌ・ヴェイユ「『イーリアス』、あるいは力の詩篇」『シモーヌ・ヴェイユ　アンソロジー』一一五―一九八頁を参照のこと。

（20）石牟礼道子については、以下の拙論を参照のこと。今村純子「見つめられる水紋――石牟礼道子から佐藤真へ」『文藝別冊　石牟礼道子』河出書房新社、二〇一八年、一五四―一六五頁。

（21）この経験を、石牟礼道子の『苦海浄土』と同じく、瑞々しい、「やわらかい心」で書き記したのが論考「工場生活の経験」である。この論考は、シモーヌ・ヴェイユの論考のなかで、とりわけ筆の勢いとリズムに満ちているものである。シモーユ・ヴェイユ「工場生活の経験」『シモーヌ・ヴェイユ　アンソロジー』六九―一一四頁。

（22）Simone Weil, *Œuvres complètes, Tome VI, volume1, Cahiers 1 (1933- septembre 1941)*, Paris, Gallimard, 1994, p. 298. シモーヌ・ヴェーユ、山崎庸一郎・原田佳彦訳『カイエ１』みすず書房、一九九八年、二〇五頁。

（23）シモーヌ・ヴェイユ「人格と聖なるもの」『シモーヌ・ヴェイユ　アンソロジー』三六六頁。

（24）シモーヌ・ヴェイユ「『饗宴』註解」『前キリスト教的直観』七〇頁。

（25）拙訳書『神を待ちのぞむ』（河出書房新社、二〇二〇年）は、一九五〇年初版を底本としている。

（26）Simone Weil, *Œuvres complètes, Tome V, volume 2, Écrits de New York et de Londres. L'enracinement. Prélude à une déclaration des devoirs envers l'être humain*（1943）, p. 147. シモーヌ・ヴェーユ『根をもつこと』七九頁。

（27）シモーヌ・ヴェイユ「神への暗々裏の愛の諸形態」『神を待ちのぞむ』二一一―二一二頁。

第Ⅰ部　大地と詩

（1）Simone Weil, *Œuvres complètes, Tome V, volume 2, Écrits de New York et de Londres, L'enracinement, Prélude à une déclaration des devoirs envers l'être humain (1943)*, Paris, Gallimard, 2013, pp. 142-143. シモー

ヌ・ヴェーユ、山崎庸一郎訳『根をもつこと』春秋社、一九六七年、新版二〇〇九年、七三頁。

■第1章　ファンタジーとは何か

（1）シモーヌ・ヴェイユ、今村純子編訳「奴隷的でない労働の第一条件」『シモーヌ・ヴェイユ アンソロジー』河出文庫、二〇一八年、二一〇頁。

（2）『風立ちぬ』は、主人公・堀越二郎がこれまでにないほど宮崎監督自身とのシンクロニシティを見せている。企画書「飛行機は美しい夢」で宮崎監督は次のように述べている。「自分の夢に忠実にまっすぐ進んだ人物を描きたいのである。夢は狂気をはらむ、その毒もかくしてはならない。美しすぎるものへの憧れは、人生の罠でもある。美に傾く代償は少なくない。二郎はズタズタにひきさかれ、挫折し、設計者人生をたちきられる。それにもかかわらず、二郎は独創性と才能においてもっとも抜きんでていた人間である。それを描こうというのである」（『風立ちぬ』パンフレット、東宝、二〇一三年）。

（3）「ピタゴラス派の学説について」と題された長い論考のクライマックスは、次の一節に収斂される。「不幸のために引き裂かれ、合目的性を追い求めて叫び続ける魂は、真空に触れる。魂が愛するのをやめないならば、叫び求めた答えではなく――というのも、それはもとよりないのだから――、どんな答えよりもかぎりなく意味に溢れた何ものかとして、神の言葉そのものとして、沈黙の声を聴く日が来ることだろう。そのとき魂は理解する。この世における神の不在とは、天にいます神のこの世におけるあらわれなのだ、と。だが神の沈黙を聴くためには、この世において空しく合目的性を追求するよう魂が強いられた、という経験が不可欠である。そして、ふたつのものだけが魂にそれを強いる力を有している。不幸、あるいは美の感情による純粋な歓びがそれである。美こそが、いかなる個別の合目的性ももたず、ただちに合目的性のあらわれを感じさせるがゆえに、この力を有するのだ。不幸とこの上もない純粋な歓び――ただふたつの道であり、等価な道である。だが、不幸がキリストの道となる」（シモーヌ・ヴェイユ、今村純子訳「ピタゴラス派の学説について」『前キリスト教的直観――甦るギリシア』法政大学出版局、二〇一一年、一九四頁）。

（4）自らの植物への着目について宮崎監督は次のように述べている。「[…] 自分の中に流れているものが照葉樹林につながってたんだとわかったときに、ものすごく気持ちがよくて、解放されたんですね。それからですよ、植物というのがどれほど大切で、風土の問題が自分たちにとって大事なものだとわかったのは」（宮崎駿『出発点　1979〜1996』スタジオジブリ、一九九六年、四九二頁）。

（5）この点に関して宮崎監督はこう述べている。「たとえばの話、塚森の大クスノキでも、あんな大きなクスノキはないですけど、実は見た気持ちの中ではあんだけ大きいんですよ。〝でっかいなあ、なんて立派な木なんだろう〟っていうふうに小さいとき見上げて思った木ってだれでもあるでしょう」（同前、四八六頁）。

（6）引っ越し先の家の造りについて宮崎監督は次のように述べている。「ああいう日本家屋と洋間をつなげた家は、昔はよくあったんですよ。実は、あの家はまだ半完成、全部できあがっていない家なんです。庭にしても、ちゃんとした庭を作ろうと思ってたんですけれど、ちゃんと作らないうちに、家が用なしになってしまった……ようするに、病人が死んでしまった家なんです」（同前、四八六—四八七頁）。

（7）この点についてヴェイユは次のように述べている。「自らの自由意志を信じることも含めて、傲慢が生むもろもろの幻想や挑戦、反抗というものはみな、光の反射と同じく厳密に規定された現象にすぎない。こう考えると、生命なき物質と同じく極悪な犯罪者も世界の秩序をなしており、したがって世界の美をなしていることになろう。すべては神に従順であり、したがってすべては完璧に美しい。これを知ること、これを現実のものとして知ること、それは、天にいます〈父〉が完璧であるのと同様に完璧である、ということである」（シモーヌ・ヴェイユ「ピタゴラス派の学説について」『前キリスト教的直観』一八八頁）。

（8）先の受難のシーンに続いて音楽についてヴェイユは次のように述べている。「キリストの叫びと〈父〉の沈黙とが交響し、至高の調和を奏でる。あらゆる音楽はその模倣にほかならず、わたしたちのうちで最高度に悲痛で甘美な調和による音楽であっても、この至高の調和にははるかに及ばない。全宇宙はその微小なかけらであるわたしたち自身の存在も含め、この至高の調和の振動にすぎない」（同前、一九五頁）。

（9）この点に関して宮崎監督は次のように述べている。「そういうふうに〔二元論的に〕考えるんじゃなくて日本人にとっては、神様って闇の中にいるんですよ。ときどきは光の中にも出てくるかもしれないけど、いつもはどこかの森の奥深いところにいたり、山の中に住んでいたり、そこへ〝依代（よりしろ）〟を建てると、ふらっとそこへやってきたりする。〔…〕なにかがいる気がする。その〝こわい〟という気持ちが、日本人にとってはある種の森とかそういうものに対する尊敬の念で——ようするに、原始宗教、アニミズムなんですね。〔…〕／そういうのは自分の心の奥深い暗がりとどこかでつながっていて、そういうものを片方で消してしまうと、自分の心の中にある暗がりもなくなって、なにか自分の存在そのものが薄っぺらいものになるという感じがどこかにあるもんで、気になるんですね」（宮崎駿『出発点　1979〜1996』四九二―四九四頁）。

(10)　この点に関してヴェイユはこう述べている。「必然性は美の一面にすぎず、美のもうひとつの面は善であることを心底理解するならば、そのとき、必然性と感じられているものすべて――困難、苦しみ、痛み、障害など――は、愛を促す根拠となる」（シモーヌ・ヴェイユ「『ティマイオス』註解」『前キリスト教的直観』四一頁）。「おそらく、美の感情の本質とは、一面では過酷な強制であるにもかかわらず、また一面では神への従順である、という点であろう。摂理の寛容さのおかげでこの真理はわたしたちの魂の肉の部分と、いうなればわたしたちの身体にさえ感じられるものとなっている」（シモーヌ・ヴェイユ「ピタゴラス派の学説について」『前キリスト教的直観』一八五頁）。

(11)　『となりのトトロ』は、一九八六年に起こったチェルノブイリ原発事故の二年後に公開されている。たとえば、山川元監督映画『東京原発』（二〇〇四）では、唯一の被爆国である日本が、敗戦後わずか九年のあいだに五十四基もの原発を建設していることをコミカルに指摘している。ここに、国家が絶望的に傷つけられたその同じエネルギーで国を再建しようとする人間の屈折した欲望のありようを見て取ることができよう。

(12)　葉緑素についてヴェイユは次のように述べている。「太陽エネルギーをつなぎ止める葉緑素の特性はまた、愛（エロース）の神の媒介的な働きのイメージともなる」（シモーヌ・ヴェイユ「『饗宴』註解」『前キリスト教的直観』七一頁）。「太陽エネルギーは接近しえない源泉から生じてくるのであり、わたしたちはその源泉に一歩も歩み寄ることができない。太陽エネルギーは、たえずわたしたちに降り注ぐ。だが、太陽エネルギーが絶え間なくわたしたちを満たしても、わたしたちは太陽エネルギーをつかみ取ることはできない。植物の葉緑素の原理だけがわたしたちのために太陽エネルギーをつかみ取り、それをわたしたちの糧にすることができる。わたしたちの努力によって大地がそれにふさわしくなるように整えられねばならない。こうして、葉緑素によって太陽エネルギーは形をもった物となり、わたしたちのうちにパンとして、ワインとして、油として、果実として入ってくる。農民の労働はすべて、キリストの完璧なイメージであるこの植物の特性を育成し、提供するということにある」（シモーヌ・ヴェイユ「奴隷的でない労働の第一条件」『シモーヌ・ヴェイユ アンソロジー』二一七頁）。「重い物質が重力に抗して上昇することができるのは、植物において葉緑素が捉え、そして樹液のなかで働く太陽エネルギーによってのみである。重力と死が、徐々にではあるが、否応なく、光を奪われた植物を襲うであろう」（シモーヌ・ヴェイユ「人格と聖なるもの」『シモーヌ・ヴェイユ アンソロジー』三三七—三三八頁）。

(13) この点についてヴェイユは次のように述べている。「毎日より高く飛べばいつかは落ちずに天空に昇るであろうという希望をもって、足を揃えて飛び続ける人間のように、自らの魂を高めようとする人がいる。そうした想いに憑かれている人は、天空を見つめることができない。わたしたちは一歩も天空のほうに向かうことはできない。わたしたちに垂直方向は禁じられている。だがもしわたしたちが長いあいだ天空をじっと見つめるならば、神が降りてきて、わたしたちを持ち上げる」（シモーヌ・ヴェイユ、今村純子訳「神への暗々裏の愛の諸形態」『神を待ちのぞむ』河出書房新社、二〇二〇年、二六四頁）。

(14) このシーンの造型について、宮崎監督は自らの体験を次のように語っている。このような子どもの生きざまこそが、その場を動けないものの、光のほうに身を寄せる植物的生命に倣うことによる善の把持だと言えよう。「ぼくは、臨海学校で生まれて初めてウニを見たときにね、こんなおもしろい物は、絶対病気のお袋に見せたいと思って、それをそのまま宿舎の縁の下に置いといたんですよ。今思えば、お袋とっくにウニなんて見てるはずですよ（笑）。当然、縁の下のウニはくさっちゃって、ガッカリした記憶があるんだけど、そのときに自分の驚きとか喜びを、少しでも分けてあげたいと思うときに、それはお母さんがもう見ているんじゃないかとは思わないですよ」（宮崎駿『出発点 1979~1996』五〇九頁）。

(15) この点について宮崎監督の次の言葉を重ね合わせると、「善は欲望するということにおいてすでに善い」という「善への欲望」のありようをいっそう深めることができよう。「トトロが存在していることだけで、サツキとメイは救われてるんですよ。存在している、存在しているだけでです。迷子を見つけるときに、手助けしてくれたけれども、でもあのときトトロが一緒に行っちゃダメだと思ったんです」（同前、五〇二頁）。

(16) 『千と千尋の神隠し』については次の拙論を参照のこと。今村純子「アニメーションの詩学——映画『千と千尋の神隠し』をめぐって」『シモーヌ・ヴェイユの詩学』慶應義塾大学出版会、二〇一〇年、七一—八一頁。

(17) 「だれでも高ぶる者は低くされ、へりくだる者は高められる」（マタイ二三・一二［新共同訳］）。

【図版】

図１　宮崎駿監督『となりのトトロ』スタジオジブリ、一九八八年。ＤＶＤ：ウォルト・ディズニー・ジャパン、二〇〇四年。[00: 35: 45]

図２　同前［00: 35: 36］

図３　同前［00: 55: 35］

図４　同前［01: 02: 33］

■第２章　映像という詩のかたち

（１）　メカスは自らを回想して次のように語っている。「しかしその一方で私には、自分にも不思議な一面があった。自分の人生、過去、生い立ち、先祖たちについてまったく興味がなかったのだ。日々の暮らしにも身近なものにもまったく関心がなかった。たとえば、二〇歳になるまで自分の食べたものを憶えていなかった。憶えているのはただ、母がいつも私をせきたてていたことだけ。「お食べ、お食べ、その本を置いて。なにも食べないで、おまえの鼻はいつも本のなかだね」。今でも、だれかにリトアニアではなにを食べているのかと訊かれれば、私の答えはこうだ。「さあ、なんでしょうかね」／一七歳のころには、リトアニア語の出版物はバックナンバーの雑誌や新聞まで、ほとんどすべてを読んでいた。そして内容すべてを記憶していた。だから、首都から来た年上の文学仲間たちが、なにかの記事がどの出版物に載っているのかわからなくなると、よくこう言った。「そうだ、村のあの若僧がいるじゃないか。訊いてみろよ。知っているから」。私はいつも知っていた。しかし、だれが自分の姪、いとこ、叔母なのかなど、いろいろな親戚の人たちの人間関係は知らなかった」（Jonas Mekas, *I Had Nowhere to Go*, New York, Black Thistle Press, 1991. ジョナス・メカス、飯村昭子訳『メカスの難民日記』みすず書房、二〇一一年、二一―三頁）。

（２）　シモーヌ・ヴェイユ、今村純子編訳「奴隷的でない労働の第一条件」『シモーヌ・ヴェイユ アンソロジー』河出文庫、二〇一八年、二一〇頁。

（３）　プラトン『ティマイオス』（90a-d）を敷衍解釈する過程でヴェイユはこう述べている。「必然性は美の一面にすぎず、美のもうひとつの面は善であることを心底理解するならば、そのとき、必然性と感じられているものすべて――困難、苦しみ、痛み、障害など――は、愛を促す根拠となる」（シモーヌ・ヴェイユ、今村純子訳「『ティマイオス』註解」『前キリスト教的直観――甦るギリシア』法政大学出版局、二〇一一年、四一頁）。

（4）プラトン『国家』（211b-212b）を敷衍解釈する過程でヴェイユはこう述べている。「洞窟の比喩で人は、太陽の直前に月をじっと見つめる。月は太陽の映しでありイメージである。太陽は善なので月が美だと想定するのが自然である。美に到達した人はほぼ完全なものに到達したと述べることでプラトンは、至高の美は神の子であることを示唆している」（シモーヌ・ヴェイユ「『国家』註解」『前キリスト教的直観』一〇二頁）。

（5）論考「ピタゴラス派の学説について」でヴェイユはこう述べている。「人がある対象を愛するのは、自分のささやかな過去や望ましい未来を、思考によってその対象に宿らせているからである。あるいはまた、その対象が他の人物にかかわっているからである。わたしたちは、愛する人の思い出となる品を愛したり、天才である人の仕事となる芸術作品を愛したりする。宇宙はわたしたちにとってひとつの追憶である」（シモーヌ・ヴェイユ「ピタゴラス派の学説について」『前キリスト教的直観』一七五頁）。

（6）メカスがマヤ・デレン（Maya Deren, 1917-1961）の作品について語る次の記述は、メカスその人の作品に当てはまるであろう。「[…]本質的に詩である映画、その物語性ではなく視覚的な関連とシンボルによってわれわれに働きかける映画を、言葉で捕えるのは不可能である。／[…]詩人はすべて感覚の特殊な領域で作品を作る。マヤ・デーレンがかかわる領域は、彼女の個人的な潜在意識である以上に一つの普遍的な無意識の世界である。[…]／マヤ・デーレンの内容の深さにかかわらず、われわれを虜にするのはまず視覚的リズムの密度であり、その知性ではない」（Jonas Mekas, *Movie Journal : The Rise of the New American Cinema, 1959-1971*, New York, Collier Books, 1972. ジョナス・メカス、飯村昭子訳『メカスの映画日記――ニュー・アメリカン・シネマの起源 1959-1971』フィルムアート社、一九七四年、一二頁）。

（7）Simone Weil, *Œuvres complètes, Tome V, volume 1, Écrits de New York et de Londres (1942-1943), Questions politiques et religieuses*, « Y a-t-il une doctrine marxiste ? », Paris, Gallimard, 2019, pp. 142-143. シモーヌ・ヴェイユ、石川湧訳「マルクス主義学説はあるのか？」『抑圧と自由』東京創元社、一九六五年、二三〇頁。

（8）メカスによるボイス・オーバーはすべて拙訳による（以下同様）。

（9）この点についてヴェイユはこう述べている。「おそらく、美の感情の本質とは、一面では過酷な強制であるにもかかわらず、また一面では神への従順である、という点であろう。摂理の寛容さのおかげでこの真理はわたしたちの魂の肉の部分と、いうなればわたしたちの身体にさえ感じられるものとなっている」（シモーヌ・ヴェイユ「ピタゴラス派の学説について」『前キリスト教的直観』一八五頁）。

(10) この点に関してヴェイユは次のように述べている。「不幸の真のニュアンスとその原因を摑むには、内面の分析に対する格別の心の準備がなければならない。だが概して、不幸な人の場合そうではない。たとえ心の準備ができている場合でも、不幸そのものが思考のこの働きを妨げてしまう。そして屈辱の効果はつねに、思考があえて踏み込むことのない立ち入り禁止ゾーンを作り上げてしまう。そのゾーンは沈黙か虚偽に覆われている。不幸な人が不平を述べるとき、ほぼつねに、自らの真の不幸には触れずに、事実とは異なる不平を述べ立てている。そしてさらに、深刻で延々と続く不幸の場合、きわめて強い羞恥心が不平を述べ立てることを押し留めてしまう」（シモーヌ・ヴェイユ「工場生活の経験」『シモーヌ・ヴェイユ　アンソロジー』九六頁、強調引用者）。

(11) この点に関してヴェイユは次のように述べている。「わたしたちの理性が犯罪に結びつけるあらゆる侮蔑、あらゆる排斥、あらゆる嫌悪を、わたしたちの感性は不幸に結びつける。キリストが魂全体に浸透している人を除いて、すべての人は多かれ少なかれ不幸な人を軽蔑している。ほとんど誰もそのことに気づいていないのだが、そうである」（シモーヌ・ヴェイユ、今村純子訳「神への愛と不幸」『神を待ちのぞむ』河出書房新社、二〇二〇年、一八二頁／『シモーヌ・ヴェイユ　アンソロジー』二四一頁、強調引用者）。

(12) シモーヌ・ヴェイユ「工場生活の経験」『シモーヌ・ヴェイユ アンソロジー』九六頁。

(13) その場を動かないことによる自由についてヴェイユは次のように述べている。「そもそもすべての事柄が同一であっても、言うまでもなく、従順に同意するか否かによって人間は同じ行為を成し遂げはしない。そもそもすべての条件が同一であっても、植物が光のうちに置かれているかあるいは闇のうちに置かれているかによって、同じようには成長しないのと同様である。植物は自らの成長に関して何も支配しないし、何も選択しない。わたしたちは、光に自らをさらすか否かを唯一の選択としてもつであろう植物のようなものである」（シモーヌ・ヴェイユ「神への愛と不幸」『神を待ちのぞむ』一九〇頁／『シモーヌ・ヴェイユ　アンソロジー』二五五頁）。

(14) 労働の疎外をヴェイユは次のように言い当てている。「機械を操る未熟練労働者が要求されているテンポに達するのは、一秒の動作が、何かが終わり別の何かが始まることを示すものがいっさいなく、間断なく、ほぼ時計のチクタクどおりに続いてゆく場合のみである。長く耳を傾けているのが耐え難い、この時計のチクタクの陰鬱な単調さを、未熟練労働者は、自らの身体をもってほぼ再生産しなければならない」（シモーヌ・ヴェイユ「工場生活の経験」『シモーヌ・ヴェイユ　アンソロジー』八八—八九頁）。

（15）シモーヌ・ヴェイユ「『ティマイオス』註解」『前キリスト教的直観』四一頁。

（16）プラトン『饗宴』196d-197c〔ヴェイユによる翻訳・引用〕、シモーヌ・ヴェイユ「『饗宴』註解」『前キリスト教的直観』六八—六九頁。

（17）この点についてヴェイユは次のように述べている。「わたしたちは太陽エネルギーを食べる。そしてわたしたちを直立させ、その筋肉を動かし、自らにおいてあらゆる行為を肉体的に引き起こすのは、太陽エネルギーである。［…］植物の葉緑素の原理だけがわたしたちのために太陽エネルギーをつかみ取り、それをわたしたちの糧にすることができる。わたしたちの努力によって大地がそれにふさわしくなるように整えられねばならない」（シモーヌ・ヴェイユ「奴隷的でない労働の第一条件」『シモーヌ・ヴェイユ　アンソロジー』二一六—二一七頁）。

（18）プラトン『国家』361b-c〔ヴェイユによる翻訳・引用〕、シモーヌ・ヴェイユ「『国家』註解」『前キリスト教的直観』九〇—九一頁。

（19）Simone Weil, *Écrits de Londres et Dernières Lettres*, Paris, Gallimard, 1957, pp. 180–181. 今村純子「まえがき」『シモーヌ・ヴェイユ　アンソロジー』一二—一三頁で翻訳・引用。

（20）シモーヌ・ヴェイユ「神への愛と不幸」『神を待ちのぞむ』一八九頁／『シモーヌ・ヴェイユ　アンソロジー』二五三頁。

（21）シモーヌ・ヴェイユ「『ティマイオス』註解」『前キリスト教的直観』二六頁。

（22）Simone Weil, *Œuvres complètes, Tome VI, Volume 2, Cahiers 2 (septembre 1941– février 1942)*, Paris, Gallimard, 1997, p. 421. シモーヌ・ヴェーユ、田辺保・川口光治訳『カイエ2』みすず書房、一九九三年、三一七頁。

（23）Simone Weil, *Œuvres complètes, Tome V, volume 2, Écrits de New York et de Londres. L'enracinement. Prélude à une déclaration des devoirs envers l'être humain (1943)*, Paris, Gallimard, 2013, p. 147. シモーヌ・

ヴェーユ、山崎庸一郎訳『根をもつこと』春秋社、一九六七年、新版二〇〇九年、七九頁。

(24) たとえばメカスは自分の村に住むひとりのユダヤ人の詩人について次のように語っている。「一〇歳か一一歳のころだった。私の願いはどうしても、このやつれた感じの、髪の黒い、苦行者風の、背の高いユダヤ人のような作家か詩人になることしかないと、心に決めていた。私の人生の目標は突然決まった。／ドイツ兵がやってきて、彼を撃った。私はとうとう彼がだれなのか知らなかった。ドイツ兵は郵便局の男まで撃った。郵便局のなかからだれかが通行中のドイツ兵たちに向けて発砲した。ドイツ兵はみな歩みを止め、建物のなかにいる人たち全員を撃った。われわれが生きてきた時代や生まれた土地とこの事件がどう関わっているのか、私にはわからない。しかし、私の幼年時代の主人公たちは、ほとんど死んだ。不慮の死だった」(Jonas Mekas, *I Had Nowhere to Go*. ジョナス・メカス『メカスの難民日記』一四頁)。

【図版】

図1 direct. Jonas Mekas, *Reminiscences of a Journey to Lithuania*, United Kingdom / West Germany, 1972. DVD: RE: VOIR, 2012. [0: 02: 16]
図2 ibid. [0: 03: 07]
図3 ibid. [0: 05: 46]
図4 ibid. [0: 13: 41]
図5 ibid. [0: 14: 11]
図6 ibid. [0: 16: 14]
図7 ibid. [0: 27: 29]
図8 ibid. [0: 29: 28]
図9 ibid. [1: 02: 17]
図10 ibid. [1: 02: 48]
図11 ibid. [1: 04: 19]
図12 ibid. [1: 09: 06]

図13　ibid.［1: 12: 58］
図14　ibid.［1: 17: 09］

■第3章　叙事詩としての映画

（1）佐藤真『日常という名の鏡――ドキュメンタリー映画の界隈』凱風社、一九九七年、増補第二版二〇一五年、一四頁。
（2）同前、四三頁。
（3）佐藤監督は次のように述べている。「水俣病問題は自分の暮らしと無関係であるから観たくないと思っている多くの人々の暮らしの中にこそ、映画は、表現として切り込んでいかなければならない。社会問題に関心のある者どうしが集まって確認しあうだけの映画では、表現として意味がない。ドキュメンタリー映画は、運動の人集めのための大義名分に自足してはならないはずである」（同前、一八頁）。
（4）同前、四二頁。
（5）同前、四二―四三頁。
（6）この日常を撮るということについて佐藤監督は次のように述べている。「私たちが念仏のように唱えていた普通の暮らしとは、そういった作り手の政治的意図が通用しない日常そのものである。それは、とりとめもなく、さりげなく、解釈不能なほど退屈なものだ。でも、本当にそんなものが撮れたりするのだろうか。そんな無垢な日常は、追いかけようと思ったとたんに手の届かないところへ逃げる蜃気楼のようなものなのではないか」（同前、一四頁）。
（7）同前、四二頁。
（8）同前、四三頁。
（9）同前、二八―二九頁。
（10）同前、二九頁。
（11）同前、二九頁。
（12）同前、二九頁。

【図版】

図1 佐藤真監督『阿賀に生きる』一九九二年。DVD：シグロ、二〇〇八年。[00: 25: 11]
図2 同前 [00: 33: 36]
図3 同前 [00: 14: 40]
図4 同前 [00: 39: 33]
図5 同前 [00: 52: 37]
図6 同前 [00: 21: 36]
図7 同前 [01: 37: 08]
図8 同前 [01: 35: 30]
図9 同前 [01: 43: 30]
図10 同前 [01: 51: 34]

第Ⅱ部　叙事詩の閃光

（1）シモーヌ・ヴェイユ、今村純子編訳「『イーリアス』、あるいは力の詩篇」『シモーヌ・ヴェイユ アンソロジー』河出文庫、二〇一八年、一八二頁。

■第4章　夜と音楽

（1）イエス・キリストの受難の描写に続けてヴェイユは次のように述べている。「キリストの叫びと〈父〉の沈黙とが交響し、至高の調和を奏でる。あらゆる音楽はその模倣にほかならず、わたしたちのうちで最高度に悲痛で甘美な調和による音楽であっても、この至高の調和にははるかに及ばない。全宇宙はその微小なかけらであるわたしたち自身の存在も含め、この至高の調和の振動にすぎない」（シモーヌ・ヴェイユ、今村純子訳「ピタゴラス派の学説について」『前キリスト教的直観——甦るギリシア』法政大学出版局、二〇一一年、一九五頁）。

（2）『女と男のいる舗道』については次の拙論を参照のこと。今村純子「瞬間の形而上学——映画『女と男のいる舗道』をめぐって」『シモーヌ・ヴェイユの詩学』慶應義塾大学出版会、二〇一〇年、一四一—一五一頁。

(3) ここで流される映像が何であるかは観る者には知られていない。だが、映画後半でオルガがゴダールに渡すデジタル・ビデオ・カメラで撮ったというDVDとこの映像とのあいだには、何らかのイメージの連鎖があることが暗示されている。

(4) この点に関して、シモーヌ・ヴェイユを日本に紹介した加藤周一(一九一九—二〇〇八)の次の言葉を重ねて考察することができよう。「人間精神の多様性は、主として知的な面に現れる。ゆえに大衆の支持を求める政治的煽動家は、大衆の感情面に訴えてきた。しかもしばしばその訴えの効果を、特定の身体的運動とその感覚によって強化しようとしたのである」(加藤周一「藝術と現代」『加藤周一著作集』第一一巻、平凡社、一九七九年、一九頁)。

(5) 辻井喬(一九二七—二〇一三)は筆者のインタヴューで次のように述べている。「想像力というのは何によって豊かになるのかというのを本当に考えなければいけない時代だと思います。想像力が枯渇してきたときには、いわゆる怪しげな宗教がたくさん出てくる。あれは一種の想像力の枯渇をカバーしようという、ちょっとずれた復元作用みたいなものだと思います」(本書二一五頁/「詩と哲学を結ぶために」、今村純子責任編集『現代詩手帖特集版 シモーヌ・ヴェイユ』思潮社、二〇一一年、二四—二五頁)。

(6) たとえば行為と動機の関係についてヴェイユは次のように述べている。「ある同じ努力が、高い動機よりも低い動機によっていっそう容易になしうる。どのようなメカニズムによるのか? それは、低い動機にはいかなる注意も不必要であり、したがって、疲労によってもその動機が精神の前から消え去ることはないからである。その反対に、疲労によって注意が麻痺させられることで、高い動機が消えてしまう」(Simone Weil, *Œuvres complètes, Tome VI, volume 2, Cahiers 2*, Paris, Gallimard, 1997, p. 249. シモーヌ・ヴェーユ、田辺保・川口光治訳『カイエ2』みすず書房、一九九三年、七二頁)。

(7) ハンナ・アーレントとシモーヌ・ヴェイユとの比較については次の拙論を参照のこと。今村純子「美的判断力の可能性——シモーヌ・ヴェイユとハンナ・アーレント」『シモーヌ・ヴェイユの詩学』一二七—一四〇頁。

(8) ヴェイユは次のように述べている。「人間における不幸の条件のひとつひとつが沈黙のゾーンを作ってしまい、あたかも島のなかにいるように、人間はそこに閉じ込められてしまう。島を出る人は振り返らない」(シモーヌ・ヴェイユ「奴隷的でない労働の第一条件」『シモーヌ・ヴェイユ アンソロジー』河出文庫、二〇一八年、九六頁)。

(9) このシーンは映画『女と男のいる舗道』の自己パロディである。『女と男のいる舗道』で主人公ナナはカール・Th・ドライヤー監督の映画『裁かる、ジャンヌ』を観る。その際、処刑を告げにくる修道士とそれを告げられるジャンヌ・ダルクの表情の変化において両者の心の変容を見て取ることができる。この点については次の拙論を参照のこと。今村純子「瞬間の形而上学――映画『女と男のいる舗道』をめぐって」第二節『シモーヌ・ヴェイユの詩学』一四四―一四六頁。

(10) 辻井喬はこの点についてこう述べている。「たとえば、「核兵器を使いたい」なんていうのは明らかに想像力を捨てた人間でなければ言えない。しかしその核兵器を開発するところまでは想像力が大きな力になっている。そういう関係ですね」(本書二一四頁/『現代詩手帖特集版　シモーヌ・ヴェイユ』二一四頁)。

(11) Simone Weil, *Œvres complètes, Tome VI, volume 1, Cahiers 1 (1933-septembre 1941)*, Paris, Gallimard, 1994, p. 298. シモーヌ・ヴェーユ、山崎庸一郎・原田佳彦訳『カイエ1』みすず書房、一九九八年、二〇五頁。

(12) シモーヌ・ヴェイユ「奴隷的でない労働の第一条件」『シモーヌ・ヴェイユ アンソロジー』二一〇頁。

(13) ヴェイユは音楽を次のように捉えている。「神と神とのあいだのこの無限の距離であり、至高の引き裂かれであり、他の何ものも近づきえない痛みであり、愛の驚異であるもの、それがキリストの磔刑である。呪いにされたことよりも神から遠ざかることはできない。/この引き裂かれの上に至高の愛によって至高の一致というつながりが置かれる。この引き裂かれは、宇宙を貫き、沈黙の奥底で、離れては溶け合う二音のように、純粋で悲痛な調和(ハーモニー)として永遠に響き渡る。これが神の〈み言葉〉である。創造全体はこの調和の振動にほかならない。人間の音楽がそのもっとも大いなる純粋さにおいてわたしたちの魂を貫くとき、音楽を通してわたしたちが聴くのはこの振動である。わたしたちが沈黙を聴く術(すべ)を学んだならば、沈黙を通していっそうはっきりと把握するのは、この振動である」(シモーヌ・ヴェイユ、今村純子訳「神への愛と不幸」『神を待ちのぞむ』河出書房新社、二〇二〇年、一八四頁/『シモーヌ・ヴェイユ アンソロジー』二四四―二四五頁)。

(14) たとえばミクロス・ヴェトー(Miklos Vetö, 1936-2020)は次のように述べている。「今世紀の哲学思想家で、シモーヌ・ヴェイユほどプラトンから影響を受けたものはいない。キリスト教的プラトニズムのほぼすべての基本的な問いは、彼女の著作において論じられており、その著作は、二〇世紀における、プラトン的・キリスト教的神秘主義に基づく思索の唯一の例である」（ミクロス・ヴェトー、今村純子訳『シモーヌ・ヴェイユの哲学――その形而上学的転回』慶應義塾大学出版会、二〇〇六年、三四一頁）。続けて次の一文をもってこの書を閉じている。「実存主義、弁証法神学、聖書学の復興の時代にあって、彼女の思弁的神秘主義は、キリスト教的プラトニズムの偉大さと、それが現代において欠如していることを、ただ一人孤高に証言しているのである」（同前、三四二頁）。

【図版】

図1-a　direct. Jean-Luc Godard, *Notre musique*, Suisse / France, 2004. DVD：ゴダール『アワーミュージック』アミューズメントソフトエンタテイメント、二〇〇六年。[00: 01: 34]
図1-b　ibid. [00: 01: 36]
図2　ibid. [00: 09: 40]
図3　ibid. [00: 32: 58]
図4　ibid. [00: 23: 53]
図5-a　ibid. [00: 48: 57]
図5-b　ibid. [00: 49: 02]

■第5章　追憶の詩学

（1）　邦訳はベルンハルト・シュリンク、松永美穂訳『朗読者』新潮社、二〇〇〇年、新潮文庫、二〇〇三年。
（2）　類比的思考についてヴェイユは次のように述べている。「あらゆる領野において愛が現実のものとなるのは、個別の対象に向けられる場合のみである。愛が現実のものであるのをやめずに普遍的となるのは、類比と移し替えの効果によってのみである。／付言すれば、類比と移し替えによる認識、数学、様々な科学、哲学がその準備となる認識は、こうして愛と直にかかわっている」（シモーヌ・ヴェイユ、今村純子訳「神への暗々裏の愛の諸形態」『神を待ちのぞむ』河出書房新社、二〇二〇年、二五三頁）。
（3）　この点に関してヴェイユは次のように述べている。「隣人への愛が充溢しているとは、もっとも痛々しい傷ではほぼ麻痺した人に、「お苦しいのですか？」と問うことができるということだけである。それは、不幸な人が現に存在しているのを知ることである。一集合体としてではなく、「不幸な人」とレッテル貼りされた社会的範疇の一例としてではなく、わたしたちとまったく同じ人間として不幸な人が現に存在しているということを知ることである」（シモーヌ・ヴェイユ「神への愛のために学業を善用することについての省察」『神を待ちのぞむ』一七三―一七四頁）。

（4）社会的威信についてヴェイユはプラトン『国家』（492e-493a）を敷衍解釈する過程で次のように述べている。「洞窟を出てしまったないし洞窟を出る途上にある、救いを予定された人々は別として、わたしたちが宝物として選択する善の実体は、社会的威信にほかならない。個人にのみかかわるように思われる欲望もまたそうである。愛の欲望も同じである。「虚栄心のない愛は回復期にある病人にすぎない」とラ・ロシュフーコーは述べている。飲食の快楽は、一見そう思われるよりもはるかに社会的である。富や権力、昇級や叙勲、あらゆる種類の名誉、名声、高い評価は、もっぱら社会的次元での善である。ほぼすべての芸術家や学者は、美と真理の名のもとに社会的威信を探究している。慈善や隣人愛といった名目もまたおおむねこのことを隠している」（シモーヌ・ヴェイユ、今村純子訳「『国家』註解」『前キリスト教的直観――甦るギリシア』法政大学出版局、二〇一一年、八六頁）。

（5）不幸な人の「とげとげしさ」について、ソフォクレス『エレクトラ』をめぐってヴェイユは次のように述べている。「エレクトラは権威ある王の娘である。だが、父親を裏切った人々の指示で、悲惨な奴隷状態に貶められている。エレクトラは腹を空かせ、ぼろを纏っている。不幸は彼女を苦しめるだけではなく、堕落させ、とげとげしくもさせる」（シモーヌ・ヴェイユ「『エレクトラ』註解」『前キリスト教的直観』一四頁）。

（6）裁判官と被告人との構図のおぞましさについてヴェイユはこう述べている。「だが叫ぶ能力が無傷なままの人であっても、この叫びが、内的にも外的にも、理路整然とした言葉となって表現されることはまずない。たいていの場合、この叫びを表現しようとする言葉が完全に間違ってしまっている。／このことは、悪を被っていると感じる機会を頻繁にもつ人がもっとも語る術をもたない人であるだけに、いっそう避け難い。たとえば、軽罪裁判所で流暢に気のきいた冗談を交えて話す裁判官の前で、ひとりの不幸な人がもごもごと口ごもる光景ほどおぞましいものはない」（シモーヌ・ヴェイユ、今村純子編訳「人格と聖なるもの」『シモーヌ・ヴェイユ アンソロジー』河出文庫、二〇一八年、三一七頁）。

（7）　プラトン『ティマイオス』を敷衍解釈する過程でヴェイユは次のように述べている。「芸術家の着想の結果生まれる作品は、それを観照する人々の着想の源泉となる。芸術作品を通して芸術家のうちにある愛は、人々の魂のうちに類似の愛を生み出す。こうしてあまねく宇宙に揺るぎない〈愛（エロース）〉が働く」（シモーヌ・ヴェイユ「『ティマイオス』註解」『前キリスト教的直観』四五頁）。

（8）　プラトン『国家』を敷衍解釈する過程で巨獣についてヴェイユはこう述べている。「このことを理解するには、〔社会という〕巨大な動物の比喩（『国家』493a-d）を思い起こさねばならない。人間社会もそのなかのどんな集団も、好きなものと嫌いなものを飼育係がすっかり知り尽くしている巨大で獰猛な動物のようなものである。道徳は、この動物の好き嫌い以外の何ものでもない。というのも、道徳を説くのはこういう人々だからである。「この動物が好きなものを善と呼び、嫌いなものを悪と呼びます。善悪の区別のための根拠がほかにはないのです。必要なものを正しく美しいものと呼び、必要の本質と善の本質とがどれほど異なっているのかを見ることも、他人に示すこともできないのです」（『国家』第六巻493c）」（シモーヌ・ヴェイユ「『国家』註解」『前キリスト教的直観』八五頁）。

（9）　権威・権力・名誉・金銭といった「力」の威力についてヴェイユは次のように述べている。「力はそれに触れる人を、もの言わず、耳を傾けないものにしてしまう。／これが力の本性である。人間を物に変形するという、力が有している権能は二重であり、二側面から行使される。力は、それを被る者も、それを操る者も、違う仕方ではあるが、ひとしくその魂を石にする」（シモーヌ・ヴェイユ「『イーリアス』、あるいは力の詩篇」『シモーヌ・ヴェイユ アンソロジー』一七二―一七三頁）。

【図版】

図1　direct. Stephen Daldry, *The Reader*, USA / Germany, 2008. ＤＶＤ：スティーヴン・ダルドリー監督『愛を読むひと』ウォルト・ディズニー・ジャパン、二〇一四年。[00: 02: 12]

図2　ibid. [00: 03: 43]

図3　ibid. [01: 32: 20]

図4　ibid. [00: 39: 20]
図5　ibid. [00: 52: 46]

■第6章　「見ること」から「創ること」へ

（1）　この点についてヴェイユは次のように述べている。「一般にエゴイズムと言われているものは、自己愛ではない。それは遠近法のもたらす結果である。自分のいる場所から見える事物の配置が変わることを人は悪と名づける。その場所から少しでも離れたところにある事物は目に見えない。中国で十万人の大虐殺が起こっても、自分が知覚している世界の秩序は何の変化もこうむらない。だが一方、隣で仕事をしている人の給料がほんの少し上がり自分の給料が変わらなかったとしたら、世界の秩序は一変してしまうであろう。それを自己愛とは言わない。人間は有限である。だから正しい秩序の観念を、自分の心情に近いところにしか用いられないのである」（シモーヌ・ヴェイユ、今村純子訳「『国家』註解」『前キリスト教的直観——甦るギリシア』法政大学出版局、二〇一一年、八四頁）。

（2）　『選挙』（二〇〇七）、『精神』（二〇〇八）、『演劇1』、『演劇2』（二〇一二）、『選挙2』（二〇一三）、『牡蠣工場』（二〇一六）、『港町』（二〇一八）、『The Big House』（二〇一八）、『精神0』（二〇二〇）。

（3）　「往復運動」だけの状態とは次のような状態である。「だが、人間の自然性のうちで、努力を傾けようとするエネルギーの源泉となるのは欲望だけである。そしてすでにもっているものを欲望するのは人間に属することではない。欲望とは、何ものかへと向かう運動の方向性であり、その始まりである。運動とは、いまいないある点に向けられている。動き始めるやいなやすぐまた出発点に戻ってきてしまうならば、籠のなかのリスのように、独房のなかの囚人のように、ぐるぐる回ってしまう。ずっとぐるぐる回っていると吐気を催してしまう」（シモーヌ・ヴェイユ、今村純子編訳「奴隷的でない労働の第一条件」『シモーヌ・ヴェイユ アンソロジー』河出文庫、二〇一八年、二〇〇—二〇一頁）。

（4）　「往復運動」から「円環運動」への転換とは次のような場合である。「斜辺の長さを同じくする直角三角形の頂点の軌跡が円を描くという特性をじっと見つめるときのことを考えてみよう。円周を辿る頂点、およびそこから直径上に垂線を下ろした点という二点を同時に思い浮かべるならば、上下運動をずっと見続けることになる。

かたや円運動、かたや往復運動というこのふたつの点の運動の連関はわたしたちの技術の基盤であるあらゆる円運動を往復運動へと変換する可能性を、また逆に、往復運動を円運動へと変換する可能性を内包している。研ぎ師が〔砥石車を回しながら〕刀を研ぐ動きはこの連関を素地としている」（シモーヌ・ヴェイユ「ピタゴラス派の学説について」『前キリスト教的直観』一八五—一八六頁）。そしてまた、「往復運動」から「円環運動」の至高の形とは次のようなものである。「時間とリズムは、労働問題をめぐる最重要の因子である。労働は遊びではないのは確かだ。労働に単調さと退屈さがあるのは避けがたいのと同時に理に適ってもいる。そしてさらに、この世のどんな領域においても、単調さと退屈さにかかわらないところには、偉大なものは何もない。オペレッタにおけるよりも、グレゴリオ聖歌が奏でられるミサやバッハのコンチェルトにおいて、はるかに単調さがある」（シモーヌ・ヴェイユ「工場生活の経験」『シモーヌ・ヴェイユ アンソロジー』一〇七頁）。

（5）世界創造であれ、自らの生の創造であれ、あるいはまた芸術創造であれ、ヴェイユはその基本構造を次のように捉えている。当然ながらそれは、愛が息づくありようでもある。「〈創造〉は、神の側の自己拡大の行為ではなく、退去であり、放棄である。神と被造物すべてを合わせたものは、神だけに及ばない。神は自らが縮小することを引き受けた。神は自らから存在の一部を剝ぎ取った。神は自らの神性による創造の行為においてすでに無となっている。それゆえ世のはじめから〈小羊〉は生贄にされている、と聖ヨハネは述べている。神ではない、神よりはるかに劣るものが現に存在することを神は許した。創造の行為によって神は自らを否定した。キリストがわたしたちに自らを否定せよと命じたように、神は自らを否定したのである。わたしたちが神に向けて自らを否定しうることをわたしたちに示すために、神は自らを否定した。この応答、この照応を拒絶するのはわたしたち次第である。そしてこの応答、この照応だけが、創造の行為という愛の狂気を正当化しうる」（シモーヌ・ヴェイユ、今村純子訳「神への暗々裏の愛の諸形態」『神を待ちのぞむ』河出書房新社、二〇二〇年、二一一—二一二頁）。

（6）ヴェイユは受難のシーンから音楽を導き出している。「キリストの叫びと〈父〉の沈黙とが交響し、至高の調和を奏でる。あらゆる音楽はその模倣にほかならず、わたしたちのうちで最高度に悲痛で甘美な調和による音楽であっても、この至高の調和にははるかに及ばない。全宇宙はその微小なかけらであるわたしたち自身の存在も含め、この至高の調和の振動にすぎない」（シモーヌ・ヴェイユ「ピタゴラス派の学説について」『前キリスト教的直観』一九五頁）。

（7）この点に関して想田監督は次のように述べている。「「自然淘汰」というのは、ダーウィンの進化論や最近流行りの新自由主義経済などでは「強い者が生き残る」ことをさすが、義父の中では、「強い者が弱い者に譲る」という意味に置き換えられている。長い間、障害がある人々と生きてきた父らしい解釈、もしくは曲解だと思う」（想田和弘『なぜ僕はドキュメンタリーを撮るのか』講談社現代新書、二〇一一年、一四二頁）。

（8）この点に関して想田監督は次のように述べている。「僕らの住むこの社会は、高齢者が小さくなって生きざるを得ない社会なのではないか。みんな年を取っていずれは死んで行くのに」（同前、一六二頁）。

（9）たとえばヴェイユは、プラトン『ティマイオス』（28a-b）に着目して翻訳・引用している。「産出されるものはすべて、かならず制作者に由来します。制作者がいなければ、制作はありえません。芸術家が自らに等しいものをじっと眺めモデルに専心するように自らに専心し、本質と徳をふたたび生み出すならば、完璧な美がかならず成し遂げられます。もし芸術家が移ろいゆくものを眺めているならば、そして、もしモデルが移ろいゆくものであるならば、制作されるものは美しくありません」（プラトン『ティマイオス』28a-b（ヴェイユによる翻訳・引用）、シモーヌ・ヴェイユ「『ティマイオス』註解」『前キリスト教的直観』二四―二五頁）。

（10）この点に関してヴェイユは次のように述べている。「日々が、月々が、四季が、年々が絶対的に一様であるのと同時に、多様で、たえず驚きに満ちていることは、まさしくわたしたちの労苦と偉大さに適っている。人間の事柄において、ある程度美しく善いものはすべて、このように、一様性と多様性が混じり合ったものをある程度、再生産している。そうでないものはすべて、悪しきものであり、堕落したものである」（シモーヌ・ヴェイユ「工場生活の経験」『シモーヌ・ヴェイユ アンソロジー』一〇七―一〇八頁）。

（11）この点に関して想田監督は次のように述べている。「ちょっとビックリしたのは、植月さんの発言を受けて、義父が「そりゃ、嫁にゃあなかなか来てくれまあなぁ」と相づちを打ったことである。分別のある人なら普通、「そんなことはない、お嫁さんに来たいと思う人もおるじゃろう」といった類いのことを言うのではないだろうか。［…］／しかし、よく考えてみれば、障害のある子供たちの教育現場で四〇年間働いてきた父は、植月さんの実感を共有していただけだったのかもしれない。逆に、そういうことをタブー感なしに平気で口に出せる義父には、本当の意味で差別意識がないのかもしれない」（想田和弘『なぜ僕はドキュメンタリーを撮るのか』

一三四頁)。

(12) この点に関して想田監督は次のように述べている。「義母も首相も、「社会福祉制度の不備」という、全く同じことを語っているのに、義母にとっては、首相の言葉がまるで関係ないことのように聞こえている。いや、耳に入ってさえいない。ここに、福祉の現場で実際に働く人々と政治家の間に横たわる、大きな断絶を感じた」(同前、一九一頁)。

(13) 想田監督の編集ノートには次の記述が見られる。「ゆずることが共存の条件。多様性が平和の基盤。多様であることが許されること、それが平和であるということ。寛容は平和の種子。不寛容は戦争の種子」(同前、一九九頁)。

(14) このことをヴェイユは次のように表現している。「概して、極限の美の条件は、距離によるのであれ、弱さによるのであれ、ほとんど不在であるということだ。星々は不変である。だがとても遠くにある。白い花はそこにある。だがすでにほとんど破壊されている。同様に、人間が純粋な愛をもって神を愛しうるのは、この世界の外に、天のうちにいますものとして神を思い描く場合にかぎられる。あるいはまた、この地上で、弱く、辱められ、殺されてしまう人間として、あるいはさらに、いっそう大きな不在である、食べられてしまう宿命にある物質の微小な塊として、神を思い描く場合にかぎられる」(シモーヌ・ヴェイユ「断章と覚書」『ロンドン論集とさいごの手紙』、今村純子「まえがき」『シモーヌ・ヴェイユ アンソロジー』一二―一三頁で翻訳・引用)。

(15) ヴェイユはこう述べている。「神と神とのあいだのこの無限の距離であり、至高の引き裂かれであり、他の何ものも近づきえない痛みであり、愛の驚異であるもの、それがキリストの磔刑である。呪いにされたことよりも神から遠ざかることはできない。/この引き裂かれの上に至高の愛によって至高の一致というつながりが置かれる。この引き裂かれは、宇宙を貫き、沈黙の奥底で、離れては溶け合う二音のように、純粋で悲痛な調和(ハーモニー)として永遠に響き渡る。これが神の〈み言葉〉である。創造全体はこの調和の振動にほかならない。人間の音楽がそのもっとも大いなる純粋さにおいてわたしたちの魂を貫くとき、音楽を通してわたしたちが聴くのはこの振動である。わたしたちが沈黙を聴く術(すべ)を学んだならば、沈黙を通していっそうはっきりと把握するのは、この振動である」(シモーヌ・ヴェイユ「神への愛と不幸」『神を待ちのぞむ』一八四頁/『シモーヌ・ヴェイユ アンソロジー』二四四―二四五頁)。

【図版】

図1　想田和弘監督『Peace』Laboratory X、日本・アメリカ・韓国、二〇一〇年。DVD：紀伊國屋書店、二〇一二年。[00: 35: 51]
図2　同前 [00: 06: 35]
図3　同前 [01: 09: 11]
図4　同前 [00: 36: 26]
図5　同前 [00: 27: 30]
図6　同前 [00: 42: 50]

第Ⅲ部　円環の詩学

（1）シモーヌ・ヴェイユ、今村純子訳「ピタゴラス派の学説について」『前キリスト教的直観——甦るギリシア』法政大学出版局、二〇一一年、一七五頁。

■第7章　沈黙における関係性

（1）その証しとして、この作品が文化を異にする海外の映画監督たちのインスピレーションを掻き立て、多くの優れた作品の創造を促してきた事実を挙げることができよう。たとえば、ヴィム・ベンダース監督『東京画』(*Tokyo-Ga*, 1985)、ジュゼッペ・トルナトーレ監督『みんな元気』(*Stanno tutti bene*, 1990)、侯孝賢（ホウシャオシェン）監督『珈琲時光』（二〇〇三）は、監督それぞれが『東京物語』に触発され、それぞれの個性と資質をもって創作された作品である。また、ポルトガルの映画監督ペドロ・コスタ（Pedro Costa, 1959-）は、蓮實重彥のインタヴューに対して次のように応答している。「〔…〕またそれらの〔ラングや小津の〕映画は、自分がある種の生き方をしていることにたいして、正しいと言ってくれる映画だったのです。私は当時、傲慢で無礼な人間でした。小津や溝口、ラングの映画は私に「君が高慢なのは正しい、横柄なのは正しい」と言って私の当時の生き方を認めてくれるようでした。このように重要な若い時期に一生残るような感銘を与える映画や人がいる。それが私にとって小津やラングだったのです」(「注意と情熱——ペドロ・コスタ×蓮實重彥」『せんだいメディアテーク二〇〇五年三月二七日」『ペドロ・コスタ　遠い部屋からの声』せんだいメディアテーク、二〇〇七年、二〇頁)。

(2)　ヴェイユはジョットの絵画を取り上げ、絵画における「真空の空間」の重要性についてこう語っている。「序列化されない世界の表現(学問)と序列化された表現は、画家の偉大な作品において結び合わされている。フランチェスコを描いた、ジョットの一連のフラスコ画。空間のなかで、聖フランチェスコ、父親、司祭、庭師が同等に存在している。ここに、絵画における空間の意義がある。(ジョットが、驚嘆すべきタッチで頻繁に中心に置く)真空の空間は、それ自体として同等に存在している。だが、もうひとつの視点から、つまり第三の視点から見るならば、よりいっそう力強く存在している。ここに(おそらくあらゆる芸術の鍵であろう)重層的な構成の必然性がある。音楽。詩(韻律)」(Simone Weil, *Œuvres complètes, Tome VI, volume1, Cahiers 1 (1933-septembre 1941)*, Paris, Gallimard, 1994, p. 232. シモーヌ・ヴェーユ、山崎庸一郎・原田佳彦訳『カイエ1』みすず書房、一九九八年、一五四頁)。

(3)　パンやオーバーラップをなぜやらないのかということに対して小津はこう応答している。「ぼくの生活条件として、なんでもないことは流行に従う。重大なことは道徳に従う。芸術のことは自分に従うから、どうにもきらいなものはどうにもならないんだ。だからこれは不自然だと言うことは百も承知で、しかもぼくは嫌いなんだ。そういうことはあるでしょう。嫌いなんだが、理屈にあわない。理屈にあわないが、嫌いだからやらない」(小津安二郎・岩崎昶・飯田心美座談会「酒は古いほど味がよい」『キネマ旬報』一九五八年八月下旬号、佐藤忠男『小津安二郎の芸術』上、朝日選書、四五一—四六頁で引用)。

(4)　ヴェイユはこう述べている。「わたしたちは、ゼロよりはるかに下に生まれる。ゼロはわたしたちの最大値であり、項が無限定の数列(たとえば、 −1/2n)を超えた後でのみ、近づきうる極限値である。ゼロは、価値のない奴隷の状態である」(Simone Weil, *Œuvres complètes, Tome VI, volume 4, Cahiers 4 (juillet 1942-juillet 1943)*, Paris, Gallimard, 2006, p. 384. シモーヌ・ヴェイユ、田辺保訳『超自然的認識』勁草書房、一九七六年、三九三頁)。

(5)　「僕は豆腐屋だから豆腐しか作れない」という小津の言葉を受けて吉田喜重(一九三三—)は次のように述べている。「むしろここに読み取るべき重大な隠喩があるとすれば、豆腐や描かれたバラのように表現すべきものがありえなくても、われわれは表現できることが暗示されており、はじめに表現すべき対象が欠如しているからこそ、なにかを反復するふりをしながら、われわれは表現しようとするのである。だがそれは人間が生まれ、そして死んでゆくありように、なんとよく似ていることだろうか。われわれはあらかじめ教えられずとも、あたかも知っているかのように反復するからこそ、人間は誕生することもできれば、また静かに死んでもゆけるのである」(吉田喜重『小津安二郎の反映画』岩波書店、一九九八年、岩波現代文庫、二〇一一年、二〇五—二〇六頁)。

(6) この点に関してヴェイユはこう述べている。「知性の面から見ると必然性となる一連のものは、知性のすぐ上の面から見ると美となり、また神との関係から見ると従順となる」(シモーヌ・ヴェイユ、今村純子訳「『ティマイオス』註解」『前キリスト教的直観——甦るギリシア』法政大学出版局、二〇一一年、四一頁)。「赤ん坊が母親の微笑や声の抑揚のうちに自分に向けられた愛の徴を見出すように、わたしたちは感性にあらわれる美を通して世界の魂を知覚する」(同前、四三頁)。

(7) この点に関して吉田喜重はこう述べている。「みずからが生んだ息子や娘であるからこそ、年老いた両親をないがしろに扱うことができたのであり、親子であることのきずな、いかなる場合でも破棄しえぬ揺るぎない信頼が無意識のうちに働いていることを、われわれは見逃すわけにはいかない。そして死んだ次男の嫁にはそうしたことが許されず、優しく振舞わざるをえないのは、言うまでもなく老夫婦と嫁とが義理の親子であり、他人の関係でしかなかったからである」(吉田喜重『小津安二郎の反映画』二〇九頁)。

(8) 労働条件が「奴隷的」であることについてヴェイユは次の点を指摘している。「大きな道徳的頽廃や、努力をものともしない肉体の強靭さで、この空虚さを堪え忍ぶことができる。そうでなければ、この空虚さの代償が必要である。自分自身が、あるいは自分の子どもが他の社会的条件へと移れるよう切望することがそのひとつである。安易で激烈な快楽がもうひとつである。それは同じ本性を有している。それは、切望にとって代わられる夢想である」(シモーヌ・ヴェイユ、今村純子編訳「奴隷的でない労働の第一条件」『シモーヌ・ヴェイユ アンソロジー』河出文庫、二〇一八年、二〇四頁)。

(9) この点に関してヴェイユはこう述べている。「そもそもすべての事柄が同一であっても、言うまでもなく、従順に同意するか否かによって人間は同じ行為を成し遂げはしない。そもそもすべての条件が同一であっても、植物が光のうちに置かれているかあるいは闇のうちに置かれているかによって、同じようには成長しないのと同様である。植物は自らの成長に関して何も支配しないし、何も選択しない。わたしたちは、光に自らをさらすか否かを唯一の選択としてもつであろう植物のようなものである」（シモーヌ・ヴェイユ、今村純子訳「神への愛と不幸」『神を待ちのぞむ』河出書房新社、二〇二〇年、一九〇頁／『シモーヌ・ヴェイユ アンソロジー』二五五頁）。

(10) 労働の疎外、ひいては人間の疎外をヴェイユは次のように、モノと人間の立場の逆転に見ている。「名前、形状、素材を記した情報カードと一緒に部品が回ってくる。人格があるのは部品であり、労働者は交換可能な部品であると思い込みそうになるほどである」（シモーヌ・ヴェイユ「工場生活の経験」『シモーヌ・ヴェイユ アンソロジー』八六頁）。「労働者は受けた命令に応じて、あれやこれやの機械に奉仕する。労働者は機械に奉仕するのであって、機械を使うのではない。労働者にとって機械は、金属の塊がある形状をとるようになる手段ではない。機械にとって労働者は、労働者にはその前後関係がわからない作業のために部品を機械に運んでくる手段である」（同前、九二頁）。

(11) 「あなたがたも聞いているとおり、「隣人を愛し、敵を憎め」と命じられている。しかし、わたしは言っておく。敵を愛し、自分を迫害する者のために祈りなさい。あなたがたの天の父の子となるためである。父は悪人にも善人にも太陽を昇らせ、正しい者にも正しくない者にも雨を降らせてくださるからである」（マタイ五・四三―四五［新共同訳］）。

(12) この点に関して吉田喜重はこう述べている。「この作品にかぎらず小津作品に登場する子供たちは、おしなべて大人たち以上に大人ぶった、こましゃくれた存在として描かれていた。それは子供たちの無邪気さのなかに、大人たちよりもはるかに純粋な、それだけに手加減することを知らぬ残酷さ、その情け容赦のない眼差しを、小津さん自身が子供たちに読み取ったからであった」（吉田喜重『小津安二郎の反映画』二〇八頁）。

(13) 「天才とは――おそらく――《闇夜》を通り抜ける能力にほかならない。この能力をもたない人は、闇夜の片隅で意気阻喪し、そしてこう言う。わたしにはできない。わたしはそれに向いていない。わたしはそれについて何も理解できない、と」(Simone Weil, *Œuvres completes, Tome VI, volume 2, Cahiers 2 (septembre 1941-février 1942)*, Paris, Gallimard, 1997, p. 131. シモーヌ・ヴェーユ、山崎庸一郎・原田佳彦訳『カイエ1』

みすず書房、一九九八年、四一八頁）。

【図版】

図1　小津安二郎監督『東京物語』一九五三年。DVD：松竹株式会社、二〇〇五年。[01: 52: 38]
図2　同前 [00: 38: 08]
図3　同前 [01: 56: 23]
図4　同前 [00: 02: 53]

■第8章　絵画としての映画

（1）キム・ギドクは「反抽象」について次のように述べている。「絵画には反抽象という言葉があるが、映画ではその表現は使われない。私は絵を描くので、それを映画に適用させてみたかった。そして根気よく反抽象を用いて、映画を撮ってきた。カメラを通してスクリーンに送り込まれること自体が、つまりは表現する権利を与えられることだ。だから私は絵画の手法を借り、絵画的あるいは心理的表現を加えて映画を撮る。あえてそれを定義するなら、反抽象となるだろうし、私はそう呼びたい」（チョン・ソンイル編著、秋那・南裕恵訳『キム・ギドクの世界――野生もしくは贖罪の山羊』白夜書房、二〇〇五年、一一四頁）。

（2）シモーヌ・ヴェイユ、今村純子編訳「工場生活の経験」『シモーヌ・ヴェイユ アンソロジー』河出文庫、二〇一八年、九六頁。

（3）同前、九六頁。

（4）Simone Weil, *Lettre à un religieux*, Paris, Gallimard, 1951, p. 46. シモーヌ・ヴェーユ、大木健訳「ある修道者への手紙」『シモーヌ・ヴェーユ著作集』第4巻、春秋社、一九六七年、新装版一九九八年、二六二頁。

（5）シモーヌ・ヴェイユ「神への愛と不幸」『シモーヌ・ヴェイユ アンソロジー』二四〇頁。

（6）「夜が明けるころ、イエスは湖の上を歩いて弟子たちのところに行かれた。弟子たちは、イエスが湖上を歩いておられるのを見て、「幽霊だ」と言っておびえ、恐怖のあまり叫び声をあげた。イエスはすぐ彼らに話しかけられた。「安心しなさい。わたしだ。恐れることはない」。すると、ペトロが答えた。「主よ、あなたでしたら、わたしに命令して、水の上を歩いてそちらに行かせてください」。イエスが「来なさい」と言われたので、ペトロは舟から降りて水の上を歩き、イエスの方へ進んだ。しかし、強い風に気がついて怖くなり、沈みかけたので、「主よ、助けてください」と叫んだ。イエスはすぐに手を伸ばして捕まえ、「信仰の薄い者よ、なぜ疑ったのか」と言われた。そして、二人が舟に乗り込むと、風は静まった。舟の中にいた人たちは、「本当に、あなたは神の子です」と言ってイエスを拝んだ」(マタイ一四・二五—三三[新共同訳])。

(7) ルカ一五・二九。

(8) Simone Weil, *Œuvres complètes, Tome VI, volume 4, Cahiers 4 (juillet 1942-juillet 1943)*, Paris, Gallimard, 2006, p. 385. シモーヌ・ヴェイユ、田辺保訳『超自然的認識』勁草書房、一九七六年、二九五頁。

(9) この点に関してヴェイユは次のように述べている。「善くありたいと欲するその人のうちなる何ものかは、つねに虚無のうちに投げ返される。それは、あたかも溺れそうになっている人の頭を何度も殴るようなものである。時と場合によって、貧者であったり、難民であったり、黒人奴隷であったり、病人であったり、前科者であったり、あるいはこの種の他のものであったりする。その人になされる酷い扱いと親切は、いずれも、その人が他の多くの不幸の一例となっている不幸に向けられている。こうして酷い扱いと親切は、その人を力づくで無名性のうちに置く効力をもっている。どちらも、同一の侮辱の異なるふたつの形態である」(シモーヌ・ヴェイユ「神への愛と不幸[後から発見された数頁]」『シモーヌ・ヴェイユ アンソロジー』二八六頁)。

【図版】

図1 キム・ギドク監督『春夏秋冬そして春』韓国・ドイツ、二〇〇三年。DVD:エスピーオー、二〇〇五年。[00: 01: 24]

図2 同前 [00: 51: 40]

図3 同前 [01: 11: 02]

図4 同前 [01: 35: 00]

■第9章　イタリアのシモーヌ・ヴェイユ

（1）Simone Weil, *Œuvres complètes, Tome VII, volume 1, Correspondance I*, Paris, Gallimard, 2012, p. 207, p. 218.

（2）シモーヌ・ヴェイユ、今村純子訳「手紙Ⅰ　洗礼を前にしたためらい」『神を待ちのぞむ』河出書房新社、二〇二〇年、一五〇―一五一頁。

（3）Giorgio Agamben, *Autoritratto nello studio*, Milano, Nottetempo, 2017. ジョルジョ・アガンベン、岡田温司訳『書斎の自画像』月曜社、二〇一九年、七四頁。ここで述べられているヴェイユの論考とは、「人格と聖なるもの」のことである。シモーヌ・ヴェイユ、今村純子編訳「人格と聖なるもの」『シモーヌ・ヴェイユ　アンソロジー』河出文庫、二〇一八年、三〇九―三七八頁。

（4）アガンベンは次のように当時を回想している。「コッペレ広場の書斎の書架には、写真に映ってはいないが、シモーヌ・ヴェイユのプロン社版の『カイエ』がいつも目に付くところに置いてあった。この本は、一九六四年にパリのモンパルナス大通りにあるチャン書店で購入したもので、このころはこの本屋に足しげく通っていた。ローマに帰ってそれをエルサに読んで聞いてもらうと、彼女は眩惑されたようになった。わたしもまた同様で、法哲学の卒業論文をシモーヌ・ヴェイユの思想に捧げようと決心したのも、それゆえのことである」（ジョルジョ・アガンベン『書斎の自画像』七一―七二頁）。

（5）シモーヌ・ヴェイユ「人格と聖なるもの」『シモーヌ・ヴェイユ　アンソロジー』三七〇頁。

（6）プラトン『饗宴』205d-206a、シモーヌ・ヴェイユ、今村純子訳「『饗宴』註解」『前キリスト教的直観――甦るギリシア』法政大学出版局、二〇一一年、八〇頁で引用。ヴェイユはこう述べている。「プラトンは、その神話でけっしてすべてを語ってはいない。だから、神話を敷衍することは恣意的な解釈をすることではない。むしろ、敷衍しないほうが恣意的な解釈をすることになろう」（同前、五四頁）。そうであるならばまた、ヴェイユの思想を芸術において、哲学において、最大限に敷衍しているのもまたイタリアであろう。

（7）シモーヌ・ヴェイユ「手紙Ⅳ　精神的自叙伝」『神を待ちのぞむ』一一六頁。

（8）シモーヌ・ヴェイユ「奴隷的でない労働の第一条件」『シモーヌ・ヴェイユ　アンソロジー』二一二―二一三頁。

(9) トルナトーレはこう語っている。「指にタコができた。いつもフィルムを点検していたからね。使えない古いフィルムも届くから、点検が必要なんだ。だからわたしの手には、映画との関係を示す肉体的な特徴が表れていた。その関係は一生続くことになる」(Luciano Barcaroli e Gerardo Panichi, *Giuseppe Tornatore: Ogni film un'opera prima*, 2012. ルチアーノ・バルカローリ/ジェラルド・パニチ監督『トルナトーレ 我が映画人生』ギャガ、二〇一八年)。

(10) シモーヌ・ヴェイユ「人格と聖なるもの」『シモーヌ・ヴェイユ アンソロジー』三三三頁。

(11) シモーヌ・ヴェイユ「『ティマイオス』註解」『前キリスト教的直観』四五頁。

(12) Simone Weil, *Lettre à un religieux*, Paris, Gallimard, 1951, p. 46. シモーヌ・ヴェーユ、大木健訳「ある修道者への手紙」『シモーヌ・ヴェーユ著作集』第4巻、春秋社、一九六七年、新装版一九九八年、二六二—二六三頁。

(13) ヴェイユはこう述べている。「わたしたちが神に向けて自らを否定しうることをわたしたちに示すために、神は自らを否定した。この応答、この照応を拒絶するのはわたしたち次第である。そしてこの応答、この照応だけが、創造の行為という愛の狂気を正当化しうる」(シモーヌ・ヴェイユ「神への暗々裏の愛の諸形態」『神を待ちのぞむ』二一二頁)。

(14) 同前、二五五頁。

(15) シモーヌ・ヴェイユ「手紙Ⅰ　洗礼を前にしたためらい」『神を待ちのぞむ』七二頁。

(16) シモーヌ・ヴェイユ「神への愛と不幸」『神を待ちのぞむ』一八六頁/『シモーヌ・ヴェイユ アンソロジー』二四八頁。

(17) Simone Weil, *Œuvres complètes, Tome VI, volume 2, Cahiers 2 (septembre 1941- février 1942)*, Paris, Gallimard, 1997, p. 401. シモーヌ・ヴェーユ、田辺保・川口光治訳『カイエ2』みすず書房、一九九三年、一二九六頁。

(18) シモーヌ・ヴェイユ「ノアの三人の息子と地中海文明の歴史」『神を待ちのぞむ』三〇八—三〇九頁。

(19) 「大衆は、自らの欲望すべてをすでに自分が所有しているものに向けることを余儀なくされているのだから、美は大衆のためにあり、大衆は美のためにある。他の社会的条件にある人にとって詩は贅沢である。大衆は、パンのように詩を必要としている。言葉のなかに閉じ込められた詩ではない。そうしたものは、それ自体、大衆の何の役にも立たない。大衆が必要としているのは、その人の日常生活の実体それ自体が詩であるということだ」（シモーヌ・ヴェイユ「奴隷的でない労働の第一条件」『シモーヌ・ヴェイユ アンソロジー』二一〇頁）。

(20) シモーヌ・ヴェイユ「神への暗々裏の愛の諸形態」『神を待ちのぞむ』二五五頁。

(21) トルナトーレは次のように語っている。「映写技師をわたしがやるというアイデアを提案したのはわたしじゃない。フェデリコ・フェリーニだ。わたしはかれにやってほしかった。映画界の永遠の聖職者であるかれに出てもらいたかった。それがわたしのアイデアだった。クリスタルディはフェリーニに頼んでくれた。フェリーニは、まるで了承するかのような印象で、断りの返事をくれた。かれらしい洒落た断り方だ。その理由がとても面白いので紹介しよう。いまもその手紙をもっている。こう書かれてあった。「わたしのような顔の知られた者が出ることは、これほどまでに感動的なシーンの邪魔になる。観客はわたしを見て〝老けたな〟、〝ハゲたな〟なんて思う。だから誰もなんとも思わない無名の人でないといけない。それはトルナトーレだ」」（『ニュー・シネマ・パラダイス』［完全オリジナル版］DVD、監督オーディオ・コメンタリー、アスミック、二〇〇六年）。

(22) シモーヌ・ヴェイユ「『ティマイオス』註解」『前キリスト教的直観』四五頁。

(23) シモーヌ・ヴェイユ「ピタゴラス派の学説について」『前キリスト教的直観』一九五頁。

(24) シモーヌ・ヴェイユ「『イーリアス』、あるいは力の詩篇」『シモーヌ・ヴェイユ アンソロジー』一二六―一二七頁。

(25) シモーヌ・ヴェイユ「工場生活の経験」『シモーヌ・ヴェイユ アンソロジー』九八頁。

(26) シモーヌ・ヴェイユ「『ティマイオス』註解」『前キリスト教的直観』四三頁。

(27) シモーヌ・ヴェイユ「『グリム童話』における六羽の白鳥の物語」『シモーヌ・ヴェイユ アンソロジー』一二六頁。

(28) ルチアーノ・バルカローリ／ジェラルド・パニチ監督『トルナトーレ　我が映画人生』。

(29) シモーヌ・ヴェイユ「人格と聖なるもの」『シモーヌ・ヴェイユ アンソロジー』三六六頁。

【図版】

図1 direct. Giuseppe Tornatore, *Nuovo Cinema Paradiso*, Italia / Francia, 1988. DVD：ジュゼッペ・トルナトーレ監督『ニュー・シネマ・パラダイス』[SUPER HI-BIT EDITION]、アスミック、二〇〇六年。[00: 15: 24]

図2 ibid. [00: 45: 57]

図3-a ibid. [02: 00: 10]

図3-b ibid. [02: 00: 46]

図4 ibid. [00: 27: 53]

図5 ibid. [01: 41: 42]

■終章　シモーヌ・ヴェイユとマヤ・デレン

（1）西脇順三郎『詩学』筑摩選書、一九六九年、一九八頁。

（2）「マヤ・デレン インタヴュー」、マルティナ・クドゥラーチェク監督『鏡の中のマヤ・デレン』（Martina Kudláček, *Im Spiegel der Maya Deren*, 2002）［DVD：ダゲレオ出版、二〇一〇年］所収。日本語訳は、西山敦子氏の日本語字幕を参照にした拙訳による（以下同様）。

（3）同前。

（4）同前。

（5）シモーヌ・ヴェイユ、今村純子訳「『グリム童話』における六羽の白鳥の物語」『シモーヌ・ヴェイユ アンソロジー』河出文庫、二〇一八年、二六頁。

（6）「マヤ・デレン インタヴュー」、マルティナ・クドゥラーチェク監督『鏡の中のマヤ・デレン』所収。

（7）シモーヌ・ヴェイユ、今村純子訳「手紙Ⅰ 洗礼を前にしたためらい」『神を待ちのぞむ』河出書房新社、二〇二〇年、七五頁。

（8）「マヤ・デレン インタヴュー」、マルティナ・クドゥラーチェク監督『鏡の中のマヤ・デレン』所収。

（9）シモーヌ・ヴェイユ「『グリム童話』における六羽の白鳥の物語」『シモーヌ・ヴェイユ アンソロジー』

一二二頁。

(10)「マヤ・デレン インタヴュー」、マルティナ・クドゥラーチェク監督『鏡の中のマヤ・デレン』所収。

(11) シモーヌ・ヴェイユ、今村純子訳「ピタゴラス派の学説について」シモーヌ・ヴェイユ、今村純子訳『前キリスト教的直観——甦るギリシア』法政大学出版局、二〇一一年、一七〇頁。

(12)「マヤ・デレン インタヴュー」、マルティナ・クドゥラーチェク監督『鏡の中のマヤ・デレン』所収。

(13) シモーヌ・ヴェイユ「『イーリアス』、あるいは力の詩篇」『シモーヌ・ヴェイユ アンソロジー』一二六—一二七頁。

(14) シモーヌ・ヴェイユ「神への愛と不幸」『神を待ちのぞむ』一八六頁/『シモーヌ・ヴェイユ アンソロジー』二四八頁。

(15)「マヤ・デレン インタヴュー」、マルティナ・クドゥラーチェク監督『鏡の中のマヤ・デレン』所収。

(16) 同前。

(17) 同前。

(18) シモーヌ・ヴェイユ「工場生活の経験」『シモーヌ・ヴェイユ アンソロジー』八七—八八頁。

(19)「マヤ・デレン インタヴュー」、マルティナ・クドゥラーチェク監督『鏡の中のマヤ・デレン』所収。

(20) シモーヌ・ヴェイユ「ピタゴラス派の学説について」『前キリスト教的直観』一八七—一八八頁。

(21) シモーヌ・ヴェイユ「神への暗々裏の愛の諸形態」『神を待ちのぞむ』二四三頁。

あとがき

修士論文を書いていた年の夏、鈴木大拙の『東洋的な見方〈新編〉』（岩波文庫、一九九七年）を書店で手にとり、そのなかにシモーヌ・ヴェイユの名を見つけた。「そこで、この人がいっているのに、労働者に必要なのは、詩だと、こういうんですね。労働者に必要なものは詩である、と。労働者にはパンも必要だし、バターも必要だろうが、それよりも詩が、英語でいうポエジィが必要だと、こういっておるですね。わたしはこれがシモーヌ・ヴェイユというような人でなければ言えないかと思う」（「「詩」の世界を見るべし」同前、二四一頁）。その内容に先立って、「シモーヌ・ヴェイユというような人でなければ言えないかと思う」という言葉の息遣い、肌触りに惹かれた。

プラトンに深く耽溺していたヴェイユは、『ティマイオス』を格別な位置においている。「プラトンは洞窟から出て、太陽を見つめ、そして洞窟に戻った。『ティマイオス』は、洞窟に戻った人間による書物である。それゆえ、感じられるこの世界はここではもう洞窟として描かれてはいない」（「プラトンにおける神」『全集第五巻—第二分冊』、一二四頁）。『ティマイオス』のミュートスは、神による世界創造を、芸術家が作品をどう創造するのかということと類比的に語り、そこからわたしたちひとりひとりは自らの生を自らの手でどう創造しうるのかということを、あらゆる角度から語っているのがシモーヌ・ヴェイユの思想である。

わたしたちは一生かかって自分自身をなんとかして語ろうとしているのではないだろうか。わたしは自分の語り方がよくわからなかった。いまでもわかっていないと思う。詩を書いていた時期もある。キャメラを手にしていた時期もある。どれもこれもわたしという存在からは、ずれているように感じられた。だが、心が動かされる映画に出会ったとき、魂の奥底で言葉のかけらがかたちになるのを待っているあの感覚——これだけは確かなものである気がする。真っ暗闇のなかで、微かに出口の方向を指し示す光があるのではないかという身震いするような予感。それだけでわたしたちはある方向に向かって歩み出すことができるのではないか。

巨大な映写機を眺めたり、三十五ミリフィルムのリールが回る現場に佇んでいたり、その音に身を委ねているのが好きだ。それは否応なく、真っ暗な狭い部屋のなかで肩寄せ合いながら八ミリフィルム上映を観た幼少期の思い出と重なっている。フレームのなかを動くわたしをわたし自身が見つめているという夢の出来事の再現。それだけではなく、わたし以上にその姿を微笑ましく見つめてくれている人がすぐそばにいてくれているという空気の粒子感。スクリーンとなっていたのは押し入れのふすまである。その押し入れは、ある日父が子どもたちに見せるべく椿山荘から買ってきてくれた小さな籠に入った蛍たちを放った、その同じ場所でもある。蛍のゆっくりした動き、発光の濃淡、そして翌朝には無残に黒い点となって床に落ちてしまっていたショック。その一連の経験は、まさしく「即今（そっこん）」の経験であったかと思う。シモーヌ・ヴェイユはペラン神父に宛てた手紙のなかでこう述べている。「死の瞬間は生の規範であり、目標であるとつねに信じておりました。自らに適ったように生きている人にとって、死の瞬間は、時間の無限小の断片に対して、純粋で、裸の、確かな、永遠の真理が魂のうちに入ってくる瞬間であると考えておりました」（「手紙IV 精神的自叙伝」『神を待ちのぞむ』一〇三頁）。これは、「即今」を見つめてきた人でなければ言えない言葉かと思う。

編集を担当くださった世界思想社の中川大一さんには多くを教えられ、また、もう本当に数え切れないほど精神的に支えていただきました。「シモーヌ・ヴェイユの本を作りませんか」と勤務先にご連絡をくださった川瀬あやなさん、この難しい企画を快諾くださった編集部の皆さん。様々な瞬間が蘇り、ひとりで生きてきたわけではないのだなあ、と改めて強い感情が溢れ出てきます。

本書制作の過程において以下の方々に大変お世話になりました（五十音順・敬称略）。秋山珠子、飯村隆彦、岩本憲児、江畠香希、岡田温司、押場靖志、河合政之、宜野座菜央見、栗原節子（スタジオジブリ）、杉原賢彦、想田和弘、旗野秀人、港千尋、ジョナス・メカス、森田伸子、山上徹二郎（シグロ）、四方田犬彦、李容旭。とりわけ、四方田犬彦先生の明晰なアドバイスなしには、本書はこのような形で誕生させることができませんでした。本書においても他の本と同様、校正刷りの段階で奥村大介さんに目を通してもらい、多くの触発を受けています。

表紙の写真は、いつかは論じてみたい写真家ウジェーヌ・アジェの《トリニ館、ケ・ダンジュ通り十一番地》（一九〇二）です。映画とヴェイユとアジェをつなげてくださったミルキィ・イソベさんのデザインという技に驚愕し、圧倒され、目の前に突如、海と空がひらけてゆくような感覚に囚われます。

シチリアの太陽の日差しのように強い光が日々降り注いでいます。手にとってくださった方々の葉緑素が感光し、うちなるエネルギーがみなぎることを夢見つつ、筆を擱きたいと思います。

二〇二一年七月二十一日

今村　純子

著者紹介

今村純子（いまむら　じゅんこ）

東京生まれ。イメージの哲学、映画論。1998年、東京大学大学院人文社会系研究科修士課程修了。2003年、京都大学大学院文学研究科博士後期課程単位取得退学。哲学DEA（ポワティエ大学）、学術博士（一橋大学）。現在、女子美術大学・白百合女子大学・成城大学・武蔵野美術大学・立教大学・早稲田大学兼任講師。著書に、『シモーヌ・ヴェイユの詩学』（慶應義塾大学出版会、2010年）、責任編集に、『現代詩手帖特集版　シモーヌ・ヴェイユ』（思潮社、2011年）、訳書に、ミクロス・ヴェトー『シモーヌ・ヴェイユの哲学』（慶應義塾大学出版会、2006年）、シモーヌ・ヴェイユ『前キリスト教的直観』（法政大学出版局、2011年）、『シモーヌ・ヴェイユ アンソロジー』（河出文庫、2018年）、『神を待ちのぞむ』（河出書房新社、2020年）などがある。

映画の詩学
——触発するシモーヌ・ヴェイユ

2021年9月30日　第1刷発行　　定価はカバーに表示しています

著　者　今村純子

発行者　上原寿明

世界思想社

京都市左京区岩倉南桑原町56　〒606-0031
電話 075(721)6500
振替 01000-6-2908
http://sekaishisosha.jp/

（印刷・製本 太洋社）

ISBN978-4-7907-1758-4

カバー写真｜Eugène ATGET «Hôtel de Thorigny, 11 Quai d'Anjou», 1902
ウジェーヌ・アジェ《トリニ館、ケ・ダンジュ通り 11 番地》
所　　蔵｜東京都写真美術館
画像提供｜東京都写真美術館 / DNPartcom
装　　幀｜ミルキィ・イソベ［ステュディオ・パラボリカ］

人名索引

＊立体の頁数は本文，斜体の頁数は註を意味する。

〈ア行〉

〈カ行〉

〈サ行〉

〈タ行〉

〈ナ行〉

〈ハ行〉

事項索引

＊立体の頁数は本文，斜体の頁数は註を意味する。

〈ア行〉

〈サ行〉

〈タ行〉

〈ナ行〉

〈ハ行〉

〈マ行〉

〈ヤ行〉

シモーヌ・ヴェイユ略年譜

＊翻訳書は拙訳書についてのみ記載

1909 年 2 月 3 日　パリに生まれる。

1925–28 年（16–19 歳）　高等師範学校受験準備。アランの学生。「『グリム童話』における六羽の白鳥の物語」（*Œuvres complètes*, t. I, pp. 57–59 ／『シモーヌ・ヴェイユ アンソロジー』pp. 21-28）、「美と善」（*Œuvres complètes*, t. I, pp. 60–79 ／『シモーヌ・ヴェイユ アンソロジー』pp. 29-68）。

1928–31 年（19–22 歳）　高等師範学校とソルボンヌ大学に在学。アランの講義に出席し続ける。最初の論文「知覚あるいはプロテウスの冒険について」（*Œuvres complètes*, t. I, pp. 121–139）。

1931 年 7 月（22 歳）　アグレガシオン〔中・高等教育教授資格〕取得。

1931–32 年（22–23 歳）　ル・ピュイ女子高等学校教授。労働組合運動にはじめて接触する。

1932 年夏（23 歳）　ナチスが政権をとる直前のドイツに旅行する。

1932–33 年（23–24 歳）　オセール女子高等学校教授。労働組合運動に参加。

1933 年 7 月（24 歳）　C.G.T.U.〔統一労働総同盟〕会議に参加。ドイツ共産党とソヴィエト連邦を手厳しく批判する。「展望：わたしたちはプロレタリア革命に向かっているのか」（*Œuvres complètes*, t. II-1, pp. 260–281. *Oppression et liberté*, pp. 9–38）。

1933–34 年（24–25 歳）　ロアンヌ女子高等学校教授。サン＝テティエンヌで労働組合活動をする。「自由と社会的抑圧の原因についての考察」（*Œuvres complètes*, t. II-1, pp. 27–109. *Oppression et liberté*, pp. 55–162）。

1934 年 12 月 4 日–35 年 8 月 22 日（25–26 歳）　いくつかの工場で働く。「工場日記」（*Œuvres complètes*, t. II-2, pp. 171–282. *La condition ouvrière*, pp. 35–107）。

1935 年 9 月（26 歳）　ポルトガルの小さな漁村で休暇を過ごす。奴隷の宗教としてのキリスト教を体験する。

1935–36 年（26–27 歳）　ブールジュ女子高等学校教授。「工場長への手紙」（*La condition ouvrière*, pp. 125–159）。「工場生活の経験」（*Œuvres complètes*, t. II-2, pp. 289–307. *La condition ouvrière*, pp. 327–351 ／『シモーヌ・ヴェイユ アンソロジー』pp. 69-114）を書き始める（1941 年脱稿）。

1936 年 8-9 月（27 歳）　バルセロナに滞在。後にドゥルティの無政府主義者た

ちとともにアラゴンの前線に参加。

1936-37 年（27-28 歳）　健康上の理由で 1 年間の休暇をとる。『ヌーヴォー・カイエ』誌のサークルの集会に参加しはじめる（-1940 年）。「トロイア戦争を繰り返すまい」（*Œuvres complètes*, t. II-3, pp. 49–66. *Écrits historiques et politiques*, pp. 256–272）。

1937 年春（28 歳）　イタリア旅行。アッシジのサンタ・マリア・デリ・アンジェリで神秘体験をする。「ある女学生への五通の手紙」。

1937 年 10 月-1938 年 1 月（28 歳）　サン・カンタン女子高等学校教授。

1938 年 1 月（28 歳-）　健康上の理由で休暇。

1938 年（29 歳）　復活祭直前の枝の祝日の日曜日から復活祭の金曜日までソレムで過ごす。

1938 年 6-7 月（29 歳）　ヴェネツィアとアソロに滞在。

1938 年秋（29 歳）　はじめてキリスト体験をする。

1939 年（30 歳）　持病の頭痛が小康状態を保つ。「野蛮についての考察」（*Œuvres complètes*, t. II-3, pp. 99–116. *Écrits historiques et politiques*, pp. 11–60）、「ヒトラー主義の諸起源についての考察」（*Œuvres complètes*, t. II-3, pp. 168–219. *Écrits historiques et politiques*, pp. 11–60）、「『イーリアス』、あるいは力の詩篇」（*Œuvres complètes*, t. II-3, pp. 227–253. *La source grecque*, pp. 11–42／『シモーヌ・ヴェイユ アンソロジー』pp. 115-198）。

1940 年 6 月（31 歳）　パリを離れる。

1940 年 7 月あるいは 8 月-10 月（31 歳）　ヴィシーに滞在。戯曲「救われたヴェネツィア」の初稿。『カイエ』。

1940 年 10 月-1942 年 5 月（31-33 歳）　マルセイユに滞在。「プラトンにおける神」（*Œuvres complètes*, t. IV-2, pp. 73–130. *La source grecque*, pp. 67–126）。

1940 年秋-冬（31 歳）　『南方手帖』のグループと接触する。

1941 年 3 月 30 日（32 歳）　「キリスト教労働青年」の会合に出席する。「奴隷的でない労働の第一条件」（*Œuvres complètes*, t. IV-1, pp. 418–430. *La condition ouvrière*, pp. 261–273／『シモーヌ・ヴェイユ アンソロジー』pp. 199-230）。

1941 年 6 月（32 歳）　J＝M・ペラン神父と出会う。

1941 年 8 月 7 日-10 月（32 歳）　ギュスターヴ・ティボンの農場で働く。後に別の農場で葡萄摘みをする。「「主の祈り」について」（*Œuvres complètes*, t. IV-1, pp. 337–345. *Attente de Dieu*, pp. 167–228／『神を待ちのぞむ』pp. 287-302）。

1941-42 年冬（32-33 歳）　ペラン神父とそのサークルの諸会合に参加。ペラン

神父とギュスターヴ・ティボンへの手紙,「神への愛のために学業を善用することについての考察」(*Œuvres complètes*, t. IV-1, pp. 255–262. *Attente de Dieu*, pp. 71–80 ／『神を待ちのぞむ』pp. 161-174)、「神の愛をめぐる雑感」(*Œuvres complètes*, t. IV-1, pp. 280–284. *Pensées sans ordre concernant l'amour de Dieu*, pp. 13–20)、「神への暗々裏の愛の諸形態」(*Œuvres complètes*, t. IV-1, pp. 285–336. *Attente de Dieu*, pp. 99–214 ／『神を待ちのぞむ』pp. 199-285)、「神への愛と不幸」(*Œuvres complètes*, t. IV-1, pp. 346–374. *Attente de Dieu*, pp. 81–98. *Pensées sans ordre concernant l'amour de Dieu*, pp. 85–131〔後から発見された数頁を含む〕／『神を待ちのぞむ』pp. 175-197 ／『シモーヌ・ヴェイユ アンソロジー』pp. 231-308〔後から発見された数頁を含む〕)、『前キリスト教的直観』(*Œuvres complètes*, t. IV-2, pp. 147–300. *Intuitions pré-chrétiennes*, pp. 9–171 ／『前キリスト教的直観——甦るギリシア』)。

1942 年復活祭（33 歳） カルカソンヌでジョー・ブスケに出会う。「ジョー・ブスケへの手紙」(*Pensées sans ordre concernant l'amour de Dieu*, pp. 73–84)。

1942 年 3 月 14 日（33 歳） 北アメリカに向けて出発する。17 日間カサブランカに滞在する。ペラン神父とギュスターヴ・ティボンへの手紙,「アメリカ・ノート」(*Œuvres complètes*, t. VI-4, pp. 120–356. *La connaissance surnaturelle*, pp. 11–302)。

1942 年 6 月末-11 月 10 日（33 歳） ニューヨークに滞在。『ある修道士への手紙』(*Lettre à un religieux*)。

1942 年 11 月-1943 年 4 月（33-34 歳） 自由フランス政府のためにロンドンで働く。4 月 15 日、ロンドンのミドルセックス病院に入院する。

1943 年 8 月 17 日（34 歳） ケント州、アシュフォードのグロスヴェノール・サナトリウムに移される。『根をもつこと』(*Œuvres complètes*, t. V-2, *L'Enracinement*)、「ロンドン・ノート」(*Œuvres complètes*, t. VI-4, pp. 357–396. *La connaissance surnaturelle*, pp. 305–337)、「秘蹟の理論」(*Œuvres complètes*, t. V-1, pp. 333–347. *Pensées sans ordre concernant l'amour de Dieu*, pp. 135–153)、『ロンドン論集とさいごの手紙』(*Écrits de Londres et dernières lettres*, pp. 185–201 は除く)、「人格と聖なるもの」(*Œuvres complètes*, t. V-1, pp. 203–236. *Écrits de Londres et dernières lettres*, pp. 1–44 ／『シモーヌ・ヴェイユ アンソロジー』pp. 309-378)。

1943 年 8 月 24 日（34 歳） アシュフォードにて歿。

主要文献一覧

1　シモーヌ・ヴェイユの著作

(1)全集

Simone Weil, *Œuvres complètes*『シモーヌ・ヴェイユ全集』

――Tome I, *Premiers écrits philosophiques,* Paris, Gallimard, 1988.
第１巻『初期哲学論文集』

――Tome II, volume 1, *Écrits historiques et politiques. L'engagement syndical* (*1927- juillet 1934*), Paris, Gallimard, 1988.
第２巻-1『歴史的・政治的論文集 I――労働組合へのアンガージュマン（1927-1934）』

――Tome II, volume 2, *Écrits historiques et politiques. L'expérience ouvrière et l'adieu à la révolution* (*juillet 1934-juin 1937*), Paris, Gallimard, 1991.
第２巻-2『歴史的・政治的論文集 II――工場経験、そして革命との訣別（1934-1937）』

――Tome II, volume 3, *Écrits historiques et politiques. Vers la guerre* (*1937-1940*), Paris, Gallimard, 1989.
第２巻-3『歴史的・政治的論文集 III――戦争へ（1937-1940）』

――Tome IV, volume 1, *Écrits de Marseille. Philosophie, science, religion, questions politiques et sociales* (*1940-1942*), Paris, Gallimard, 2008.
第４巻-1『マルセイユ論文集 I――哲学、科学、宗教、政治的・社会的問い（1940-1942）』

――Tome IV, volume 2, *Écrits de Marseille. Grèce-Inde-Occitanie* (*1941-1942*), Paris, Gallimard, 2009.
第４巻-2『マルセイユ論文集 II――ギリシア・インド・オック（1941-1942）』

――Tome V, volume 1, *Écrits de New York et de Londres. Questions politiques et religieuses* (*1942-1943*), Paris, Gallimard, 2019.
第５巻-1『ニューヨークとロンドン論文集 I――政治的・宗教的問い（1942-1943）』

――Tome V, volume 2, *Écrits de New York et de Londres. L'enracinement. Prélude à une déclaration des devoirs envers l'être humain* (*1943*), Paris,

Gallimard, 2013.
第 5 巻-2『ニューヨークとロンドン論文集 II――根をもつこと 人類に向けた義務の宣言への前奏曲（1943）』
――Tome VI, volume 1, *Cahiers 1*（*1933-septembre 1941*）, Paris, Gallimard, 1994.
第 6 巻-1『カイエ 1（1933-1941）』
――Tome VI, volume 2, *Cahiers 2*（*septembre 1941- février 1942*）, Paris, Gallimard, 1997.
第 6 巻-2『カイエ 2（1941-1942）』
――Tome VI, volume 3, *Cahiers 3*（*février 1942- juin 1942*）, Paris, Gallimard, 2002.
第 6 巻-3『カイエ 3（1942）』
――Tome VI, volume 4, *Cahiers 4*（*juillet 1942- juillet 1943*）, Paris, Gallimard, 2006.
第 6 巻-4『カイエ 4（1942-1943）』
――Tome VII, volume 1, *Correspondance I,* Paris, Gallimard, 2012.
第 7 巻-1『書簡 I』

＊第 1 巻抄訳：今村純子・小倉康寛・小田剛訳、今村純子責任編集『現代詩手帖特集版 シモーヌ・ヴェイユ――詩をもつこと』思潮社、2011 年、所収。
＊第 1・2・4・5 巻抄訳：冨原眞弓訳『シモーヌ・ヴェイユ選集』I・II・III、みすず書房、2012-2013 年。
＊第 1・2・4・5 巻抄訳：今村純子編訳『シモーヌ・ヴェイユ アンソロジー』河出文庫、2018 年。

⑵単行本

Attente de Dieu, Paris, La Colombe, 1950, Fayard, 1966.『神を待ちのぞむ』渡辺秀訳「神を待ちのぞむ」『シモーヌ・ヴェーユ著作集』第 4 巻所収、春秋社、1967 年〔1950 年版からの翻訳〕。田辺保・杉山毅訳『神を待ちのぞむ』勁草書房、1967 年〔1966 年版からの翻訳〕。今村純子訳『神を待ちのぞむ』河出書房新社、2020 年〔1950 年版からの翻訳〕。抄訳：冨原眞弓訳『シモーヌ・ヴェイユ選集 III』みすず書房、2013 年、所収。抄訳：今村純子訳『シモーヌ・ヴェイユ アンソロジー』河出文庫、2018 年、所収。
Cahiers I, Paris, Plon, 1951, 2[e]éd., 1970.『カイエ 1』 山崎庸一郎・原田佳彦訳『カイエ 1』みすず書房、1998 年〔第 2 版からの翻訳〕。

Cahiers II, Paris, Plon, 1953, 2ᵉéd., 1972.『カイエ 2』 田辺保・川口光治訳『カイエ 2』みすず書房、1993 年〔第 2 版からの翻訳〕。

Cahiers III, Paris, Plon, 1956, 2ᵉéd., 1974.『カイエ 3』 冨原眞弓訳『カイエ 3』みすず書房、1995 年〔第 2 版からの翻訳〕。

La condition ouvrière, Paris, Gallimard, coll. espoir, 1951, coll. idées, 1964, coll. folio, 2002.『労働の条件』 黒木義典・田辺保訳『労働と人生についての省察』勁草書房、1967 年。抄訳：橋本一明・根本長兵衛・山本顕一訳『シモーヌ・ヴェーユ著作』第 1 巻、春秋社、1968 年、所収。抄訳：田辺保訳『工場日記』講談社文庫、1972 年、講談社学術文庫、1986 年、ちくま学芸文庫、2014 年、所収。抄訳 : 冨原眞弓訳『シモーヌ・ヴェイユ選集 III』みすず書房、2012 年、所収。抄訳：今村純子訳『シモーヌ・ヴェイユ アンソロジー』河出文庫、2018 年、所収。

La connaissance surnaturelle, Paris, Gallimard, coll. espoir, 1950.『超自然的認識』 田辺保訳『超自然的認識』勁草書房、1976 年。冨原眞弓訳『カイエ 4』みすず書房、1992 年〔マニュスクリプトからの翻訳〕。

Écrits historiques et politiques, Paris, Gallimard, coll. espoir, 1960.『歴史的・政治的論文集』 抄訳 : 伊藤晃・橋本一明・松崎芳隆・渡辺義愛訳『シモーヌ・ヴェーユ著作集』第 1 巻、花輪莞爾・松崎芳隆訳『シモーヌ・ヴェーユ著作集』第 2 巻、春秋社、1968 年、所収。抄訳 : 冨原眞弓訳『シモーヌ・ヴェイユ選集 II』みすず書房、2012 年、所収。

Écrits de Londres et dernières lettres, Paris, Gallimard, coll. espoir, 1957.『ロンドン論集とさいごの手紙』 田辺保・杉山毅訳『ロンドン論集とさいごの手紙』勁草書房、1969 年、新装版 1987 年。抄訳：中田光雄・山崎庸一郎訳『シモーヌ・ヴェーユ著作集』第 2 巻、春秋社、1968 年、所収。抄訳：冨原眞弓訳『シモーヌ・ヴェイユ選集 III』みすず書房、2013 年、所収。抄訳 : 今村純子訳『シモーヌ・ヴェイユ アンソロジー』河出文庫、2018 年、所収。

L'enracinement, Paris, Gallimard, coll. espoir, 1949, coll. idées, 1962, coll. folio, 1990.『根をもつこと』 山崎庸一郎訳「根をもつこと」『シモーヌ・ヴェーユ著作集』第 5 巻、春秋社、1967 年、所収。冨原眞弓訳『根をもつこと』（上・下）岩波文庫、2010 年。

Intuitions pré-chrétiennes, Paris, La Colombe, 1951, Fayard, 1985.『前キリスト教的直観』 抄訳 : 中田光雄・橋本一明訳「神の降臨」『シモーヌ・ヴェーユ著作集』第 2 巻、春秋社、1968 年、所収。今村純子訳『前キリスト教的直観――甦るギリシア』法政大学出版局、2011 年。

Leçons de philosophie de Simone Weil, Paris, UGE, 1970, Plon, 1989, 2e éd., 1989.『シモーヌ・ヴェイユの哲学講義』 渡辺一民・川村孝則訳『ヴェーユの哲学講義』ちくま学芸文庫、1996 年［初版：渡辺一民・川村孝則訳『哲学講義』人文書院、1981 年］。

Lettre à un religieux, Paris, Gallimard, coll. espoir, 1951.『ある修道士への手紙』 大木健訳「ある修道者への手紙」『シモーヌ・ヴェーユ著作集』第 4 巻、春秋社、1967 年、所収。

Oppression et Liberté, Paris, Gallimard, coll. espoir, 1955.『抑圧と自由』 石川湧訳『抑圧と自由』東京創元社、1965 年。抄訳：冨原眞弓訳『自由と社会的抑圧』岩波文庫、2005 年、所収。抄訳：冨原眞弓訳『シモーヌ・ヴェイユ選集 II』みすず書房、2012 年、所収。

Pensées sans ordre concernant l'amour de Dieu, Paris, Gallimard, coll. espoir, 1962.『神の愛をめぐる雑感』 渡辺義愛訳「神への愛についての雑感」『現代キリスト教思想叢書 6』白水社、1973 年、所収。抄訳：冨原眞弓訳『シモーヌ・ヴェイユ選集 III』みすず書房、2013 年、所収。抄訳：今村純子訳『シモーヌ・ヴェイユ アンソロジー』河出文庫、2018 年、所収。

La pesanteur et la grâce, Paris, Plon, 1947, Presses Pocket, coll. Agora, 1947.『重力と恩寵』 田辺保訳『重力と恩寵』ちくま学芸文庫、1995 年。渡辺義愛訳「重力と恩寵」『シモーヌ・ヴェーユ著作集』第 3 巻、春秋社、1968 年、所収。冨原眞弓訳『重力と恩寵』岩波文庫、2017 年。

Poèmes, suivis de *Venise sauvée* et *Lettre de Paul Valéry,* Paris, Gallimard, coll. espoir, 1968.『詩集 付「救われたヴェネツィア」』 小海永二訳『シモーヌ・ヴェイユ詩集 付 戯曲・救われたヴェネチア』青土社、1976 年。抄訳：渡辺一民訳「救われたヴェネチア」『シモーヌ・ヴェーユ著作集』第 3 巻、春秋社、1968 年、所収。抄訳：岩村美保子・今村純子訳「シモーヌ・ヴェイユ詩選」『現代詩手帖特集版 シモーヌ・ヴェイユ――詩をもつこと』思潮社、2011 年、所収。

La source grecque, Paris, Gallimard, coll. espoir, 1953.『ギリシアの泉』 冨原眞弓訳『ギリシアの泉』みすず書房、1988 年。

Sur la science, Paris, Gallimard, coll. espoir, 1966.『科学について』 福居純・中田光雄訳『科学について』みすず書房、1976 年。

⑶選集

Simone Weil, *Œuvres,* Paris, Gallimard, coll. Quarto, 1999.

2 本書に関する参考文献

ジョルジョ・アガンベン、岡田温司訳『書斎の自画像』月曜社、2019年［Giorgio Agamben, *Autoritratto nello studio*, Milano, nottetempo, 2017］。

今村純子『シモーヌ・ヴェイユの詩学』慶應義塾大学出版会、2010年。

今村純子責任編集『現代詩手帖特集版 シモーヌ・ヴェイユ――詩をもつこと』思潮社、2011年。

ミクロス・ヴェトー、今村純子訳『シモーヌ・ヴェイユの哲学――その形而上学的転回』慶應義塾大学出版会、2006年［Miklos Vetö, *La métaphysique religieuse de Simone Weil,* Paris, Vrin, 1971, 2ᵉéd., Paris, L'Harmattan, 1997］。

片岡美智『シモーヌ・ヴェイユ――真理への献身』講談社、1972年。

加藤周一『加藤周一著作集』第11巻、平凡社、1979年。

河野信子・十川治江『電子とマリア』プラネタリー・ブックス14、工作舎、1980年。

佐藤忠男『小津安二郎の芸術』（上・下）、朝日選書、1978年。

佐藤真『日常という名の鏡――ドキュメンタリー映画の界隈』凱風社、増補第2版2015年［1997年］。

ベルンハルト・シュリンク、松永美穂訳『朗読者』新潮文庫、2003年（新潮社、2000年）［Bernhard Schlink, *Der Vorleser*, Zurich, Diogenes, 1995］。

鈴木大拙『東洋的な見方〈新編〉』岩波文庫、1997年。

想田和弘『なぜ僕はドキュメンタリーを撮るのか』講談社現代新書、2011年。

チョン・ソンイル編、秋那・南裕恵訳『キム・ギドクの世界――野生もしくは贖罪の山羊』白夜書房、2005年。

辻井喬『誘導体』思潮社、1972年。

辻井喬『いつもと同じ春』新潮文庫、1988年／中公文庫、2009年。

辻井喬『叙情と闘争――辻井喬＋堤清二回顧録』中央公論新社、2009年。

辻井喬・鶴岡真弓『ケルトの風に吹かれて――西欧の基層とやまとの出会い』北沢図書出版、1994年。

シモーヌ・ペトルマン、杉山毅訳『詳伝　シモーヌ・ヴェイユ I』勁草書房、1978年。田辺保訳『詳伝　シモーヌ・ヴェイユ II』勁草書房、1978年〔第1版からの翻訳〕［Simone Pétrement, *La Vie de Simone Weil*, Paris, Fayard, 1973, 2ᵉéd., 1997］。

宮崎駿『出発点――1979～1996』スタジオジブリ、1996年。

宮崎駿『折り返し点――1997～2008』岩波書店、2008年。

ジョナス・メカス、飯村昭子訳『メカスの難民日記』みすず書房、2011年

[Jonas Mekas, *I Had Nowhere to Go*, New York, Black Thistle Press, 1991]。

ジョナス・メカス、飯村昭子訳『メカスの映画日記——ニュー・アメリカン・シネマの起源 1959-1971』フィルムアート社、1974 年［Jonas Mekas, *Movie Journal : The Rise of the New American Cinema, 1959-1971*, New York, Collier Books, 1972］。

吉田喜重『小津安二郎の反映画』岩波現代文庫、2011 年。

『ペドロ・コスタ 遠い部屋からの声』せんだいメディアテーク、2007 年。

『宮崎駿監督作品　風立ちぬ』パンフレット、東宝、2013 年。

初出一覧

序　章　「哲学、女、映画、そして……」『理想』特集・男女共同参画、第695号、理想社、2015年。

〈第Ⅰ部〉

第1章　「必然性への同意、あるいは世界の美――宮崎駿監督『となりのトトロ』をめぐって」『武蔵野美術大学研究紀要』第49号、2019年。

第2章　「映像という詩のかたち――ジョナス・メカス監督『リトアニアへの旅の追憶』をめぐって」『研究室紀要』第40号、東京大学大学院教育学研究科基礎教育学研究室、2014年。

第3章　「叙事詩としての映画――佐藤真監督『阿賀に生きる』をめぐって」『人文・自然研究』第12号、一橋大学大学教育研究開発センター、2018年。

〈第Ⅱ部〉

第4章　「夜と音楽――J＝L・ゴダール『ノートル・ミュージック』をめぐって」『研究室紀要』第39号、東京大学大学院教育学研究科基礎教育学研究室、2013年。

第5章　「追憶の詩学――スティーブン・ダルドリー監督『愛を読むひと』をめぐって」『白百合女子大学キリスト教文化研究論集』第22号、白百合女子大学キリスト教文化研究所、2021年。

第6章　「「見ること」から「創ること」へ――映画『Peace』をめぐって」『アンジャリ』第31号、親鸞仏教センター、2016年。

〈第Ⅲ部〉

第7章　「沈黙における関係性――小津安二郎監督『東京物語』をめぐって」『人文・自然研究』第13号、一橋大学全学共通教育センター、2019年。

第8章　「絵画としての映画――キム・ギドク監督映画『春夏秋冬そして春』をめぐって」『白百合女子大学キリスト教文化研究論集』第21号、白百合女子大学キリスト教文化研究所、2020年。

第9章　「イタリアのシモーヌ・ヴェイユ――映画『ニュー・シネマ・パラダイス』をめぐって」白百合女子大学キリスト教文化研究所編『日常の中の聖

性』教友社、2021年。

終　章　書き下ろし。

付論Ⅰ　「インタビュー　詩と哲学を結ぶために」今村純子責任編集『現代詩手帖特集版 シモーヌ・ヴェイユ――詩をもつこと』思潮社、2011年。

付論Ⅱ　「インタビュー　生きているヴェイユ」『図書新聞』第3055号（2012年3月17日号）、2012年。